U0576172

高职院校学生就业指导与服务体系建设研究

朱　明　著

浙江工商大学出版社

ZHEJIANG GONGSHANG UNIVERSITY PRESS

·杭州·

图书在版编目（CIP）数据

高职院校学生就业指导与服务体系建设研究 ／ 朱明著． — 杭州：浙江工商大学出版社，2023.3
ISBN 978-7-5178-5400-5

Ⅰ．①高…　Ⅱ．①朱…　Ⅲ．①职业选择－教学研究－高等职业教育　Ⅳ．①G717.38

中国国家版本馆CIP数据核字(2023)第039377号

高职院校学生就业指导与服务体系建设研究
GAOZHI YUANXIAO XUESHENG JIUYE ZHIDAO YU FUWU TIXI JIANSHE YANJIU
朱　明　著

责任编辑	张　玲
责任校对	都青青
封面设计	朱嘉怡
责任印制	包建辉
出版发行	浙江工商大学出版社
	（杭州市教工路 198 号　邮政编码 310012）
	（E-mail：zjgsupress@163.com）
	（网址：http://www.zjgsupress.com）
	电话：0571-88904980，88831806（传真）
排　　版	杭州彩地电脑图文有限公司
印　　刷	浙江全能工艺美术印刷有限公司
开　　本	710 mm×1000 mm　1/16
印　　张	18
字　　数	284 千
版 印 次	2023 年 3 月第 1 版　2023 年 3 月第 1 次印刷
书　　号	ISBN 978-7-5178-5400-5
定　　价	58.00 元

就业是重要的民生，也是经济发展最基本的支撑，是实现社会长治久安的基础，是实现劳动者安居乐业的基石。党的二十大报告指出，"实施就业优先战略，强化就业优先政策，健全就业促进机制，促进高质量充分就业"。高等职业教育作为国民教育体系和人力资源开发的重要组成部分，具有以促进就业为导向的鲜明属性，高职教育毕业生是宝贵的人才资源。近十年来，政府部门出台一系列促进高校毕业生就业创业的政策措施，如就业见习、"三支一扶"计划、实名制就业服务等等。同时，高职院校应在政府的帮助下，及时纾解疫情引发的困境，着力健全更充分更高质量的就业促进机制，推动毕业生就业工作稳中求进。

《高职院校学生就业指导与服务体系建设研究》主要在高等职业教育的发展及教学特征的基础上，比较分析了国外发达国家和地区大学生就业与服务体系的特点，总结发达国家和地区较为成熟的经验。运用各种分析方法，对高等职业教育的特色教育理念、高职就业与服务体系工学结合的构建模式、高职院校特殊群体就业与服务体系的构建以及高职院校就业指导信息化建设与实践做了详细阐述。最后概括了高职院校学生就业与服务体系的工作队伍建设。

保障高职院校毕业生稳定就业，不仅是一个民生问题，更是一项重要的社会工作。因此，需要构建学校、政府和社会三位一体的毕业生就业与服务体系，以助力高职院校毕业生在其就业道路上扬帆起航。

目录

01

绪　论

当前我国高职院校就业教育服务体系包含动力层面、受动层面、调控层面、保障层面四个方面的内容，具有以就业为导向等显著特点。近年各高职院校就业教育服务体系的建设取得了良好的进步，然而较于国外，仍然存在许多不足之处。坚持把就业工作与高职院校办学的指导思想、教育教学改革、思想教育工作、管理体制改革和社会需求相结合是完善我国高职院校就业教育服务体系建设的必然选择。

高等职业教育的发展历程及特征

一、我国高等职业教育的起源与发展

我国的高等职业教育是改革开放的产物，起步较晚。在某种程度上讲，高职的发展过程就是其法律法规的制定与完善的过程，我们可以从高职法律法规建设的视角来分析高职的兴起与发展。

从纵向上看，我国高职法律法规建设主要是围绕"什么是高职，怎样建设高职"这个基本问题来展开的。根据这个基本问题的探索过程，大致可以把高职的发展分为四个阶段。

1. 萌芽阶段（1980—1984）

改革开放后，为满足经济发达地区对高级技能型人才的迫切需求，原国家教委于1980年批准建立了首批13所职业大学，这标志着我国高职教育的开始。根据1983颁布的《关于调整改革和加速发展高等教育若干问题的意见》提出的"积极提倡大城市、经济发展较快的中等城市和大企业举办高等专科学校和短期职业大学"精神，国家教委在1983—1985年批准了77所职业大学。职业大学为用人单位培养人才，并实施"收费走读、不分配"的学习和就业体系，开创了中心城市创办高职院校的先河，对高职教育进行了有益的尝试。然而，彼时的高等教育结构和人才类型的多样化并未受到重视，相当多的职业大学不安于自身的自然定位，有意或无意地向普通高职靠拢。总体而言，高职特色不鲜明，人们对于高职意义的理解还有欠缺。

2. 确立阶段（1985—1998）

（1）职教体系的基本形成

1985年，中共中央《关于教育体制改革的决定》提出要发挥中等专业学校的骨干作用，积极发展高职教育、"逐步建立起一个从初级到高级、行业配套、结构合理又能与普通教育相互沟通的职业技术教育体系"。1991年国务院《关于大力发展职业技术教育的决定》再一次强调了"初步建立起有中国特色的，从初级到高级、行业配套、结构合理、形式多样，又能与其他教育相互沟通、协调发展的职业教育体系的基本框架"。1993年《中国教育改革和发展纲要》提出要形成全社会举办多形式、多层次职教局面。1994年的全国教育工作会议明确提出了通过"三级分流"建立初、中、高相互衔接的职教体系，确定了发展高职"三改一补"的基本方针，即改革现有的职业大学、高等专科学校和成人高职院校来发展高职教育，还可利用少数重点中专改制或举办高职班等方式作为补充。

（2）高职法律地位的确立

1996年颁布实施的《中华人民共和国职业教育法》，高职首次以法律形式呈现，并提出"职业学校教育分为初等、中等、高等职业学校教育"，"高等职业学校教育根据需要和条件由高等职业学校实施，或者由普通高等学校实施"。同时还鼓励各类社会组织及公民个人举办高职院校和培训机构。1998年颁布实施的《中华人民共和国高等教育法》又明确了"高等学校是指大学、独立设置的学院和高等专科学校，其中包括高等职业学校和成人高等学校"。这在法律上确定了高职属于高等教育。在此阶段，高职发展取得丰硕成果。截止到1998年，我国独立设置的高职院校已有101所，招生6.28万人，在校生14.86万人，分别比1985年增长了52%和58%。虽然人们对高等职业教育的认识还有进步的空间，但《中华人民共和国职业教育法》和《中华人民共和国高等教育法》比较系统地、全面地介绍了高职的目的、性质、主要特征和主要途径等一系列问题，初步回答了"什么是高职，怎样建设高职"，确立了高职在法律上的应有地位，为高职的快速发展提供了法律保障。

3. 提速阶段（1999—2003）

（1）扩张高职办学规模

1999年，高职飞速发展。国家提出了"三多一改"（多渠道、多规格、多模式发展高职，改革教学，办出高职特色）发展高职的方针，颁布了《试行按新的管理模式和运行机制举办高等职业技术教育的实施意见》《面向21世纪教育振兴行动计划》和《关于深化教育改革全面推进素质教育的决定》等三个关键性文件（以下分别简称为《意见》《计划》和《决定》），促进了高职迅速发展。《意见》提出按"新模式、新机制"举办高职（简称"新高职"），高职除由"三改一补"的学校承担外，还可以由民办高职和本科院校内设立的高职机构承担，形成了"六车道"共办高职的繁荣局面。《计划》首次在高等教育部分提出"部分本科院校可以设立高等职业技术学院"，增强省级政府对高职的统筹权、扩大高职院校的自主权。《决定》提出：要通过改革、改组和改制，把现有的职业大学、部分高专和成人高职逐步调整为职业技术学院；要支持本科高职举办或与企业合作举办职业技术学院；省、自治区、直辖市政府在对当地教育资源的统筹下，可以举办综合性、社区性的职业技术学院。

2000年《教育部关于加强高职高专教育人才培养工作的意见》颁布，提出了我国高职教育的办学指导思想、人才培养工作重点和思路，明确高职教育"以培养高等技术应用型专门人才为根本任务"。2002年颁布的《国务院关于大力推进职业教育改革与发展的决定》提出了改革发展职业教育的目标、任务，确立了高职教育以"服务为宗旨，以就业为导向，走产学研结合"的发展道路，标志着高职教育发展在办学体制、管理体制、运行机制和教育教学改革上的历史性转折。同年，我国高等教育毛入学率达到15.2%，进入大众化阶段。

从2004年开始，教育部启动高职院校人才培养水平评估工作，围绕"以评促建、以评促改、以评促管、评建结合、重在建设"的方针，引导学校准确定位，对我国高职教育的整体发展产生了重大而深远的影响。

"十五"期间，我国高职教育规模得到迅速扩大，2005年，我国高职院校数量已占普通高等院校数量的51.39%，高等教育毛入学率达到21%。

（2）重视高职教育质量

2000年，国家在高职院校的设置和管理方面颁布了《高等职业学校设置标准（暂行）》《教育部关于加强本科院校举办高等职业教育管理工作的通知》，尤其是当年出台的《关于加强高职高专教育人才培养工作的意见》指明了高职人才培养工作的基本思路和特征，为高职更快、更好地发展指明了方向。2001年，教育部印发的《关于在职业学校进行学分制试点工作的意见》指导了高职人才培养的新模式。2002年国务院颁布的《关于大力推进职业教育改革与发展的决定》将注意力转移到如何确保、提高教学质量方面。2003年，教育部成立了高职高专人才培养工作水平评估委员会，先后组织了一系列大型的评估活动，包括示范性高职院校和实践教学基地的建设和评估等，加强了对高职人才培养工作的宏观管理和指导。这一阶段，全国高职院校招生数从1998年的43万人增长到2003年的200万人，在校生从117万人增长到480万人，分别占全国普通高校招生数和在校生数的52.3%和42.3%。高职院校已达908所，占全国普通高校总数的58%，高职成为高等教育的"半壁江山"，实现了新的跨越。同时人们更深层次地认清"什么是高职、怎样建设高职"，逐步重视高职人才培养质量的提高。

教育部从2015年开始以《高等职业教育创新发展行动计划（2015—2018年）》和《职业院校管理水平提升行动计划（2015—2018年）》为抓手，明确扩大优质教育资源、增强院校办学活力、加强技术技能积累、完善质量保障机制、提升思想政治教育质量五大发展目标，开展突出问题专项治理、管理制度标准建设、管理队伍能力建设、管理信息化水平提升、学校文化育人创新、质量保证体系完善等有机衔接和互为贯通的六大行动，以"教育部规划管理、省级统筹保障、院校自主实施"的管理机制，全面推动高职教育创新发展，加快实现高职院校治理能力现代化。通过调动地方布局实施一批任务和项目，引导高职学校围绕国家战略，迎合新兴产业、先进制造业、现代服务业发展对技术技能人才培养的新需求，关注新技术、新业态、新产业、新模式，创新建设国家优质高职院校和骨干专业，试点职业教育集团化办学、现代学徒制、混合所有制改革。全国共启动建设优质高职院校486所、骨干专业4737个、"双师型"教师培养培训基地901个、校企共建生产性实训基地2567个、省级协同创新中心551个、职业能力培养虚拟仿真实训中心949个，与"一带一路"沿线国家开展351项国际合作。优质高职院校树立了高职教育新标杆，骨干专业提升了服务产业发展能力，引领新一轮高职教育的高质量发展。

至此，我国已建成了世界上规模最大的职业教育，体系框架初步成形，高职教育基本形成了以专业目录、专业教学标准、课程教学标准、顶岗实习标准、专业仪器设备装备规范等五个部分构成的国家教学标准体系，迈向了高质量发展的新阶段，具备了向"世界一流"职业教育迈进的能力。

4. 深化阶段（2004至今）

高职经历了跨越式发展后，国家开始把提高高职教育质量作为重点。从2004年开始，国家先后出台一些政策法规来促进高职教育质量的提高，具体主要表现在三个方面：第一，专业建设管理。教育部在2004年组建了高职高专教育专业类教学指导委员会，制定了《普通高等学校高职高专教育指导性专业目录（试行）》，颁布了《普通高等学校高职高专教育专业设置管理办法（试行）》，规范了高职专业的管理；第二，实训基地建设。财政部和教育部在2005年共同制定了《职业教育实训基地建设专项资金管理暂行办法》和《中央财政支持的职业教育实训基地建设项目支持奖励评审试行标准》，为实训基地建设提供了关键保障；第三，教学水平评估。从2004年开始教育部正式启动了高职高专院校教学评估工作，以《高职高专院校人才培养工作水平评估方案（试行）》《高职高专院校人才培养工作水平评估工作指南（试行）》和《高职高专院校人才培养工作水平评估专家组工作细则（试行）》三个指导性文件为准绳，制定了由7个一级指标、15个二级指标组成的评估指标体系。2005年颁布的《关于进一步推进高职高专院校人才培养工作水平评估的若干意见》则对评估范围、标准、实施等方面进一步科学化、标准化。

伴随改革开放后经济转型升级，高职教育从无到有、从小到大、从弱到强，已经站在新的历史起点上。2019年1月24日，国务院印发《国家职业教育改革实施方案》，提出一系列新目标、新论断、新要求，是办好新时代职业教育的顶层设计和施工蓝图；2019年3月29日，教育部、财政部印发的《关于实施中国特色高水平高职学校和专业建设计划的意见》（以下简称"双高计划"），明确提出实施中国特色高水平高职学校和专业建设的总体要求、任务内容与保障措施。这不仅是高职教育深入贯彻党的十九大及全国教育大会精神的战略之举，也是落实"中国教育现代化2035"及《国家职业教育改革实施方案》的具体行动。"双高计划"的实施，立足于我国经济社会高质量发展的时代背景，基于高职教育自身发展实际与现实诉求，以立德树人为根本、以提升质量为核心、以内涵式发展为主线、以世界水平的高职学校和专业群建设为抓手，引领改革、支撑发展，从产教融合、师资建设、服务水平等多维度提升高职教育发展质量，有针对性地破解高职教育发展中的瓶颈问题，形成类型教育创新发展的中国模式，打造中国职业教育的国际品牌。

高职教育要牢牢抓住大有可为的发展机遇期，立足时代、提高站位、把握使命，明确发展的方位、方向与方略，遵循规律、改革创新、提质升级，在新的起点上迈向更高水平。

至此，人们对"高职是什么、怎样建设高职"的基本问题有了全新的见解。伴随改革开放后经济转型升级，高职教育探索形成具有中国特色的教育模式，把一批又一批高素质技术技能人才输送到生产建设、管理服务第一线，加速了中国经济社会发展进程。

二、我国高等职业教育发展的基本特征

从20世纪80年代职业大学的产生，到《国家职业教育改革实施方案》和《关于实施中国特色高水平高职学校和专业建设计划的意见》的颁布，从"三多一改"方针的提出到高职院校人才评估工作的启动，我国高职教育实现了从萌芽到深化的跨越、从数量扩张到质量提升的突破。在40多年的发展历程中，高职教育特征鲜明，集中表现为以下五点。

1. 高职教育地位的提升

高职教育是我国首创的教育类型。高职教育从无到有、从小到大、从弱到

强，取得巨大发展，《中华人民共和国职业教育法》和《中华人民共和国高等教育法》的颁布确立了高职教育的法律地位。在高职教育取得长足进步的今天，高职的地位、价值和社会认同度也越来越高，成为我国高等教育的重要组成部分。我国把构建高职完整体系作为核心任务，不断创新制度设计、加大政策供给，努力将高职教育建设成对经济社会和个体发展具有特定功能的教育、有着广泛需求基础的教育、与普通教育同等重要的教育。

2. 高职教育作用的加强

诚然，早期的职业大学只是普通高等教育的补充。但随着高职教育在我国的兴起和快速发展，高职教育丰富了我国教育体系的形式和结构，使我国的高等教育结构和功能趋向多样化，而且对于缓解人才短缺、服务社会、振兴经济发挥了应有的积极作用。

3. 发展战略的转变

从根本上讲，我国高职教育的迅速发展是社会经济需求和教育发展共同作用的结果。改革开放以来，我国高等职业教育经历了探索实践、规模扩张、质量提升、创新发展四个关键阶段，闯出了一条符合中国国情、具有中国特色和具备世界水平的发展道路。我国高职教育在短短40多年的时间里实现了长足发展，国家政策（如《国家职业教育改革实施方案》《中国特色高水平高职学校和专业建设计划》）的落实起到至关重要的作用。《国家职业教育改革实施方案》中的"双高计划"，将高职教育推向中国品牌建设的新阶段。"双高计划"是新时代落实国家职业教育发展战略布局的具体行动，要集中力量建成一批高水平技术技能人才培养培训基地和技术技能创新服务平台，形成中国高职教育模式和标准以及具有国际竞争力的人才培养高地，必将推动具有中国特色、世界水平的高职教育在创新发展的基础上向"世界一流"迈进。

可以说，早期的高职是机遇导向、政策导向发展，国家政策是高职发展的关键推动力。随着"双高计划"的实施，必将推动我国高职教育扎根中国、放眼世界、面向未来，推动一批优质高职学校和专业群率先发展，引领职业教育服务国家战略、融入区域发展、促进产业升级，带动培养千万计高素质技能人才，为建设教育强国、人才强国做出重要贡献，造就具有世界领先水平的高职教育"中国模式"新品牌。

4. 发展模式多样化

高职教育在兴盛过程中呈现单一化向多元化转化的发展趋势，集中体现在四个方面：一是办学体制由国家单办逐步形成"国家为主，社会参与"的办学体制，形成公办、民办、企业办共同发展的新格局；二是办学形式从"一枝独秀"的职业大学到"三改一补"的四类学校，再到多种形式共同发展的繁荣局面，包括职业技术学院、高等专科学校、职业大学，独立设置的成人高校、本科院校内设立的高职高专教育机构或二级学院、具有高等学历教育资格的民办高校等；三是经费筹措进入多元化形式，由政府单一拨款形成三种配置互补的体制，即计划配置、市场配置和计划与市场结合配置；四是人才培养模式的转变：以往高职院校在人才培养模式上普遍采取"学校—企业"模式，即学生入学后，高职院校按照统一的人才培养方案实施教学，教学过程突出"工学结合""产教融合"的高职教育要求。2019年，国务院常务会议通过了《高职扩招专项工作实施方案》，"百万扩招"要求高职院校的人才培养模式必须转变为"企业—学校"模式，采取"半工半读""工学交替""送教上门"的方式，依照企业需求量身定制实施人才培养方案，企业岗位需求成为高职院校人才培养模式转变的内在驱动因素，出现了一种全新的人才培养模式。

5. 转型管理模式

在我国，早期不管是职业大学、"三改一补"的高职学校还是"新高职"的专业设置、招生等方面都打上了传统计划管理体制的烙印。随着人们对"什么是高职、怎样建设高职"这个基本问题的深入理解，特别是随着我国社会主义市场经济体制的建立与逐步完善，高职的管理方式也逐步从"大小通抓"向"抓大放小"转化。"抓大"就是加强宏观调控，表现为"三教合一、统筹规划"；在国家宏观政策指导下，扩大地方政府对高职的管理权；成立了高职高专人才培养工作水平评估委员会，加强对高职院校人才培养的宏观管理和指导。"放小"就是激活市场竞争机制，集中表现为："引进来"，即大力发展民办高职院校，积极改制公办高职院校，提高高职院校的社会参与度；"走出去"，即逐步扩大高职院校的专业设置、招生等方面的办学自主权，促使高职院校真正成为面向市场和用人单位的独立实体。

三、高职院校毕业生就业困难的原因分析及对策

我国现有的高职院校绝大部分是在中等职业学校的基础上升格而成，在办学条件、办学水平等方面存在严重的"先天不足"，尤为突出的问题是毕业生就业难，造成此问题的原因主要有以下几个方面。

1. 高职院校专业设置、培养模式与快速变化的市场需求不一

首先，许多职业技术院校还没有完全摆脱计划经济的思维方式，在专业设置上不是考虑市场对人才的需要，而是等、靠政府下指令，习惯于向上伸手，希望政府能出台保护学校的政策，期盼上级用行政手段去解决市场经济条件下的招生就业问题，使学校丧失生机与活力。其次，有些学校以开办新专业为时尚，相互攀比，看谁开得多，只看社会需要，不顾自身条件，只看眼前利益，不顾长远利益，结果造成热门专业重复建设，浪费了大量的人力物力。

目前高职院校专业设置的管理体制基本上是沿用原有的普通高校的体制，而高职院校专业设置是要面向经济建设、社会发展需要的，因此专业能力标准要由企业、行业主导来制定。在专业设置过程中，应该充分考虑专业设置的方针、区域专业设置的布局规划、政策的制订、市场对专业人才的需求，高职院校专业设置及课程开发和实施，高职院校专业设置管理体制建立及完善等。在这个系统工程中，各个环节相互依存、相互制约，共同构成一个有机的整体。如果专业设置不以快速变化的市场为导向，将直接影响学校招生、学生就业，是学校能否较好地服务于社会、能否发展的最基本的决定性因素之一。教育部原部长陈至立曾指出："要使高职教育充满生机和活力，应及时地调整专业，适应各地不同时期经济社会发展的需要。"因此，高职院校专业设置与市场需求错位是影响高职毕业生就业难问题的决定性因素之一。就现行的高职院校专业设置的机制和根据而言，学生就业是与专业设置相统一的。根据市场岗位需求设置专业培养出的人才，毕业后到所需求的具体工作岗位，从而补充经济发

展和技术进步产生的岗位缺口。因此，高职院校专业设置的机制本身就已经确定了学生的具体从业岗位。专业设置之前，对经济发展信息的搜集，以及在此基础上确定专业设置的意向，再将意向逐一地进行深入细致的调查研究，与相关企业共同谋划和设计专业的建设和发展方案，根据企业需求的人数确定招生计划，根据企业岗位能力需求确定开设课程。当市场需求量超过高校该专业实际培养人数时，就业压力相对较小；当市场需求量小于高校该专业实际培养人数时，该专业的毕业生就业压力较大。据统计，日本专修学校由于学校课程和专业设置顺应了社会发展的需求，使得毕业生备受社会各行业各部门的欢迎，具有很高的就业率；毕业生的就业率为85%，其中高等专科学校毕业生的就业率在95%以上，大大高于普通高等院校毕业生的就业率。

目前，我国企业对各类专业技术人才和管理人才的需求变化速度是高校专业培养人才的2—4倍，形成了人才供需市场配置的时间差。因此，高职院校在专业设置时必须要考虑两方面的因素：一是考虑市场的需求现状及趋势；二是考虑自身是否已具备开设该专业的条件。

2.高等教育"大众化"与教学质量的较大反差

截至2021年，中国高等教育在校生人数已超过3000万，毛入学率达27%，教育部计划在《国家中长期教育改革和发展规划纲要（2010—2020年）》实施完成的2021年时毛入学率达到40%，这标志着我国高等教育将提前进入大众化阶段。

我国高等教育大众化的进程，最初是通过扩大原有高水平大学的招生规模，后来是升格一批中等职业院校来实现高等教育大众化的。高职院校在已有的资源水平上培养急剧增多的生源，其质量水平下降将是不争的事实。虽然我们可以用发展的质量观、大众化时期的质量标准来搪塞质量下降的问题，但是教育质量问题成为当前教育研究的热点，也是不争的事实，而且是教育质量确实下降的事实。任何一个国家，在高等教育大众化的过程中都会受到入学人数剧增而教学资源有限所带来的质量问题。高等教育质量下降最明显的后果之一就是影响高等学校的毕业生就业。由于原有的普通本科院校扩招再加上高等教育质量总体水平不高，那么高职院校毕业生就业问题就是雪上加霜了。我国有些地方性高职、高专院校在高等教育大众化的发展过程中，可以说是先天不足，后天失调。所谓先天不足，是指创办之初的办学模式与创办中专雷同，没有自己的办学特色。后天失调是指在高等教育大众化过程中受普通本科院校学生的挤压，没有定好位，而是拼命争取升格以更趋同于本科院校模式，事实上挤压更厉害。因此，我国地方性院校和高职、高专院校有必要调整自己的办学思路，根据当地社会发展需要来设计自己的专业，在社会认同中得到较大的发展，最终成长为大众化进程中的主力军。

因此我们不是想要高校扩招，而是想要教学质量的改善，是在质的层面上提升，才能真正解决高职院校毕业生就业难的问题。

3.实际动手能力转化率较低

目前，我国许多高校在对学生的培养模式上过于注重对理论知识的掌握程度，却忽视学生实际动手能力与创新能力的培养，尤其缺乏对大学生情感与态度方面的培养。在这种培养模式下的教育抹杀了受教育者的个性与积极性，从而也抹杀了受教育者学习的兴趣和欲望，因而造成了高校毕业生知识能力结构失衡，毕业生的综合素质不能满足社会的发展对复合型人才需求的现状。其次，当前我们有些高职院校不管就业情况，不问社会需求，闭门办学的做法也还存在，有什么教师就开设什么专业的现象也十分普遍，尤其是不发达的省市开办的高职、高专院校不认真研究自己的办学方向和定位，一味追求生源与本科院校攀比，把自己变成本科院校压缩型，未与市场需求接轨，高职院校的培养目标、培养模式同社会需求脱节，造成毕业生就业结构性矛盾比较突出。

大众化的高等教育不仅仅是高等教育规模的扩大，更重要的是大学生整体素质要提升。在就业竞争日趋激烈的今天，那些从培养模式单一的高校中走出来的毕业生，他们的就业将面临极大的挑战。我们讲发展，从来都是要求规模、结构、质量、效益相统一的，不能片面追求速度和规模。经济发展是这样，教育发展也是这样。对那些社会需求不大、几经证明毕业生就业率过低的专业，要果断实行调减招生计划，直至停止招生。在教学中，高职专科院校要加大对大学生的技能和动手能力的培养力度，应尽可能结合专业特点申报技能鉴定站，加强对学生的技能培训，要以就业为导向，找准定位，使高职院校培养的学生的知识结构合理，充分体现现代职业人的特征。

4. 市场需求与毕业生择业观的偏差

随着国家经济水平的快速提升和市场的飞速扩大，在一段时间内企业对高素质人才的需求确实大增，大学生的薪资水涨船高，难免让学生误认为自己毕业了理应有很高的职位和收入，但现实情况却是不再如此。随着市场的秩序化、理想化和成熟化，企业对于人才的需求已然改变。

而部分高职院校毕业生对自身定位不准确，期望值过高，把个人利益放在首位，没有考虑自身条件和对企业的贡献度，没有考虑国家和社会利益，以工资待遇好、工作轻松作为择业的唯一标准。片面追求自我价值的实现，滋长了虚荣攀比心理和好高骛远的心态。部分毕业生职业规划意识淡薄，未对自己的职业进行积极的探索和思考，大部分学生对自己的未来职业存在"走一步看一步"的心理，在择业过程中盲目选择就业单位。同时，高职院校"慢就业""暂不就业"群体逐渐增加，也给就业问题带来很多变数。

主观上，当代大学生大多对社会和职业缺乏清醒的认识，大学期间没有对未来进行合理的职业规划，找不到自己的所长和所爱。同时，自身所具备的个人素质也与现在的社会需求存在矛盾。客观上，最直接也是最重要的因素——价值观的冲击。毕业生择业时容易受社会物质风气的影响，被虚荣心和名利所支配，而功利心和务实心理背后却是当代的社会现实和就业压力，他们想选择自己喜欢的工作，但又不愿意承担万一选择失败、面临现实压力的责任，最终高不成低不就。可见，"择业观"对大学毕业生"择业"和解决"就业难"问题至关重要。

青年人择业前要有自己的职业规划，有针对性地提升个人技能。大学毕业生在择业时应该要学会当机立断和合理流动，清醒思考而不是盲目浮躁。只有当大学生们通过冷静的研究，认清所选择的职业的发展前景，了解它的困难以后仍然对它充满热情、认为这是合适的职业。

正确择业，需要"择心所爱"。尽早地了解自己内心的诉求，才能让自己走得更坚定。虚荣心和名利不会使人始终保持热情和坚定，选择一份自己发自内心热爱的职业很重要。因为一旦选择这样的职业，你将会无比珍惜这样的工作机会，并且感到自豪，才华才可尽情施展，竭尽全力。

四、确立求职目标，树立正确择业观

高职院校毕业生在求职前，首先要努力提升自身的综合素质。在求职过程中，要有强烈的事业心和责任感，树立正确的世界观、人生观、价值观。其次，要注重能力的培养。能力是一个人素质的外在表现，现代社会需要大学生具有理论知识能力、信息处理能力、社交能力、环境适应能力、语言表达能力、统筹资源的能力、实践能力等。在校期间，学生应积极参加学生社团的活动，扩大社交的范围，提高自身组织能力和语言表达能力，同时可利用假期积极参加社会实践，结合课堂上的理论知识与实际工作，在实践中了解社会，完善并提高自身的逻辑思维能力和处理实际问题的能力，积累工作经验，为自己的职业生涯规划做充分的准备。在严峻的就业形势下，大学生应转变就业观念，倡导先就业后择业，求职择业不必追求一步到位，可以在先就业过程中积累工作经验，提升自我价值，为日后找到理想的工作打下坚实的基础。自主创业是另一层次的就业，大学生不能因就业或其他压力，被迫创业，应化被动为主动，将创业作为自己职业规划的选择之一。

高职院校就业教育现状分析及对策

　　改革开放以来，我国职业教育取得了重大进展，初步建立了具有中国特色的初、中、高相衔接，又与普通教育、成人教育相互沟通的职业教育体系。近期受新冠肺炎疫情的影响，大学生就业形势不容乐观，就业压力越来越大，教育部要求各高校针对自身的毕业生就业情况，开展线上＋线下的就业咨询，鼓励学生升学，尤其是针对就业困难的学生要精准帮扶，建立一生一策一帮扶。为了提高大学生的就业能力，国务院在2018年9月18日印发《关于推动创新创业高质量发展打造"双创"升级版的意见》（国发〔2018〕32号），鼓励全国大学生自主创业，改变就业观念。就业事关高职院校生存与发展的大计，是办学方向和专业设置的风向标，也是衡量学校人才培养质量的重要指标。本书通过对高职院校毕业生的就业现状进行调查分析，为推动高职教育健康发展、提高就业质量保驾护航。

一、高职就业教育的现状剖析

1.高职院校毕业生就业现状的特征

（1）就业率有所提高，仍然存在就业困难

10年来高职就业率在91%以上，高于普通高校的平均值。据教育部统计，近5年，职业学校毕业生就业率持续保持高位水平，高等职业学校毕业生半年后就业率稳定在90%左右。而且，高职、高专的专业门类中，较多专业门类半年后的就业率都处于上升阶段。我们对各高职院校招生办的走访也同样验证了这一趋势，甚至某高职院校上报省教育厅的就业率连续5年都保持在95%以上。尽管高职院校毕业生的就业水平一直保持较快增长势头，但高职院校学生就业难的问题依然存在。

（2）不同的高职院校，其学生就业工作的效果不同

高职教育办学主体主要分为以下三类：第一，政府或国有经济企业办学的公办高职院校；第二，私人或非公有制经济企业办学的民办高职院校；第三，多种经济体制或企业参与办学的公办民营性质的高职院校。同为高职院校，就业工作的效果却明显不同，公办或公办民营性质的高职院校就业率普遍高出民办高职院校约20%。

（3）高职院校毕业生"低就业"现象频发

"低就业"是指就业与专业不对口，而且薪酬待遇较低，仅为同届大学毕业生的25%。近年来，高职院校毕业生就业与专业相关度不高的现象一直比较普遍，这从侧面反映出学生在校所学专业知识利用率不高，同时反映出毕业生对本专业的认可度不高。调查显示：大多数学生在初次就业时并不看重专业对口，一方面说明学生认为所学专业的工作不符合自己的职业期待，就业选择较为理性；另一方面侧面说明高职院校的专业设置仍存在一定偏差，多数毕业生迫于现实，不得不选择与本专业相关度不大的工作先就业，后期再择业，因而也就出现入职后稳定性不高的情况。此外，高职院校对毕业生的精准就业指导还存在指导内容与方式单一、精准度低、就业指导队伍水平不高等问题，无法

满足学生和用人单位的实际需求，在一定程度上削弱了毕业生的就业竞争力和在就业市场的受欢迎程度。

2. 高职毕业生就业现状的原因分析

（1）高职教育自身缺陷

①职业院校人才培养质量有待进一步提升。

近五成的人对当前职业院校学生的整体状态停留在一般及以下印象。在对几位企业人员进行访谈时，对方都表示学校人才培养与企业需求脱节，企业需进行二次培养。一些学校追求升学，忽视技能培养；地方行政部门及学校对学生实习实训管得太多：不能太晚、工作任务不能重、时间不能太长，导致企业没有动力参与培养。事实表明，如果学生只进行一两个月的短期实习实训，根本达不到顶岗要求。

数据显示，职业院校学生就业稳定率低，学生毕业后一年内就业稳定率在80%以上的仅占23.88%。企业认为影响毕业生就业稳定率的因素排前三位的是专业对口、专业技能、职业道德。从学生的选择来看，排前三位的是专业对口、工作环境、专业技能。这里不容忽视的一点是学生对工作环境的看重。根据学校和企业的反馈，高职院校学生大多不愿从事劳动制造业，不愿做基础性的技术活。而企业能给到职业院校学生的岗位，就是工厂工人岗位，与学生的需求有差距，这可能是学生就业不稳定的较大原因，也是企业对学校人才培养质量评价低的重要因素。企业招不到合适的人，学生找不到心仪的工作，这一矛盾亟待解决。

②职业教育经费投入有限，办学条件有待改善。

多年来，经费投入不足一直是制约我国职业教育发展的重要因素，而多渠道筹措职业教育经费的投入机制也亟待完善。尽管国家教育经费的投入呈现上升趋势，财政预算内职业教育经费占整个财政预算内教育经费的份额却呈下降趋势。经费的严重不足，影响到职业教育的健康发展，不少职业技术学院正陷入"办学经费不足—办学条件不充分—无法吸引高水平师资—缺乏办学特色—生源日益匮乏—办学经费更加紧张"的循环困境，导致培养出的学生无法适应和达到劳动力市场的要求，进一步影响到了高职院校的生存和发展。

③产教融合、校企合作还处在发展阶段。

数据显示，目前职业院校与企业开展合作的方式中，排前三位的是企业为学生提供实习岗位、企业派技术人员担任学校兼职教师、企业委托学校进行员工培训，其中企业为学生提供实习岗位占78.72%，其余的都不足50%。开展合作的企业中，合作对象单一，绝大多数为国有企业，可见校企合作的内容和形式亟须创新。企业希望职业院校支持和服务的项目主要是用工优先和员工培训，对联合科技攻关等深度合作的意愿不强。企业更看重在校企合作中招聘到符合要求的员工、增加员工培训机会。

对于制约校企合作的相关因素，包括支持政策落实不到位、缺乏合作机制、企业利益得不到保证等，把校企长期合作的希望寄托在政府强力推动、企业受益较大和学校领导与企业老板私交良好等方面。由此可见，当前产教融合、校企合作总体水平还不高。

（2）高职教育面临的社会问题现状

①社会认可度有待提高。

尽管高职教育作为教育类型被承认，但是，多项数据共同表明社会对职业教育的认可度还有待提高。首先，从对高职教育发展的担忧来看，学生和家长选择职业教育发展面临的最大困难，均把社会认可度排在前列，尤其是学生选择该选项的比排第二位的多了约8%，说明他们对自己就读的学校以及将来的文凭、就业竞争力等缺乏自信。70.98%的教师群体认为高职教育发展的最大困难是生源素质，说明教师对职校学生不完全认可。其次，从对高职教育的期望来看，67.33%的高职院校学生选择希望继续升入高校学习，说明高职院校学生对自己的学历并不完全满意。最后，从对职业院校的满意度来看，学生对职业院校专业课的教学效果和专业设置的总体认可度高，但对学校教学管理水平十分满意和满意的仅占57.22%。

社会人群对职业教育认可度不高，与某些地方行政部门对职业教育重视不够、社会唯学历论、传统的偏见等都有关系。如企业对不同学历学生有不同薪酬标准，拿20万元、30万元年薪招研究生，但职业院校学生每月工资仅几千元，岗位也有层级限制。且在公务员招考等方面对职业院校学生设置过高门槛。由此可见，只有做到科学评价高职院校学生，让高职院校毕业生就业不受歧视，让高素质产业工人拿到与其他学历层次人员同等的薪酬，职业教育的认可度才有望提升。

②企业、行业在职业教育方面参与率低。

企业和行业的参与，对于职业教育的长远发展，有着不可忽视的重要作用。目前企业、行业参与职业教育，典型的是进行"工学结合"。高职院校"工学结合"的形式至今还是处于浅层次的初级阶段或刚刚开始的中层次的起步阶段，其合作深度与深层次的高级阶段相距甚远。

③教育与劳动就业政策不配套，就业制度需要再推进。

劳动准入制度和职业资格制度没有得到很好实施。我国职业教育的质量很大程度上与考核制度有关。看重一纸文凭，看轻能力培养。我国的职业教育考试制度不够规范，考试由职业教育学校自己组织进行，核发证书，而不是由专门的考核评价机构负责。

④地方政府对职业教育重视程度不够。

当前，高职教育发展面临的最大困难之一是地方政府重视程度不够。实训设备设施不能够满足教育教学需要、产业与专业不匹配、校企合作不深入等问题，都说明地方政府对职业教育不够重视。

由于缺乏有力的统筹管理，发展高职教育存在多头管理、政出多门、各自为政、资源配置效率低的问题。虽然有关部门不断出台职教政策，下发文件，却缺少强有力的措施来保障落地，如"职教20条"里提出的校企合作的相关优惠政策未落实等。

一位受访者指出，地方政府懂职业教育的人少，对职业教育认识不到位，存在偏见，对职业教育感情淡漠。或者想重视职业教育，却由于对职教不了解、不专业，无法做出正确决策。职业教育缺少理论指导，在理论研究上基本属于空白，全靠校长一线实践。此外，地方政府对职业教育提前规划不够。职业教育必须随时代的发展而变化，现在社会经济发展很快，但职业教育办学水平没有同步提升。

3. 高职学生的就业观念出现偏差

高职院校的毕业生在就业过程中之所以出现一定的就业难问题，除了和社会人力资源体系的配置有一定关系之外，其实很大程度上和高职毕业生自身的就业理念有关系。由于高职院校学生中存在诸多不成熟的就业理念，让一部分原本能得到良好就业机会的高职学生错失了良机。具体而言，高职院校学生的就业观念存在的偏差主要表现在以下两个方面：

（1）学历较低

高职院校学生在毕业时大部分获得的是大专学历，这和本科院校的学生毕业之后获取的本科学历有一定的差异，因此在求职过程中总认为"低人一头"，以至于很多企业虽然开展了诸多的校园招聘活动，但是高职院校的学生参与热情和程度都不高。学历上的差异的确曾经在一段时间内在企业招聘的时候产生过一定的影响，但是随着企业人力资源管理体系的不断健全，科学的企业人力资源管理体系证明，并不一定是所有岗位都适合高学历人才，只要专业对口，大专学历一样可以胜任相关工作，而且企业为大专生所支付的薪酬还要比本科学历的低，因此许多企业已经不再是"退而求其次"地选择大专生了，而是有针对性地开展了对高职院校的校园招聘工作。

（2）能力较弱

由于高职院校培养的是高素质应用型技能人才，因此在相关教材的选择上比本科院校要浅显易懂一些，加之高职院校高考录取分数线比本科录取分数线低，这致使部分学生误认为高职院校的学生能力与本科院校的学生相比相差一截。其实这是一个根本性的认识错误。除了一些专业的学术研究机构以外，所有的用人单位看重的是高职毕业生的实际动手操作能力，而这恰恰是高职院校毕业生的强项，"校企联合办学"模式的推广和应用，让这一特点更发挥得淋漓尽致。因此，从某种程度上来说，高职院校的学生不仅不比本科院校的学生能力差，而且在某种技能的实际操作上要比专门研究理论的本科院校学生强。

二、高职特色就业教育的理念与策略

高职教育是我国高等教育的半壁江山，肩负着为生产、建设、管理与服务一线培养和输送高级应用型技术人才的任务。随着高等教育大众化的日益推进，高职院校学生就业问题受到了社会的普遍关注。如何提高学生就业率，成了高职院校追求的最高目标。本书认为，积极推进高职教育教学改革，调整高职院校专业建设，构建特色教育体系，是提升学生就业能力的最优途径。

1. 转变思想观念，确定发展方向

随着高职教育的日益发展，机遇与挑战并存的时代已然来临，如何在这一潮流中实现学校的发展和壮大，是所有高职院校必须思考的问题。高职院校必须转变观念，从思想认识上实现从办学规模扩张到教育质量提高的转变，牢固树立以内涵发展为主和以提高教育质量为中心任务的观念；进一步树立"面向市场、瞄准企业、依托社会、融入行业、校企互动"的办学方向，把"工学交替"人才培养模式的办学理念贯穿于学校教学和各项工作之中，使其成为提高教育质量和提升办学水平的不竭动力，将高职类学校普遍的"大规模、小质量"的优势转向"优质量、精规模"，明确教学工作的中心地位，牢固树立质量意识，服务学生能力提高。同时，高职院校在办学指导思想上既要遵循高等教育规律，又要体现职业教育的特点，培养的是一线技能型人才而非"坐办公室的"，这就要求一定要端正办学指导思想，把教育的一般规律同职业教育的特殊性结合起来，把职业行业特色同学校学科建设、人才培养的实际结合起来，在办学指导思想上体现为专业所在行业发展和经济社会发展服务的宗旨，全面贯彻提高教育质量和人才培养质量的要求，为经济社会发展培养更多更好的高素质人才。高职院校在办学指导思想上要坚持以马克思列宁主义、毛泽东思想、邓小平理论、"三个代表"重要思想、科学发展观和习近平新时代中国特色社会主义思想为指导，全面贯彻党和国家的教育方针，坚持为地方经济建设和社会发展服务；牢固树立人才培养是学校的根本任务，牢固树立质量是学校的生命线，牢固树立教学工作的中心地位；贯彻"巩固、深化、提高、发展"的方针，以更多的精力、更大的投入进一步加强教学工作，全面提高教育教学质量和人才培养质量；从学校实际出发，正确处理规模、结构、质量、效益的关系，在注重内涵发展和不断提高教育质量的前提下，充分利用学校现有的有利条件，优化办学规模，努力形成规模效益，使其成为促进教育质量提高的助推器，不断为提高学校教育质量提供支持。

2. 明确学校定位，促进全面发展

高职院校的定位问题事关学校建设和发展的大局，是学校学科专业建设和其他各项工作的立足点和出发点。从办学类型上看，我们国家高职院校多数仍属于教学型高职院校，教学工作是学校的中心工作；从办学层次上看，各家院校基本是以高职教育为主、兼顾其他类别的院校，所以一切要从学校的实际出发，建立以高职教育为主体、中职教育、成人教育、职业培训教育等多层次协调发展的办学格局；从学科专业结构上看，要进一步加强学科建设，优化学科专业结构，形成共生互补优势；从人才培养质量上看，要适应新形势新任务的要求，进一步修订学生培养标准，完善人才培养方案，努力提高培养质量；从办学特色上看，学校要在现有基础上进一步加强特色学科专业建设，努力把办学特色转化为办学优势；从服务面向上看，要坚持为地方经济发展和社会进步服务的办学方向，立足本地，面向全国，主动适应国家经济建设和社会发展需要，培养高素质职业人才。

3. 加强专业建设，提高教学质量

教学质量是提高学生就业核心竞争力的关键，提高教学质量，专业建设又是基础，两者相互依托，相互促进。

（1）充分认识教学工作的重要地位

高职院校的根本任务是培养高技能应用型人才，作为教学培养单位，教学工作始终是中心工作。因此，必须牢固树立以教学为中心的观念，坚持始终将教学工作作为重中之重抓在手上，把教学工作的中心地位落实到学校的各项工作中去。

（2）强化学科建设

加强学科建设是高职院校实现可持续发展的必由之路。高职院校必须牢牢抓住学科建设这一关键点，结合社会的发展趋势，不断创新，建成优势、特色学科，培养优秀人才，彰显特色办学理念，为自身发展提供不竭动力，也为地区经济发展提供优质的智力及人才支持。

一是明确办学方向，走特色化发展之路。办学理念和特色是学校赖以生存的基础。生源萎缩是许多高职院校面临的突出问题，面对教育供求市场的自主选择，如果学科没有特色和社会影响力，其发展将难以为继。学科特色是最重要、最具直接影响的，只有在区域经济社会发展的基础上，融合地方经济特点办出特色，才有竞争力，才能在地区相关产业发展中起到创新和主干作用，学校才能成为支持区域经济社会发展的人才培养基地和科研开发基地，否则学校会陷入生存危机。

二是优化结构，改善管理，做强学科梯队。学科梯队建设是学科建设的关键，学校应鼓励教师进行知识更新与补充，对于引进的高学历人才，应注重提升其实践能力；高职院校还要特别注重在学科建设总体规划的指导下，根据学科建设的重点，坚持按照"按需引才、严格把关"的原则培养和引进人才，完善分配制度，建立科学合理的激励机制，切实做到"一流人才创一流业绩、享一流待遇"，建成专兼职相结合的"双师型"优秀学科团队。学校也可从企业聘请行业资深专家作为兼职带头人，承担学科建设规划、方案设计、教师培养等工作。

三是创新思路，深化校企合作，实现互利共赢。在校企合作方面，学校可联合先进、骨干企业共建生产型实训基地或工程技术研发中心，用于生产、创造利润，同时以生产环境培训学生；将应用开发类的企业难题和生产实例融入教学，让学生参与项目的研发，企业将研究成果用于生产；依托实训基地开展课程教学，按照企业化要求对学生进行培训和考核，企业通过考核引进人才。在实训基地或研发中心内，学生的自主创新能力、技能应用水平得到有效提高；企业通过全面参与人才培养方案制定、师资队伍和实训平台建设等过程，获得"订单型"员工。

（3）加强教师队伍高水平建设

教师队伍建设是教学建设的核心。现在的高职院校普遍存在专任教师总量不足、队伍结构不合理等问题，这是制约教育质量和教学水平的重要因素。为此，学校要加大投入，做好人才培养、引进、提高和使用工作，改善教师队伍的年龄结构、专业结构、学历结构及职称结构。学校要按照培养高素质实用型人才的要求，从适应社会主义市场经济发展需要的高度，充分认识全面提高师资队伍整体素质的重要性和迫切性，切实加大师资队伍建设工作的力度，力争经过五年努力，建设一支师德高尚、教育观念新、改革意识强、具有较高教学水平和较强实践能力、专兼结合的教师队伍。

（4）持续优化教学管理工作

国务院总理李克强在2019年的《政府工作报告》中提出"今年高职院校大规模扩招100万人"后，国务院统一部署，中央和地方相关部门两级联动，单列计划招收退役军人、下岗失业人员、农民工、新型职业农民等群体，高职生源更加多元，学生发展需求更加多样，切实保障质量型扩招，确保"教好""学好""管好"，对教育教学管理工作提出了新挑战、新要求。

《教育部办公厅关于做好扩招后高职教育教学管理工作的意见》指出，要以习近平新时代中国特色社会主义思想为指导，全面贯彻党的教育方针，把高职扩招作为激活职业教育改革发展的新动力，推动管理水平、学生综合素质、人才培养质量持续提升。针对高职扩招生源，坚持标准不降、模式多元、学制灵活，坚持因材施教、按需施教，坚持宽进严出，严把毕业关口，实现高质量就业。

没有一流的教学管理就没有一流的教学质量。进一步加强教学管理要着重抓好以下几个环节：一是要加强制度建设，建立健全学校教学管理制度。要进一步健全和完善教师上岗准入制度、教师职业技能培训制度、教师教学工作制度、教学责任追究制度、教学例会制度、教学工作奖惩制度、教学意见反馈制度、师生评教制度、领导听课制度等规章制度，为教学质量提升提供制度保证。二是要制定配套措施，将各项教学管理制度落实到教学过程和各个教学环节之中，推进教学管理工作制度化、规范化。

（5）强化师德师风建设

在现阶段的新时代背景之下，高职院校强化师德师风建设是培养具有工匠精神的专业技能型人才的基础前提。教师在对学生进行课程教学时，应清晰地意识到教书育人是教师的天职以及使命，高职院校的教师不仅要传授给学生专业技能，还应该进一步培养学生的职业魅力，通过这种方式来为学生规划更为广阔的职业发展蓝图。此外，高职院校师德师风建设也是提升院校育人质量的重要保证。教师应该忠于自己的教育事业，勤恳敬业，培养学生终身学习以及强化职业技能的良好习惯。同时，高职院校的教师还应该注意充分发挥自身的职业精神，将职业的魅力传递给学生，使学生在学习过程中掌握更多的知识点，进而形成属于自己的知识体系，这样更加有利于塑造学生的工匠精神以及专业精神。

近几年，高职教育得到了国家的高度重视，特别是《高等职业教育创新发展行动计划（2015—2018年）》中提到高职教育要以"以服务发展为宗旨，以促进就业为导向，坚持适应需求、面向人人，坚持产教融合、校企合作，坚持工学结合、知行合一，推动高等职业教育与经济社会同步发展，加强技术技能积累，提升人才培养质量，为实现'两个一百年'奋斗目标和中华民族伟大复兴的中国梦提供坚实的人才保障"。这就对学生加强技术技能积累，以及提升人才培养质量提出了确切的要求。因此，对高职院校学风建设提出了较高的要求，这一要求的提出符合高职院校推进质量立校、品牌立校、实现学校长远发展的目标，也是高职院校走内涵式发展、质量型发展的迫切需要。

（6）全面深化教学改革

目前，高职教育进入了深化教学改革的全面阶段，为培养高职人才起到了不可替代的作用。高职院校的教学目的就是有目的地培养专业型人才，所以整个高职院校的教学质量就直接决定了专业人才的培养质量。伴随着时代的进步，基于当今社会职业选择的现实状况，传统的职业教育模式已远远不能满足社会对人才的需求。近年来，很多高职院校对人才的职业培养逐渐开始注重对学生实践能力和动手能力的培养，将培养出高素质的人才作为追求的目标。因此，想要达到这一目标，高职院校的教学必须坚持专业型人才的培养和课程的教学目标，将整体教学改革的模式进行系统改善，弥补高职院校整个教学过程中的缺陷，保证教学的人才培养的效果。当今社会，职业人才是保证社会发展不可或缺的人才，这些人才的整体专业性直接影响一个企业和其他相关企业的效益水平，进而关系到整个社会的经济产业链的运作。因此，这对职业人才的培养提出了更高的要求，高职院校应该将对社会职业人才培养的重担担起，对教学进行切实地改革和完善，充分发挥职业教学的有用性和时效性。

（7）加强课程建设

课程建设是学科专业建设的基础工程。学校要根据学科专业建设的需要，调整和优化课程体系，加大校、院、省级和国家级精品课程建设力度；要以核心课程为重点，对现有课程体系进行改革，加强基本理论、基础知识、基本技能教学，注重科学思维方法训练，培养分析问题和解决问题的能力；要适时引入现代科技研究成果，不断更新教学内容，在课程设置上要注重模块化建设，多开设体现院校特点和个性化培养目标的特色选修课程。学校和各系要在加强课程建设的同时，重视教材建设工作，健全和完善教材评审、评价和选用机制，严把教材质量关，确保高质量教材进课堂。

（8）理论与实践并重，提高创新型人才质量

首先，学生就业观念得到转变。原有的教育模式下，就业观念陈旧，对于创新创业无法接受，导致就业困难成为常态。而创新教育模式下，学生的动手能力更强，理论与实践结合的能力更高，创新教育下学生的创新思维更加活跃，创新行动更加直接，能够快速适应社会发展的需要。可见，将创新教育与人才培养进行有机融合后，学生的技能应用更趋向创新应用方向，能够激发学生的创新意识，就业观念表现出积极性。其次，学生职业能力得到持续提高。信息革命时代，科学技术创新性是社会的发展主题。在这样的背景下，学生只有不断培养自己的职业能力，适应社会发展需要，以高能力、高水平、高素质、高热情去面对职场，才能持续提升自己的职业能力，从而夯实自己的就业能力，将梦想的职业规划转化为现实。最后，教育水平迅速提升，教育能力更强。高职院校实现创新教育后，教育模式不再拘泥于传统课堂上，而是课上、课下、校内、校外、自主实践等多种形式共存的局面。此时，校企实践平台更加完善，人才培养机制更加健全，创新创业教育更接近市场需求，从而形成教育水平高、教育能力强、教学方法多元的人才培养体系。

（9）加强情商培养，提高职业心理素质

近几年传统教育中不重视培养情绪智力弊端逐渐显现，在大学生中出现了一些"智商高能力低"的现象。尤其是近年来，国家加大了对高职教育的投入力度，职业技能教育逐渐深入人心。这也同时出现了一些职业技能院校过分地强调学生技能的培养，即智商的培养，而忽视甚至无视学生情商的培养，这使

高职院校培养的人才素质大打折扣，这对我们的长远发展以及整个社会的人才培养是不利的。所以我们应该在对学生进行技能教育的同时加强他们情商的教育。高职教育不仅是知识和技能的教育，更是一个社会人的教育。高职学校向社会输送的人才不仅应有一定的知识水平和技能水平，更应是身心健康的人。只有这样的人，才能更好地适应社会，应对社会激烈的竞争，完成各项任务，因此情商教育纳入高职教育的内容是必要的。

党的十九大以来，党中央、国务院坚持就业在经济社会发展中的优先政策，并将职业教育放在"促进就业"的重要位置，彰显了新时代职业教育的重要作用，为职业教育的发展提供了新的机遇。大学是职业心理素质培养的重要阶段，高职院校需要构建合理且科学的职业心理素质教育体系，不断地扩大高职学生职业心理素质教育的范围，提高学生的职业素养与职业操守，为高职学生将来步入职业道路奠定基石。据麦可思《2019年中国大学生就业报告》对2015届大学生就业情况调查显示，毕业三年内转换职业的，高职、高专达49%；毕业三年内转换行业的，高职、高专达50%。就业形势的严峻导致毕业生就业期望和就业岗位结构性矛盾突出，加之社会上拜金主义、享乐主义、个人主义思潮给高职学生带来了巨大的心理困扰，学生职业心理素质现状与职业的心理素养要求存在较大差距。而新时代企业不仅需要专业技能型人才，更需要具有爱岗敬业精神、积极进取精神、团队合作精神及较强的抗挫折能力的员工。企业的需要为高职学生成长成才提出了新要求，设计了路线图，同时也带来一些新挑战，高职教育需要结合时代发展的要求，积极迎接挑战，解决职业心理素质教育中存在的问题与不足。

三、高职学生就业核心竞争力的提升

随着高职教育的快速发展，高职院校毕业生人数也随之迅速增长，2018年为366万，2019年为364万，2020年为377万，2021年为398万，2022年为516万，高职生的就业问题日益成为人们关注的热门话题。然而，在高职院校毕业生人数剧增与社会有效需求短期内增幅有限的突出供需矛盾中，在社会就业面临城镇新增劳动力、国有和集体企业下岗职工再就业、农村富余劳动力向城镇转移"三峰叠加"的严峻形势下，在部分用人单位的人才高消费和就业歧视面前，在高职院校的人才培养模式与市场需求仍有一定距离的当下，在许多高职院校毕业生仍有不切实际的就业期望时，高职院校毕业生的就业形势不可谓不严峻，提高毕业生的就业率，已成为高职院校高速发展中亟待解决的问题。

北京大学"高等教育规模扩展与劳动力市场"课题组公布的高职毕业生就业状况的调查分析报告指出，影响毕业生就业的前十大因素分别为：工作能力强、有一定工作经历、学历层次高、学校名气地位高、所学专业为热门专业、应聘技巧好、学习成绩好、就业信息和机会多、社会关系多、党员或学生干部。由此看出，毕业生的工作能力、工作经历、所学专业、应聘技巧、学习成绩等内因构成就业竞争力的关键因素。因此，要加强高职生就业竞争力，必须从内因着手，以打造高职生的就业核心竞争力——适应市场需求的高技能为主攻方向，千方百计创造更多的实践机会为高职毕业生积累工作经历，坚持以人为本、个性化教育的育人理念塑造高职毕业生现代职业人的素质，同时以主动为地方经济和社会发展服务、创新人才培养模式、为社会输出数以千万计的高质量技能型人才为特色提升高职院校的声誉，构建畅通快捷的就业信息通道来优化外部环境，真正为高职生就业开创一个崭新的局面。

（1）妥善引导、拓宽渠道，千方百计帮助高职毕业生积累工作经历

要帮助高职毕业生在有限的学习时间里积累更多的工作经历，可以从三个方面来考虑：一是创造更多的校内实践活动机会，学校要尽可能提供便利，促进各种有利于提高职业素质和人文素质的学生社团的建立，搭建平台，扶持各社团积极开展活动，为学生创造更多表现自我、锻炼自我、提升自我的机会；同时要广开门路，收集各种竞赛信息，并提供强有力的支持，鼓励和引导学生积极参赛，在竞争中挑战自我，磨炼自我，练就真金不怕火炼的胆识，用获奖证书有力地证明其工作能力，增强其在就业竞争中的信心。二是设法与更多的企业建立广泛、稳定的协作关系，使它们在满足教学计划内的实习需求的同时，还满足学生寒、暑假期间的实习和打工需求，同时引导学生开发个人社会关系，鼓励学生自主到企业实习，尽可能获得一到两家大企业的实习评价意见书。此外，要加快实践教学模式改革，积极引进模拟公司制，增加从模拟岗位

获取工作经历的途径。三是为高职学生打通进入社会提供志愿服务的渠道，青年志愿者服务经历是很为企业重视的一种工作经历，它反映的是一个人的道德素质，企业非常欢迎具有勤劳奉献精神、吃苦耐劳品质、乐观开朗性格的新人成为企业的员工。因此，让高职学生有更多的机会参加志愿者活动，既积累了工作经历，也培养了职业素质，更重要的是通过接触社会更清晰地认识自己，从而树立正确的择业观，进而增强就业竞争力。作为高职学生，实践能力必须成为他们的特色，通过多途径、多层次、多方面的社会实践，争取更多积累工作经历的机会，增强高职毕业生的就业竞争力。

（2）把握市场脉搏，强化职业技能训练，提高高职毕业生的就业核心竞争力

作为高职毕业生职业生涯起航点的高职院校，必须把准职业的"航向"——培养的学生是社会所需求的。这就要求高职院校必须坚持以就业为导向的办学定位，紧扣市场经济需要这根主弦进行人才培养模式的改革，定期做市场调查，积极与企业沟通，组建由行业专家参与的"专业指导委员会"，借鉴高职、高专示范院校已有的行之有效的人才培养模式，结合各学院的实际情况融入特色元素实现人才培养模式的创新；瞄准市场设置专业，使高职院校的专业结构紧随地方经济结构的变化而动态调整，构建适应市场需求的技术型教学课程体系，使教学内容、教学计划直接面向生产建设和管理服务第一线；建立毕业生就业跟踪机制，为人才培养模式的修正与完善提供来自市场的第一手反馈信息，形成与市场需求联动的教学改革方案。

在人才培养中，应强化高技能训练，为高职毕业生职业起航备足动力。"双证书"制是高职毕业生职业扬帆一个极为重要的"风帆"。高职毕业生最突出的优势就是较强的技术应用能力和实际动手能力，职业资格证书是这些能力的见证，而实习实训则是培养这种能力的关键环节。要切实加强实践教学环节，必须做到三管齐下：一是要为高职生量身定制合理的实训教学体系，保证足够的实践教学时间，可以采用将职业岗位群所需的技能按基础技能、专项技能和岗位综合技能分解为不同的层次，再针对不同层次的技能要求来构建逐步提升的阶梯式实践课程体系。这符合循序渐进的教学规律，同时也被实践证明是行之有效的实践教学模式。此外，为保证实践教学的效果，必须在教学计划

中增加实践学时，从计划层面体现技能训练的侧重性。二是要建设一支高水平的"双师型"教师队伍，尤其是要大力引进和聘用企业的能工巧匠充实实训教师队伍，同时要加强现有师资的培训，定期选派他们进修培训专业技能，积极推进"争创教学名师"活动，推行职业技能培训的"导师制"，将学生的职业技能鉴定通过率与指导教师的考核挂钩。三是加大实习投入，抓紧实习基地建设，目前高职院校技能培训的瓶颈之一就是实训场地不足，解决这个问题的最好方法是走产学研相结合的路子。与企业合作的产学结合，要充分挖掘学院的行业背景潜力，寻求工学结合特别是与知名大企业的合作，尽可能获得企业的支持，利用企业资源来培训学生，并借助实习企业这一平台实现与就业市场对接。校办实训中心的产学研结合，要高起点、高成效地建设校办实训中心，使其具有对外服务的功能，真正成为学校与社会的连接纽带、学校科研转化的前沿阵地，最大限度地适应、满足学生职业技能的培养。

（3）以人为本，强调个性化培养，提升高职毕业生的现代职业素质

现代企业用人不仅重视毕业生拥有的专业知识和技能，也很注重其是否拥有决策能力、创造能力、社会交往能力、组织管理能力、心理调适能力以及随机应变能力等综合素质。因此，高职院校还要将帮助人人成功纳入培养的目标，尽可能为学生的个性化发展营造良好的环境。个性化培养是一个牵涉到学籍管理、专业选择、课程设置、教学改革、效果评价等方方面面的系统工程，包括实行弹性学习制，让学生根据自身的性格、爱好、特长和基础选择专业和课程，采取因人而异的分层教学，以考察学习潜力是否充分发挥，个性、特长是否得到加强的评价体系等，真正实施个性化培养需要经历一段较长时间的探索过程，但却是高职教育改革的必由之路。为高职学生开设职业指导课，既为应对日趋激烈的就业竞争，也为探索个性化培养做一些积极的尝试。职业指导课程是一门贯穿整个大学修业时间的职业素质培养课程，分为入学期的职业启蒙阶段、第二学期的职业生涯规划和成功素质必修阶段、第四个学期的就业指导阶段以及在校期间不间断的职业规划管理过程，通过系统地培养高职学生对职业的正确认识，帮助他们建立个人发展规划，督促他们养成良好的职业素质，教会他们捕捉就业机会的技巧，促进他们学会自我认识、自我规划、自我管理、自我调整和自我完善，形成自主自发的执行能力，最终成长为一名优秀

的职业人。同时，从职业道德培养的角度分析，职业指导课程由于从个人发展需求的方向切入职业思想教育，更容易为学生所接受，也更容易促进正确职业观的形成，而思想是行动的指南，必将体现为他们为实现职业理想而采取的一系列正确的行动，由此养成良好的职业习惯，最终塑造出高职毕业生作为新一代职业人应具备的职业素质。此外，从教育理论上看，由学习者个人的需要所形成的动机，是促使学习成功的一个十分重要的因素，因此，开设职业指导课程，引导和激发学生的发展需求，从根本上解决学习原动力的问题，也是提升学业成绩、强化就业竞争力的一个有效办法。还可以为非管理专业的高职生开设管理课程尤其是人力资源管理课程，使他们了解企业管理机制，进入企业工作后能更快地适应企业的要求，成为受企业欢迎的"下得去、干得好、留得住"的技术人才。

（4）树立高职声誉，打造院校品牌，为高职毕业生进入人才市场创设良好的教育背景

作为影响毕业生就业的一个很重要的外部因素就是学校的声誉。近两年高职毕业生就业率的节节攀升，是众多高职院校数年来坚持以市场需求为导向改革人才培养模式、努力提高人才培养质量的成果。为了进一步扩展高职毕业生的就业空间，提升高职教育的声誉，高职院校还要加大改革力度，积极引进、吸收示范高职院校的成功经验，把为社会培养高技能人才、使学生成长为优秀的职业人作为办学的责任，坚持走产学结合的人才培养之路，以为社会提供更多更好的高技能人才来扩大高职教育的声誉。同时，要以点带面，着力打造院校品牌专业。纵观高职教育的发展，品牌对促进高职院校的健康发展是有目共睹的。此外，要发挥高职院校灵活的专业设置优势，按市场需求来调整专业结构。近几年高职毕业生就业中屡屡出现热门专业的毕业生供不应求的现象表明，有时候专业优势就是就业优势。设置新专业一定要避开单纯依据自身的师资和设施来设置的误区，紧跟市场需求而动，同时要关注专业的前瞻性，注意量力而行，避免追求大而全导致教学资源过度分散、优势无法显现；加强对传统专业的改造，为其注入市场需求要素，使其重新焕发生命活力；对一些与市场需求脱节的专业必须下决心将其删除，用紧缺专业取而代之。专业设置紧跟市场，突出特色，会令高职毕业生获得更多的专业优势，在就业竞争中更容易

脱颖而出。

（5）提供全程就业服务，打通就业信息通道，为高职生提供更多的择业机会

要增强高职毕业生的就业竞争力，强化其应聘技巧是必不可少的环节。调查分析报告中的一个分析结果耐人寻味，一方面应聘技巧是影响就业的十大因素之一，另一方面学生是否参加学校的就业指导课或讲座对就业成功基本上没有影响。这说明目前学校的就业指导远未到位，纯粹的应付式就业指导根本起不到什么作用，要真正提高高职毕业生的应聘技巧，需要系统的训练，长期的积累，而且要与职业定位相适应，针对性强才能发挥其应有的功效，这也是在高职学生中开设职业指导课程的一个非常重要的理由。高职院校的就业与服务必须提前到学生入学就开始，从职业观的形成到准确的职业定位再到可行的职业发展规划，全程跟踪，让学生把对职业的理解融入应聘技巧中，经历一次次针对个性、针对职业、针对企业的模拟训练，方能熟能生巧，练就迅速捕捉就业机会的能力。

高职院校还应责无旁贷地成为学生就业信息的主要提供者，要构建自己可靠的就业信息资源网，工学结合的企业方可以作为这个网的主干，利用企业间的合作使这个网延伸到更多企业当中，直接获取企业用人的第一手信息，通过毕业生就业跟踪调查加强与用人单位的沟通，将用人单位也纳入信息网，对用人单位密集的地区要定期回访或设立固定的联络点，及时掌握用人动向；加强与经济发达地区企业的联系，重点发展一到两家有影响力的企业成为合作伙伴，通过他们打开发达地区的就业市场。要加强校际合作，树立合作共赢的理念，实现就业信息共享，促成高职毕业生专场招聘会，共同开拓高职毕业生的就业市场空间。要有效利用社会资源，收集各人才市场发布的信息，认真梳理并予确认，及时向学生公布，及时发布各种招聘会的信息，指导学生合理参与，尽可能为高职毕业生创造更多的求职机会，以提高就业成功率。随着国家经济结构调整步伐的加快，对高技能应用型人才需求剧增，为高职毕业生就业创造了前所未有的机遇。伴随着高职院校的人才培养模式改革逐步到位，针对市场需求而培养的人才质量不断提高，高职学生也越来越得到社会的认同。此外，我国市场机制的不断完善，促使企事业单位用人理念更趋理性，也为高职

毕业生就业带来更多机会，再加上各高职院校针对提高毕业生就业竞争力的各项措施逐步到位，高职毕业生的就业空间将会得到极大的拓展。作为与地方经济建设联系最直接、最紧密的高职教育，只要致力于高技能人才的培养，打造高职毕业生的核心竞争力，使其握有一技之长，拥有社会所需的应用技术，就业难题也就可以迎刃而解。

高职院校就业教育服务体系的构建

高职毕业生就业难这一问题受经济发展、宏观政策、地区、学校、家庭等因素的影响和制约。目前，高职毕业生就业教育服务体系建设相对滞后，职业生涯规划与就业指导均处于相对薄弱的状态，加剧了高职毕业生就业难的局面。因此，高职院校要改善高职生就业难的现状，切实提高就业率和就业质量，促进高职毕业生充分就业，就应及时有效地构建新型的就业教育服务体系。

一、高职学生就业教育服务体系构建

高职教育在我国是一个非常重要的教育体系，无论是在教育规模还是相关人数招考，在我国都占有极大的比重，而且社会工作人员的就业中也大量存在高职毕业的学生。高职教育的质量和提供的就业服务都影响并决定着高职学生的就业质量。这就需要高职院校坚持就业优先的教学理念，积极并主动地实施相关的就业政策，同时保证就业人员的更高质量。相关的管理体系构建离不开学校的政策支持。因此，在实际工作中需要更加重视就业指导与服务体系的构建。

1. 高职院校就业教育服务体系建设的内涵与特征

从教学论的角度看，中国新型高职院校就业教育服务体系主要包含以下四个方面的内容：一是动力层面，包括就业与服务目标体系和教学动力体系两个方面；二是受动层面，主要指就业教育服务的内容体系；三是调控层面，主要指就业教育服务的管理体系；四是保障层面，主要指就业教育服务的条件体系。其中，就业教育服务的内容体系可以构建三大模块，即专业教育模块、"成人教育"模块和就业能力教育模块。专业教育模块包括个性化培养和专业能力培养；"成人教育"模块包括第二课堂、心理发展教育和心理咨询；就业能力教育模块包括职业生涯规划、创业教育、社会实践和讲座。综合分析，当前我国高职院校就业与服务体系具有以下显著特点：

（1）形成了以就业为导向、开放式、模块化的专业培养方案和课程体系

当前我国各高职院校大都从专业领域的职业岗位（群）能力要求出发，力求做到知识、能力、素质三位一体，形成"公共课""职业基础课""职业技术课""实践实训课"的课程体系，并将"大学生职业生涯规划"作为"公共课"之一纳入了课程体系。不仅如此，许多高职院校还在能力培养中形成了技术、技能训练考核体系，每个专业均明确本专业的核心技术、技能，制定了相应的训练考核大纲，并与职业资格证书挂钩，形成了良好的技术技能训练氛围。

（2）以人的全面发展为核心，形成了较为系统的"成人教育"模块

从总体上看，各高职院校的就业教育体系建设大都重视学生综合素质的提高，着眼于学生的全面发展，各校对学生的心理素质的培养和各种能力的发展都做了系统的规划，形成了较为系统的"成人教育"模块，建立了第一课堂和第二课堂的互动机制，树立以人为本的教学理念。为培养学生向上的职业理想、高尚的职业道德、严格的职业纪律、健康的职业情感、健全的职业心理，不少高职院校按照品德形成的顺从、认同和同化的规律，设计了第二课堂学分制度。

（3）全方位开发就业能力模块，有重点地培养学生的就业创业能力

①重视以创业带动就业的教育服务。

一是开设创业与创业管理研习班，着力培养创业型人才。二是打破专业界限，进一步拓展学生的综合素质。学生通过各自专业的学习，具有一种或数种熟练的实际操作技能，提高学生运用这些技能开创、经营事业的能力，培养学生积极进取、努力拼搏、自信自律的精神；建立特长生导师制的相关制度，通过特长生参与导师的相关课题或为获得科技创新课题的学生配备导师等培养方式，使学生的实践能力和创新能力得到提高。三是通过校园文化建设点燃学生的创业意识。四是通过校内创业基地孵化学生创业，全面提高学生的创业能力。

②"群做"和"点导"交互的职业生涯规划模式。

既注重通过课程对学生群体的辅导，如"职业指导"课程的开设，注重从源头上为学生的顺利就业提供很好的服务，颇具实效性；同时又重视对学生个体的指导。在"群做"和"点导"交互的规划模式中，建立职业咨询、职业测评中心，引导学生根据自己的性格优势、心理倾向和能力倾向确立比较明确的职业发展方向，并围绕职业发展方向去积累相关的知识和技能，避免可能发生的学习盲目性。有目标地自我完善，帮助学生进行职业生涯设计，更好地进行职业生涯规划，为学生的职业发展服务。

③建立柔性的课内外培养就业能力的机制，紧密结合社会实践与就业能力的培养。

根据"多元智力理论"，鼓励学生发展自身的长处，以"长"补"短"，拓宽学分获取的渠道，实现学年学分制的柔性化，做到以学生为本。加强工学结合，校企合作，积极实施"订单式""顶岗式"人才培养模式。高职院校与企业合作开展培训工作，根据企业要求设立相应的班级和课程体系，注重在实训过程培养学生的职业能力，以虚拟和真实情境训练学生，提高学生的就业能力。如可实施顶岗实习制度，在最后一个学年的第一学期，在学生落实就业岗位的情况下，允许学生顶岗实习，并根据岗位的知识、能力要求，重新设计学期教学计划；在保证专业的基本要求情况下，配置专门的指导教师，通过多种方式、形式进行课程学习和考核，保证学生顺利毕业和就业。而社会实践则按

照"公益活动"与"专业实践"相结合的原则,把"创业就业"实践和专业教学实践活动紧密结合起来,使社会实践的模式、内容更加符合学生成才的需要。

④完善就业教育服务内容体系,拓展就业与服务内容。

高职院校就业与服务的内容已从原来单纯的就业指导发展到现在包括就业指导、信息服务、市场建设和工作调研等四个方面。由于重视就业指导咨询工作,许多学校编印了《毕业生就业工作指南》,向毕业生介绍就业工作程序、就业政策、应聘面试技巧、职能部门联系方式等信息。有的院系还举办了多种形式的就业报告会、讲座,邀请政府主管部门的领导、企业老总、校友、就业指导教师等相关人士为学生作就业报告、讲座;设计编印了毕业生推荐表,指导毕业生制作就业自荐材料。为加大就业信息的开发和传播,开发了就业信息网站,在网站上公布就业政策、发布用人单位招聘信息和毕业生生源信息,并进行网上答疑和网上咨询活动。建立了毕业生就业基地,根据各专业的培养目标、课程设置、能力要求和就业岗位群以及用人单位对人才的要求,通过"走出去,请进来"的方式,将毕业生推荐到专业对口的相关用人单位。坚持做好毕业生跟踪调查和毕业生就业意向调查。

⑤建立健全就业教育服务体系,注重纵向的协调和横向的配合。

就业管理体系包括制度建设和教育管理。从纵向的组织管理角度来看,高效的就业管理有赖于校级、系级、班级管理的通力合作,同时,每一个管理层都有自己的指导重点和指导内容。从横向配合来看,各部门的全体成员、跨部门的团队,如就业指导办公室、EPV(Employment Promoter Vocation)中心、教务处等有较强的团队精神,围绕着社会满意、有利于学生的职业发展和提高学院竞争力的目标,有效沟通,紧密合作。

⑥改善就业教育服务体系的条件,做好就业与服务保障工作。

包括就业机构、人员、经费、场地等。从就业机构看,成立校、系两级就业咨询机构。从就业指导队伍看,做好专业化的职业指导师资队伍建设工作。从就业经费看,把就业经费纳入预算,从四个方面筹措就业经费:按学生人数下拨、就业奖励经费、系公用经费提取和社会资助。使获得就业指导费、毕业生跟踪调查费、就业管理费等不仅有制度保障,更使就业经费的使用效率提高。

2. 高职院校毕业生就业教育服务体系的具体功能

（1）服务功能

高职院校就业指导需要将服务理念融入到工作中，为毕业生提供专业的咨询建议和详细的社会就业形势分析，保障学生更好地就业，能在工作中做到游刃有余，因此，高职院校的毕业生就业指导工作为学生提供专业和详细的数据分析、职场动态，及时获取和分享就业市场的变化和需求，为毕业生的就业和职业规划提供准确的参考依据。同时，高职院校就业教育服务体系的构建能准确把握和衡量学生的能力水平，使学生更加全面地审视自己，明确自身存在的优势和不足，调整就业心态，高职院校就业指导的最终目的是利用更加专业的信息指导学生选择就业方向，使学生能真正做到学以致用。

（2）管理功能

高职院校毕业生就业教育服务体系的管理功能包括就业指导教师的管理工作。就业指导教师素质和能力的提高关系着毕业生就业情况，因此，学校应该给他们提供更多培训和进修的机会，使就业指导教师能及时了解和掌握社会就业形态，并对学生进行科学的指导和建议。另外，高职院校毕业生就业与服务体系的管理功能也包括为毕业生和企业之间搭建沟通交流的平台，包括为学生提供到企业进行实习锻炼的机会，为企业输送更多德才兼备的优秀的实用型人才，所以学校必须进行科学系统的管理，协调好企业与学生之间的交流合作机会，进行有效的改进和突破。

（3）教育功能

高职院校毕业生就业指导服务体系中的教育功能尤为重要，它要求学生在注重理论知识掌握的同时，加强自身能力、实践经验等方面的建设，另外，也可以有效促进毕业生素质的提高，以更加积极正面的形象进入社会。高职院校毕业生就业教育服务体系的教育功能可以指导学生树立正确的人生观、价值观和职业观，以更加饱满的热情实现自己的人生价值，服务于社会。

（4）研究功能

高职院校毕业生就业教育服务体系可以通过社会对人才的需求，及时发现在学校课程设置和学生能力培养方面存在的不足，能及时采取有效措施进行加强和改善，使学校培养出来的学生符合社会对人才的需求，并能在企业的发展过程中一展自己的才华。

3.高职院校毕业生就业教育服务体系的重要组成部分

（1）高职院校毕业生就业指导体系构建特点

①全程化。

全程化是指从学生入学直至结业离开学校后都提供全方位的就业指导服务。在此过程之中，结合学生个人，有计划性、分批次进行就业指导。其中包括四个时段：专业构建进行招生—专业化培养—即将毕业就业—离开学校后。

全程化就业指导应该体现在职业生涯规划指导、学业指导、职业体验、就业指导、心理健康咨询和毕业生手续办理等各方面。需要高职院校在教育思想和办学理念上、在教学内容的安排上、在社会实践活动中、在学生管理服务的过程中，都要能为学生就业指导提供有效的支持和帮助。

高职院校的就业指导工作水平对学生的就业情况具有重要的影响，高职院校就业指导部门应树立正确的就业指导思想、完善就业指导体系以及优化就业指导具体措施，切实有效地提高学生的就业能力，促进学生高质量就业。

②专业化。

专业化就是以科学的就业指导理论为基础，依托专业化的就业指导队伍和专业化的就业指导课程，对学生进行系统、专业的就业指导。

③个性化。

个性化就业指导是"共性"中的"个性"，是在针对全体高职院校学生进行就业指导的基础上，针对不同学生的需求，教育和引导高职院校学生按各自特定的方式发展自我，完善自我，形成相对稳定而独特的就业理念，达到发展兴趣、实现潜能，同时又满足社会需要，实现个性化与社会化的统一。

④信息化。

就业指导的信息化是指建构就业教育服务信息化网络平台，实现指导、咨询、服务的网络化并形成以网络为支持的多元化沟通渠道。充分而有效的信息可以降低市场成本，提高效率，实现节省资源和提高效益的目标。

（2）高职院校毕业生就业教育服务体系路径与结构

①适应当前市场，调整相关的人才供给。

高职院校应当充分地了解当前国家的战略政策，针对区域经济发展和产业转型人才需求对相关的教学进行调整，合理地培养和发展新的专业，建立更符合当前市场需要的人才培养方案。使高职院校的学生水平更符合当前市场需求，相关技能技术水平和创新实践能力得到全面的提高。同时学校还应当加强对学生的就业指导，让学生有合理的定位，端正就业心态，为更好更快地适应相应的岗位做好准备。例如，高职院校在设置相关技术专业时期，应当充分考虑当前社会人才市场中的需求以及人才就业之后的职业规划发展道路。在学生即将就业的期间，以学生所学习的专业进行就业类型分类，统一开展就业规划指导课程，让学生在学校期间能够拥有相对明确的职业规划意识，促使学生在后续的学习以及生活中，结合自己的专业侧重地学习专业知识，时刻为就业和自身发展做好准备。

②高职院校应充分满足人才的就业需求。

高职院校与对应的企业进行产教融合，探索企业文化与校园文化的连接领域，进而提高高职学生在就业后的适应性与工作稳定性。例如，高职院校可以与相关的企业进行合作，让学生去企业实习和了解相关的企业文化，这样不仅可以实现学校对学生的精准培训，企业还可以根据学生的实习情况对学生工作状态有一定的了解，双方再进行相关的交流，最后实现双赢的合作。与此同时，高职院校教师在授课期间，为了确保授课的内容更加符合企业的用人需求，院校可以组织教师在授课前期深入到企业之中进行实地考察，与企业相关管理人员展开深入的探讨。依照企业的人事需求，授课教师进行有针对性、重点性的教学，完成自己所教授科目内容，确保高职院校的教学路径符合人才的就业需求，为当代学生提供更加合理的职业规划道路。

③加强高职院校内部的管理。

在高职院校内部应当加强对学生的管理，同时教师要具有良好的行为素质，不能因为学生进入高职院校而对他们另眼相看，防止教师的不良思想影响学生健康心理的发展。因此在高职院校内部对教师的管理也是一个十分重要的环节，只有教师的思想行为端正了，学生们才可以更好地进行相关的学习。教师在教学过程中的一言一行都在学生学习生活中具有重要的影响，教师应当是学生学习生活中的指路明灯，而非学生心理的阴影部分。教师在教学期间，应当以科学合理的眼光关注每一位学生的身心发展，成为学生学习生活中的一道温暖的光。

4.构建高职院校毕业生就业教育服务体系的必要性分析

（1）是提高学生就业率的必然要求

面对严峻的就业形势，高职院校需要认真反思自己办学过程中存在的不足，紧紧围绕学生的就业来改进和优化学校的教学和管理体系。借助构建高职院校毕业生就业与服务体系，来完善学校的教学和就业管理，这项教学活动的开展能够有效提高高职院校毕业生去向落实率。在目前高职院校学生就业形势日趋严峻的背景下，高职院校要借助建立毕业生就业与服务体系来服务学生的就业，对学生进行全面引导，使学生能够重新认识未来的就业并紧紧围绕就业工作的需要来提高自己，使自己的竞争优势得以体现，从而找到适合自己发展的工作。所以，构建高职院校就业与服务体系具有非常强的必要性，是提高毕业生去向落实率的必然要求。

（2）是优化和改进学校人才培养模式的必然要求

高职院校目前的人才培养模式存在很大的问题，主要体现在实践教学力度不足上，所以高职院校在开展学生就业工作的过程中，需要对学校现行人才培养模式进行全面分析，借助分析来发现不足。同时也要紧紧围绕就业的需要不断加大校企合作力度，吸引企业积极参与到对学校教学活动的优化和改进中来，借助建立产教融合的新机制来优化学校的人才培养模式，为学生就业创造更加有利的条件。所以构建高职院校毕业生就业与服务体系是优化和改进学校人才培养模式的必然要求，只有紧紧围绕就业来改进和优化教学活动，才能取得理想的效果。

（3）是用人单位对高职院校人才培养工作的必然要求

高职院校的办学活动能否得到社会的认可，关键在于学校培养的人才是否符合用人单位的需要。所以迫切需要高职院校不断加大与企业的沟通，了解企业在用人方面的最新要求。并结合企业的要求来优化和改进学校的课程设置和教学计划，要紧紧围绕企业对人才的需要来做好教学改革，只有学校所开展的各项改革建立在用人单位的建议和需求基础上才能提高教学改革的有效性。所以，目前面对高职院校学生就业难问题，学校有针对性地构建毕业生就业与服务体系是结合学校实际以及学生未来就业工作的需要而开展的一项教学活动，是用人单位对高职院校人才培养工作的必然要求，如果学校不能积极适应这一要求，那么未来的就业工作也很难取得理想的效果。

高等教育下的就业问题是当前社会关注的重点问题，高职院校则是职业人才培养的重要力量，因此如何围绕就业形势和相关的就业与服务达到相应的工作目标是各个高校的内在要求，提高高职院校毕业生的就业能力和就业质量对社会和高校自身而言都是十分重要的。

二、当前高职院校学生就业教育服务体系的现状分析

1. 高职院校学生就业教育服务体系具体成果

（1）高职院校学生就业教育服务体系得到重视

近年来，我国高等教育大众化的进程不断加快，毕业生人数逐年递增。2020年全国普通高职院校毕业生规模更是达到376.69万人，高职毕业生就业问题成为全社会关注的焦点。中央领导多次强调要高度重视高职院校毕业生就业工作，要求加强就业指导和服务，合理引导，积极促进高职院校毕业生就业和创业。2020年，新冠肺炎疫情暴发，就业面临严峻形势。当年2月，在统筹推进新冠肺炎疫情防控和经济社会发展工作部署会议上，习近平总书记专门强调："要注重高校毕业生就业工作，统筹做好毕业、招聘、考录等相关工作，让他们顺利毕业、尽早就业。"2020年底，在中央经济工作会议上，习近平总书记再次强调，解决好高校毕业生等青年就业问题，健全灵活就业劳动用工和社会保障政策。目前，绝大多数高职院校已经把学生就业指导与服务体系建设作为高职毕业生就业工作的一个重要部分，实施"一把手"工程，党委书记、校长更加重视高职院校学生就业指导与服务体系建设。

（2）高职院校学生就业教育服务功能得到强化

首先，高职院校重视为学生提供全方位的就业指导服务，为学生成才创造

有利的环境。高职院校积极为学生收集、整理、发布就业信息，为毕业生和用人单位搭建沟通与联系的平台，建立完善的毕业生就业信息系统。学校为毕业生开展就业咨询，让学生及时了解市场需求信息，调整过高的期望值，明确在就业过程中的义务和权利。学校主动联络用人单位，积极推荐毕业生，逐步建立和完善以学校为基础的毕业生就业市场。高职院校就业指导部门对毕业生开展跟踪调查，建立毕业生档案供用人单位参考。其次，高职院校学生就业指导服务体系指导与服务有机结合，相得益彰。学校开设就业指导课和讲座，为学生讲解国家有关就业方面的政策、法规，将服务思想渗透到指导工作中。学校帮助学生开展职业生涯规划，为学生提供职业生涯规划指导。学校引入职业测评系统，帮助学生分析职业测评结果，做好职业生涯规划。学校开展创业教育，帮助学生树立自主创业意识、培育创业心理品质，提高创业能力。

（3）高职院校全程化就业指导模式得到推广

高职院校进行全程就业指导，从新生入学开始，按照教学计划对学生分年级、分阶段，以心理测试指导、职业生涯设计指导、学业指导、择业指导、创业指导和升学指导为指导体系，结合学生共性和个性，采取有效方式和措施，提高学生综合素质，实现职业目标。学校注重全程化、全员化就业与服务体系的建设，把全程化就业指导渗透到学校教育教学、管理和服务的全过程，形成了全员参与、齐抓共管的工作模式。

（4）高职院校学生就业指导与服务内容得到扩充

高职院校学生就业指导与服务体系对学生进行与自己专业学习相结合的就业教育，帮助学生树立正确的择业观。在讲解就业政策和传授就业技巧、介绍专业发展前景和发展方向的同时，加深学生对专业知识的认识，了解本专业的培养目标，增强学生学习专业的自觉性，让学生了解自己应具备的各种素质，为将来就业做好准备。

2.高职院校学生就业教育服务体系存在的主要问题

当前，我国高职院校学生就业指导与服务体系建设取得了很大成绩，具体体现在政策的引导与支持、领导和组织机构的完善、师资队伍的发展、内容和途径的丰富等方面。但与国外的就业教育服务体系相比，从政府、高校和社会三个方面看，我国高职院校还存在一些问题。

（1）政府对高职院校的就业教育服务体系建立的政策支持不够充分

欧美国家政府的有效干预与推动促进了大学生就业教育服务体系的完善。如在德国，形成了以政府系统为主渠道，企业与学生为主体，学校为中介，私人咨询介绍所为补充的相互制约、补充与联系的服务体系。我国出台了《中华人民共和国就业促进法》和《就业服务与就业管理规定》，对形成就业的长效机制起到了积极的推进作用。在《中华人民共和国就业促进法》第五章"职业教育和培训"中也规定了国家依法发展职业教育，鼓励开展职业培训，促进劳动者提高职业技能，增强就业能力和创业能力；职业院校、职业技能培训机构与企业应当密切联系，实行产教融合，为经济建设服务，培养实用人才和熟练劳动者。《就业服务与就业管理规定》完善了公共就业与服务制度，强化了就业援助制度。但是对于高职学生这种特殊群体的毕业生就业法规政策落实不够，对高职院校的毕业生就业工作质量没有有效权威的评估指标和机构，面向大学生就业的社会中介机构发育尚不成熟，公共非营利机构为高职院校学生提供公益性岗位不足，跨区域的就业信息平台尚未发挥作用，专业化的劳动力统计机构定期发布有效的劳动力需求信息不丰富。

（2）高职院校的就业教育服务体系整合率较低

英国的职业教育就业与服务体系建设值得借鉴。英国职业教育在组织框架及政策走向上都颇具特色，如英国高等教育质量保证局在2002年就明确指出，应将职业生涯教育、就业教育、就业信息和就业指导等整合到高等教育体系，切实加强学校就业指导服务部门与各学院的内在联系和工作配合，为学生未来的就业和职业发展奠定基础。因此，在英国，大学的就业指导与服务和专业培养教育的结合紧密。我国高职院校关于职业生涯教育、就业教育、就业信息和就业指导等工作也都在开展，但就业指导与服务体系没有有效整合，反过来，高职院校学生的就业能力、创业能力和创新能力没有得到充分培养。高职院校的就业指导与服务体系没有得到有效整合主要体现在以下几个方面：一是教育教学改革缓慢，专业和课程设置滞后。高职院校的人才培养模式在工学结合、产教合作中也积累了一些经验，但改革的步子不大，学科型的教学模式和痕迹还依稀可见，设置专业所需的专业与行业调查流于形式，使结构性失业存在很大比例。二是以创业创新精神为核心的就业理念未能全过程体现在教育教学中。以创业带动就业的价值观还没有被高职院校教师充分接受，从深层次来说就业教育服务体系目标不够明确。目前，高职院校创业教育仅停留在锦上添花的地位，主要通过一些创新项目的比赛、创业创新讲座、创业计划大赛、第二课堂活动及大学生创业园等进行高职院校的创新创业教育，而没有把创业所需的创新精神、创业素质在课程教学的全过程中培养和提高。如以创新创业为导向的课程体系搭建、相关课程的开发、课程平台的建设等都未系统考虑。三是就业教育与服务能力有待进一步提高。就业模式从统包统分到双向选择到自主择业，到现在的自主创业，要求大学生具有创造新的工作岗位的理念和能力。现在很多高职院校存在就业教育与专业教育脱节，就业指导与服务体系中规律性、系统性的问题没有得到根本解决，就业教育与服务的个性化体现不够，信息网络手段没有充分发挥作用，对市场的把握能力不足等问题。高职院校的就业教育内容有与时俱进的要求，内容需要不断丰富和有针对性，培养模式需要不断创新，双师素质的师资队伍需要不断加强，专业化的职业指导队伍要进一步壮大，生产性实训基地建设要跨越式发展，信息服务能力要不断创新。四是资源统筹能力有待加强。高职院校在教育教学中有很多资源，如政府的政策资源、社会资源、企业行业及区域资源、校友资源等，现在资源都分散在各个地方，学校对资源统筹能力不强，如区域经济社会发展的各项指标的解读能力不强，前瞻性不足，社会企业中的能工巧匠运用不够，依托校友资源提供就业信息的作用没有真正发挥，与企业的深度合作还有待于进一步探索，因此，高职院校的资源统筹能力也对人才培养的质量和学生的就业能力起着重要作用。

（3）社会组织对高职院校就业教育服务体系的支撑不够有力

社会组织尤其是行业性协会等公益组织的广泛参与是英国高校毕业生就业指导服务的突出特点。成立于1967年的大学生就业指导服务协会是英国高校就业指导服务的代表性组织。另外，各种行业性组织同样也负责向广大毕业生提供相关服务。在我国，高职院校在教育改革中注重与企业和行业的结合，但从目前来看，行业协会仅仅参与了高职院校的教学指导委员会，而且不是深层次的，行业协会处于被动状态，对整个高职院校教育服务体系的支撑是远远不够的。

三、高职学生就业教育服务体系的构建策略

高职院校学生就业不仅是每个毕业生和他们的家庭面临的重要抉择，也是学校和社会所关注的问题。高职院校学生就业质量还关系到一个学院的生存与发展。一所学校教学水平的高低不仅体现在招生的质量上，还体现在毕业生的就业质量上。大学毕业生就业与服务是近几年才被人们所关注的问题。随着时代的发展与信息技术的飞速进步，传统意义上的就业方式早已不再适用。那么，如何才能帮助学生顺利就业、满意就业，如何建立专业化、科学化的就业指导与服务体系是值得我们研究和探讨的新课题。在工作实践和对其他院校的学习借鉴中，我们有了以下一些构想。

1. 坚持"以人为本"的服务理念，开展个性化就业指导

毕业生就业指导中心和各院系就业工作小组要面向学生开展职业咨询，针对不同的学生个体，对其遇到的困难和问题，提供引导信息和意见；针对不同的岗位提供技能信息的咨询；专职就业指导教师要对高职学生的性格特征、兴趣爱好及知识能力等方面进行深入调研，根据市场人才供求状况，结合高职学生个人的专业、性格及兴趣特点，积极有效地帮助高职学生逐渐形成适合自身的职业倾向；就业工作人员在对毕业生个体进行指导的同时，还要以人为本，突出个性化，充分考虑学生的个性、能力、习惯、择业方式、对所选择工作的适应状况及满意程度，加强对一些特殊群体（如女高职学生、贫困生、性格内向学生、冷门专业学生、自主创业学生等）的指导，适当地对学生就业心理进行辅导，引导学生树立正确的就业观、择业观。

2. 提前规划，专业指导

高职学生就业与服务不应是在高职院校学生即将毕业时才开展的应急课程或工作，而应是在学生入学之初就介入，即在高职院校学生新入学的第一年，就要开设"高职院校学生职业生涯规划"课。当学生进入高职院校，进行专业学习的时候，并不等于他就知道或者说明白所学专业将来的服务方向，更不懂得在学习的过程中进行未来的职业规划。因此，我们应在学生入学伊始就开设

职业生涯规划课程。而且，职业生涯规划本就是一门专业性很强的课程。因此，首先需要培养专业的职业生涯规划师，只有高水平的专业指导，学生才能及早建立良好的未来职业规划，才能在几年的大学学习中目标明确，坚定不移地朝着自己的目标努力。而目前，我国大多数高等教育院校并没有专业的职业生涯规划师资队伍，往往是由辅导员或行政人员兼任，水平参差不齐。而很多人包括一些院校领导并不认为这是一门专业课程，需要有专业水准的教师来承担。而在国外，关于职业生涯规划，已经有了很多专业的指导理论，如美国霍普金斯大学心理学教授约翰·霍兰德（John Holland）的职业兴趣理论，美国心理学家佛隆（Victor H.Vroom）的择业动机理论，美国职业生涯规划理论"教父"、麻省理工学院的著名职业指导专家埃德加·施恩（Edgar.H.Schein）教授的职业锚理论等。其中施恩教授职业锚理论，经过了长达12年的研究才形成。由此可见，职业生涯规划绝对是一门专业性非常强的课程，需要有系统理论知识为基础，并要结合我国的就业特点进行指导。加快培养一支高水平的职业生涯规划师资队伍是关键。只有有了明确的职业规划，未来才有明确的就业选择，才能有高水准的就业。

3.建立长效机制，强化高职院校教育特点

无论是入学之初的职业生涯规划，还是临近毕业的就业与服务指导，都要建立长远规划，立足专业特点，结合院校特色，长期跟踪服务，在实践中不断总结和改进。作为高职院校，办学方向与学科专业有别于综合大学。因此，在对学生进行职业规划和就业指导服务时，必须结合本专业、本学院的特点，让学生在专业、理想、职业之间找到最好的契合点。我们结合学院的专业特色，与相关企业建立紧密联系，通过订单式培养、实习实训式考察，提高学生的就业率和就业质量，同时也为企业提供了良好的服务。另外，为高职院校学生开设心理课，培养学生树立正确的择业观、就业观。让学生能够立足现实，及早规划，及时努力，做到心中有数，行动有方向。

4.建立就业指导与服务体系及管理平台

就业与服务是一项系统工程，除了需要教师专业指导外，还要有一套完整

的组织系统。现在一般院校都有专门的就业指导服务部门，有专职负责的领导，同时辅导员、班主任都是重要的成员，另外心理学教师的就业心理辅导也非常重要。具体来讲，应包括以下几个部门。

（1）成立管理部门——就业与服务中心

建立就业与服务中心，为学生提供全方位就业与服务。就业与服务中心要突出服务特色，为学生解答相关政策的咨询，包括法律条文的讲解，避免学生在就业过程中受到不公平不合理的对待。此外，还包括毕业生推荐；职业介绍洽谈签订就业协议书等环节提供指导和帮助。在学生离校时，协助他们办理好户口迁移、档案转移、党团关系转移等事情。

（2）建立电子信息平台

现在的就业与服务除了传统的就业市场大集、专场招聘会等，更多的是依赖电子信息化招聘。我们建立信息化就业与服务平台，一方面要收集各种相关的就业信息，为学生就业选择提供便利条件；另一方面，我们也可以在平台上公布毕业生的信息，建立人才网，让学生有机会展示自己，以获得更多的就业机会。除了学院的官方信息平台外，还可以指导学生自己建立QQ群、微信群，学生们互相交流就业信息、面试心得等内容，这样会对学生有很大的帮助。

（3）特色服务，量身定制

就业与服务不能一刀切，随大溜，针对不同的毕业生的个性特点、专业能力水平，就业与服务也要有不同的方式方法，并有针对性地提出解决方案。在这项工作中，辅导员的作用最为重要。同时也要兼顾用人单位的要求，精心选拔，认真考量，努力做到"人尽其才""人职匹配"。

（4）前瞻后续，全程服务

我们对学生的就业与服务应是一个全面的过程。我们要在高职院校学生入学之初对他们进行职业生涯规划教育，前瞻指导，为学生未来的就业打好基础。另外，在学生就业之后，还要对学生进行跟踪服务，对学生就业后的状况加以总结分析，特别是学生入职后的发展和所遇到的问题，对有共性的问题进行深入研究，以便为今后的就业与服务提供更为真实具体的第一手资料，使以后的就业与服务工作更有针对性，更符合客观实际的要求。

（5）建立高水平的专业师资队伍

要有专业的指导服务，就要有专业的教师。在职业生涯规划及就业与服务指导方面，我国整体的师资水平是偏低的，甚至很多院校根本没有此方面的专业教师。因此，我们急需培养建立高水平的专业教师队伍，以适应新形势下的就业与服务工作的需要。同时，还要加强就业与服务学科体系的建设。现在各大专院校已经形成了学生职业生涯规划课本，但良莠不齐，且缺乏实用性和可操作性。而且，各院校的特点不同，也很难用统一的教材。因此，我们要加强校本课程建设，形成不同的课程特色。积极组织就业与服务课程的调研与教研，提高科研水平。

构建完善的学生就业指导与服务体系，是缓解就业压力、做好就业指导工作的有效途径，对提高学校就业指导服务水平有着积极的促进作用，是高职学生就业指导的一项基础工程，也是高职学生实现职业理想和职业目标的关键环节。新形势下，仍需继续加强探索研究，在学生就业指导和服务方面找出切实可行的方法和措施，为高职学生的成长成才提供更为有力的支持。

发达国家高职院校学生就业指导与服务体系的构建和启迪

当前，我国高职院校毕业生面临愈加激烈的就业竞争，从侧面也反映出国内大学生就业指导与服务体系的不足。

一、发达国家毕业生就业指导与服务体系的内容与功能

从整体上来看，高职院校学生就业指导与服务体系的介入主体可以分为相关政府机构、高职院校、社会组织（就业与服务中介机构）和用人单位四类，从它们各自在就业市场中的角色与功能来看，高职院校和高职毕业生属于就业市场中的供给一方，而用人单位则为需求的一方，相关政府机构和社会组织（就业与服务中介机构），在整个就业市场机制的运行过程中起到了监管者与协调者的作用。

成熟市场经济国家和地区高职院校学生就业指导与服务体系的介入主体呈现出多元化、互补化、具有分工明确的组织结构的特征，并逐步向以市场机制

为主导力量的模式转变。

美国政府机构中的劳工部是高职院校学生就业问题的对口管理部门。具体而言，在联邦政府层面，劳工部下属的统计局和就业规划办公室是高职院校学生就业问题的直接负责机构，主要为高职院校学生就业市场提供基础性供求数据、分析报告和制定宏观政策。在各州政府层面，各州政府均设有就业发展局负责落实各项就业政策和推进本州的高职院校学生就业工作。日本政府文部科学省虽然是日本教育主管部门，但并不负责具体安排高职院校学生就业。随着日本经济长期低迷，高职院校学生毕业即失业的情况不断加剧，日本政府提出对不能就业的大学毕业生实施"早期就业援助及能力开发"计划，在厚生劳动省增设的"学生综合职业支援中心"和在各都道府县设立的"学生职业中心"，负责对学生就业进行具体指导，尤其是对毕业后没有就业的学生进行针对性较强的、以提高就业技能为主的指导，这些机构在一定程度上也要受到日本政府厚生劳动省的监管。

二、美、德、日毕业生就业指导与服务体系具体内容

1. 坚持以人的发展为本的就业指导与服务理念

美国在就业与服务上体现了发展的观念，形成了以人的发展为第一位的就业指导模式，不仅将就业问题视为个人选择职业的问题，也将其视为关乎个人发展的问题和社会进步的根本问题。在这种就业与服务理念的倡导下，美国将就业与服务看作促进人的发展和社会进步的重要举措，为大学生提供了一流的就业与服务平台，就业与服务内容、形式丰富多样，充分发挥了大学生就业的主动性、积极性与创造性，进而推动了大学生的全面发展。德国与日本实行以人的发展为本的就业与服务理念，主要体现在各主体的职责与功能上。德、日两国的政府、企业、高校都致力于为大学生提供高效的就业指导，帮助大学生提高自身素质，促进个人发展与社会价值的实现。政府制定了就业保障法律与就业优惠政策，企业提供实习机会，高校进行丰富多样的技能培训与就业指导咨询等，注重保障大学生权益，侧重培养大学生的自主意识、竞争意识、技能

意识、适应意识和创新意识，帮助大学生确立长远的发展目标。

2. 坚持政府主导、各方协调参与和大学生自主择业的就业指导与服务机制

美、德、日等发达国家均建立了以政府为主导，学校、中介机构、用人单位等参与协调，大学生自主择业的就业与服务机制。第一，制定了较为健全的法律法规。例如，美国制定了《职业教育法》《紧急就业法》等相关法律，德国制定了《联邦职业教育法》《就业促进法》《非全日工作法》等法律，日本制定了《劳动基准法》《雇用对策法》等相关法律，均为大学生打造规范的就业环境提供了法律的保障。第二，高校按照行业发展及时调整课程设置与专业方向，积极为大学生提供就业指导与就业培训。第三，职业中介机构及时为大学生提供就业信息与服务。第四，用人单位提供实习机会。第五，毕业生在完成学业后进入劳动力市场自谋职业。美、德、日等发达国家都十分注重服务主体之间的有效协调与及时沟通，形成了高效的就业与服务机制。

3. 坚持以市场为导向、实习为主的就业指导与服务实践体系

美国高校大学生就业指导与服务体系把大学生就业纳入人才市场，注重向大学生提供兼职、实习等实践机会，鼓励大学生多接触社会。美国有着发达的勤工俭学市场、实习市场和校友市场，使大学生能够在不同的市场中了解社会、提高竞争力，实现正确择业与高质量就业。德国大学生就业指导与服务体系具有较强的适应性和实践性。第一，德国政府为大学生创造了更多的工作机会，大力推行"非全日工作"制度，对提供实习岗位的企业实行不同程度的税收减免政策。第二，德国企业拥有完善的实习培训、考核与录用制度，提供不同层次的实习岗位，并对实习大学生进行严格的培训与考核。日本比较看重大学生的实践能力。企业向高校明确人才的要求，高校依据企业要求来调整专业设置、培养方式，提高了大学生素质与职位要求的匹配程度。企业积极为大学生提供实习机会，推出了就业体验制度，让大学生感受自己的职业特性。

4. 对就业质量进行评价，确保大学生就业指导与服务体系的有效性

美国大学生就业质量评价体系主要通过对高校毕业生的就业率、就业途

径、工作性质、工作满意度、薪金水平、工作与专业相关度等指标进行调查研究，及时了解大学生的就业情况，并通过问卷调查、电子邮件和电话等方式，对毕业生进行就业跟踪调查并实施指导。德国通过参与OECD（经济合作发展组织）和EURYDICE（教育信息欧洲委员会）的统计和调查活动，将各国毕业生统计信息综合起来加以分析，使得各国就业信息在更广的区域里得到分析和利用。日本没有明确提出就业质量评价概念，但注重多途径获取大学生就业情况与信息，为大学生提供准确的就业与服务。

三、我国与发达国家高职院校学生就业指导与服务体系的比较及分析

与发达国家相比，我国高职院校学生就业指导与服务体系的主体结构呈现出以下两大问题：各主体缺乏应有的社会责任感，各主体缺乏分工协作和合理布局。

1. 各主体缺乏应有的社会责任感

首先，表现在我国高职院校学生就业指导与服务体系的运行效率和实际功能多以"就业率"为衡量指标，这种思路显然是继承了我国应试教育体系中以"分数论英雄"这种片面的、教条的传统。在这种思维的影响下，我国高职院校学生就业指导与服务体系中的主导力量——政府管理部门倾向以"就业率"作为体现工作业绩的依据，每年制定比较明确的高职毕业生"就业率"目标，不仅将该目标的实现与否作为衡量自身工作的重要标准，而且将高职院校毕业生"就业率"目标逐级分解下放，作为考核下属单位的重要依据。在这种背景下，政府相关管理部门和社会也逐渐倾向于将高职院校毕业生"就业率"作为衡量高职教育水平的重要依据，这就使得提高"就业率"成为高职院校就业与服务工作的核心任务，在不断提升高职毕业生"就业率"的巨大压力下，个别高职院校甚至出现了虚报学生就业信息，以提高"就业率"，出现了部分尚未就业的学生"被就业"的现象。

其次，表现在我国高职院校学生就业指导与服务体系中非营利性中介组织的缺失，部分以营利为目的的就业中介组织过分追求盈利而忽视了促进高职院校学生就业的职责。

目前我国营利性的高职院校学生就业与服务中介组织多以网站的形式出现，中间不乏一些企业形象良好、备受求职者青睐的网站，如智联招聘、中华英才网等。但是，也有不少网站在巨大的生存压力下，不惜以散布大量有诱惑力的虚假招聘信息以吸引高职院校学生当中求职者的眼球，进而达到赚钱的目的，促进高职院校学生就业作为社会公益性极强的事业在沾染上了过多商业色彩之后不仅没有实现其目标，反而会与其初衷背道而驰。

再次，表现在用人单位在招聘过程中缺乏诚信。部分企业抓住了高职院校学生找工作的高峰期，可以免费进入高职院校举办招聘宣讲会的有利时机，通过媒体报道和招聘广告等形式大肆宣传企业，以树立企业良好的社会形象。这种行为表面上是企业对于招聘工作非常重视、求贤若渴，实际上则是为企业进行免费宣传，更有甚者，个别跨国公司在一番铺天盖地的宣传之后，以招聘职位要求过高没有发掘出合适的应聘者为由拒绝招收任何大学毕业生，这不仅浪费了大量的社会资源，而且非常容易对没有职场经验的大学毕业生造成误导，甚至使他们错过合适的就业机遇。

鉴于上述分析，我国在构建和完善高职院校学生就业指导与服务体系的过程中应该增强各参与主体的社会责任感，具体而言，即弱化"就业率"这一单一指标在高职院校学生就业指导与服务体系中的主导作用，弱化政府相关部门的行政指令，加强高职院校的市场导向意识，使高职院校学生就业与服务工作扎实稳步推进。同时，加快我国高职院校学生就业指导与服务体系中非营利性中介组织的建立和发展，突出高职院校学生就业与服务工作的社会公益性，遏制部分营利性就业中介机构和用人单位趁机逐利的机会主义行为。

2.各主体缺乏分工协作的合理布局

成熟市场经济国家高职院校学生就业指导与服务体系中的各参与主体有着很强的协作意识，各主体角色定位清晰准确。以美国为例，美国高职院校学生就业指导与服务体系的主角是高职院校、用人单位，尤其是社会就业中介组织。高职院校以职业需求为导向设置专业，用人单位提前提供实习岗位为高职院校学生提供了积累工作经验的机会，社会中介组织深入到高职院校，为就业市场的供求双方提供专业化、规范化的服务，这种分工与布局使得美国高职院校学生就业指导与服务体系各参与主体相互协作、资源互补，维持整个体系有条不紊地运行。日本高职院校学生就业指导与服务体系的主角是政府，政府主导了高职院校学生就业与服务的主要工作，并对部分社会就业与服务中介组织进行监管。由于日本多数企业一直奉行"终身雇用制"的原则，所以用人单位对于高职院校学生就业的帮助多体现在高职院校学生被单位录取之后，而不是寻找工作的过程中。这种情况下，日本的高职院校学生就业与服务工作就具有很强的全局性特征。

与上述成熟市场经济国家主辅结合、分工明确的高职院校学生就业指导与服务体系主体结构不同，我国高职院校学生就业指导与服务体系则呈现出多元化、分散化的特征。首先，应该承认，由于目前我国民办大学处于刚刚起步阶段，因此，高职院校学生就业指导与服务体系中的主导力量应该是政府以及其直接管辖的公立高职院校。这一系统功能的发挥主要依靠行政指令，主要追求的目标在于高"就业率"。相反，我国高职院校学生就业指导与服务体系中还存在着另外一个由营利性就业中介机构和用人单位组成的运行系统，这个系统的主要调节方式是市场调节，主要追求的目标是商业利益。因此，在两个相互独立、运行方式和介入主体完全不同的系统构成的高职院校学生就业指导与服务体系中，各主体之间分工协助、主辅结合的意识是非常淡薄的，以致我国高职院校学生就业指导与服务体系呈现出较为混乱的局面。针对这一问题，我们认为，首先整个社会应该转变高职院校学生就业指导与服务体系只是解决目前高职院校学生就业难题的短期化措施的认识，应该将我国高职院校学生就业指导与服务体系纳入制度化、规范化发展轨道。同时，以社会公益性为核心促进高职院校学生就业指导与服务体系各参与主体分工与协作，实现成熟市场经济国家那样的主辅结合、分工明确的高职院校学生就业指导与服务体系主体结构模式。

总之，我国高职院校学生就业问题已经为社会广泛关注，构建完善的高职学生就业与服务机制具有突出的价值。在机制的构建中，涉及高职学生自身素质、高职人才培养质量、用人单位聘用制度、国家的宏观调控、就业市场的规范等多种因素，在借鉴国外先进经验的基础上，应加快构建和完善我国大学生就业与服务机制。

02

"以人为本"教育理念下高职学生就业指导与服务体系的构建

随着社会的发展，以往大众化就业指导工作已经不能满足学生需要，个性化就业指导已经迫在眉睫，需要教育者参与进来并承担大量的就业指导工作任务，构建一个完整成熟的就业指导与服务体系。

高职院校"以人为本"教育理念的概述

随着我国素质教育的逐步推行，"以人为本"的教育管理理念在高职院校中逐渐被引入，但由于高职教育有别于普通高等教育，因此对于高职院校的领导与教师来说，应树立"以人为本"的教育管理理念，同时还应针对高职学生的特点以及院校自身特点来开展"以人为本"的教育管理工作。为了落实"以人为本"的教育管理理念，高职院校需要从多方面入手，以促进高职院校真正实现"以人为本"的教育管理。

一、"以人为本"是高职教育科学发展的本质要求

1. 以人为本的内涵

人的本性具有主观能动性，能够领导管理工作活动，所以人事管理工作的核心要素——管理工作，离不开人的组织调动。教育教学的质量往往决定着人才培育的质量，所以教学工作具有服务教学、评价教学和导向教学的特点。"以人为本"的教学理念指的是在以人为工作主体时，可以满足人们的个性化

需求，追求人的价值观和实践结果，从而可以实现可持续发展的目标。"以人为本"的理念在挖掘人的核心潜能和满足个人与社会发展需求方面发挥着重要作用。在高职教育中贯彻落实"以人为本"的理念就是针对高职院校学生制订个性化教育计划，针对不同的学生，采取不同的教育教学方式。正如我国古代著名教育家孔子所提出的，要做到因材施教，寓教于乐，这样才可以提高教学质量，提高教学工作的效率。坚持"以人为本"的教学理念，在引导人们学习思考的同时强化学生的思辨逻辑能力，为创新管理教学提供一种方法途径。坚持"以人为本"的教学理念，在高职教育中，可以促进学生自主思考的能力，激发学生的学习积极性，充分发挥"以人为本"的主观能动性，用大脑控制身体活动，提高工作效率。坚持"以人为本"的教学理念，在高职教育中，可以优化教师的教学管理模式，更好地为国家培育优秀的专业技术人才。同时从教师的角度来说也可以发挥教师的主观能动性，促进师生关系进一步融洽，师生利益都可以得到最大化满足。坚持"以人为本"的教学理念，在高职教育中，可以加强校园的人文环境建设，将人文意识贯彻落实到校园工作的方方面面，营造丰富多彩的校园人文氛围。

2. 以人为本是高职院校最重要的办学指导思想

高职院校最根本的任务是培养高素质、创新型的高级专门人才，在促进经济社会和人的全面发展中具有重要的战略地位和作用。因此，"以人为本"是高职院校最重要的办学指导思想。学校的各项工作要高度重视和充分发挥人的主体性作用，最广泛、最充分地调动一切积极因素，最大限度地发挥人的聪明才智、人的主动性和创造性，在学校形成尊重劳动、尊重知识、尊重人才、尊重创造的制度和氛围。一方面要坚持"以学生为本"，把"一切为了学生"的理念贯彻到学校的每一项工作中，尽最大可能满足学生在学习和生活等方面的需求，努力为学生的学习、生活提供优质服务，促进学生的全面发展；另一方面，要"以教师为本"，必须始终依靠和充分发挥广大教师在学校建设与发展中的主导作用，充分调动他们进行教学科研活动的积极性和创造性，充分关心教师的工作生活，努力营造人文关怀的氛围。

二、"以人为本"在高职教育教学管理中的重要性

教育的中心任务是培养人，根本使命是促进人的全面发展，我们所做的一切工作都是围绕人而进行和展开的。坚持以人为本，就要坚持以学生为本、以教师为本、以服务为本。

1. 以学生为本，促进学生的全面发展

高职院校的根本任务是要把学生培养成高质量的合格人才，保证和提高人才培养的质量始终是经济和社会发展对高等教育提出的本质要求，也是检验高等教育满足社会需要的主要指标。"一切围绕学生、一切为了学生"应成为高教工作者的座右铭。高职院校培养目标具有鲜明的应用性，在产业结构不断变化、人才需求多元化的知识经济时代，高职院校必须制定既有针对性又有适应性的培养目标，全面改革人才培养模式，以提高人才的市场适应性。"以学生为本"反映在高等职业教育领域，就是要求关爱每一位学生，满足他们多样化的需求，促进其能力的全面发展和综合素质的提升，让学生学到知识和技能，接受良好的熏陶，身心健康成长，成为德、智、体、美、劳全面发展的合格的劳动者，人人都能够在未来的职业生涯中获得成功。

（1）以就业为导向，优化专业结构和课程设置

就业是民生之本，职业教育是一个面向人人的教育，就业更为重要。坚持以人为本就是满足学生就业需求，使其毕业后能顺利踏上工作岗位，扩大高职院校学生就业面，提高学生就业质量。

高技能的专业人才是高职院校向市场推销的"产品"。专业建设是高职院校教学工作主动、灵活地适应社会需求的关键环节，专业设置与调整必须以市场需求为导向，这样培养的学生才有广阔的就业前景。社会需求是高职院校专业设置的前提，要把专业和职业紧密地结合起来，校企联动，学校会同企业主动地跟踪市场、适应市场，在专业设置过程中与用人单位合作，根据社会对人才需求的变化趋势，制定相应的教学标准，保证专业发展的适应性，提高学生学习专业与市场需求的吻合度，从而拓宽毕业生就业门路。此外，由于高职教育具有职业定向的特性，高职专业的设置不能按照传统的学科体系，而是要根

据技术和服务领域的岗位或岗位群来设置专业，以体现其职业性。只有这样，才能培养出适销对路的教育产品。在课程设置上，也要突出针对性和灵活性。要根据地方经济特色，积极与行业企业合作进行基于工作过程的课程开发与设计，充分体现职业性、实践性和开放性的要求；要根据行业企业发展需要和完成职业岗位实际工作任务所需要的知识、能力、素质要求，选取教学内容，为学生可持续发展奠定良好的基础；要关注专业领域最新技术发展，及时调整课程设置和教学内容；要建立弹性学制，逐步形成与学分制相适应的课程体系和评价模式。

（2）提升能力，教学过程突出实践性

能力是一种实践智慧，其组成元素包括有关的知识、技能、行为态度及职业经验等。高职教育的培养目标为过渡期即可直接顶岗的中高级技术人员和管理人员，培养职业能力应该成为高职教育的一个基本要求。这决定其教学过程必须突出实践性，注重学生能力的培养，注重知识和技术的运用。

在教学内容组织上，要遵循学生职业能力培养的基本规律，以真实工作任务及其工作过程为依据整合、细化教学内容，科学设计学习性工作任务，教、学、做结合，理论和实践一体化；在教学模式选择上，要重视学生在校学习与就业后实际工作的一致性，有针对性地采取工学交替、任务驱动、项目导向、课堂与实习地点一体化等行动导向的教学模式；在教学方法上，要根据学生特点和课程内容，灵活运用分组讨论、角色扮演、案例分析等教学方法，引导学生积极思考，乐于实践，提高教与学的效果。此外，在教学中要切实加强与企业的合作，使学生真实地接触实际，实行一种真实的紧跟技术发展的职业训练。通过这样的训练，既培养学生的职业技能，又培养其职业观念、文明生产的习惯和严格认真的工作作风，扎实提高学生技能，使学生真正成为高素质的技能型专门人才。

（3）以职业素质为核心，改革教学管理制度和教学方法，全面提升学生综合素质

尽管高职教育在人才培养方面强调应用性，但要防止片面强调专业知识、技能的训练，将高职教育简单化、工具化的倾向。当今社会，职业变动很快，

高等职业教育所培养的学生不能仅仅是纯粹的职业人，而应该是具有健全人格，能适应未来变化，同时具有创新能力的未来劳动者。高职院校应重视人才的可持续发展能力的培养，努力为学生搭建全面发展的平台，以满足学生职业生涯发展需要。为此，在教学管理中高职院校应对学生的人格、主体性给予充分尊重，一方面，应让学生有一定程度的学习自由，充分挖掘教育资源，加大弹性学分制力度，充分满足学生的个性化发展需要。在教学工作中，教师必须强调尊重学生本身的价值，重视对学生全面的能力开发和人格塑造。还可在课余通过指导学生开展以专业为依托的社团活动、社会实践活动等多种途径，不断提高学生的综合素质和就业竞争力；另一方面，在实现培养目标的过程中，教师要引导学生树立正确的人才观、就业观，突出以诚信、敬业为重点的职业道德教育，以及创造性和主体性等品质和社会交往与合作能力，使学生既掌握丰富的科学技术知识和技能，又拥有必备的人文素养，并且具备终身学习和持续发展的态度与能力，使他们在认知能力、情感能力、社会能力等方面得到发展。教师还应对学生进行必要的成功教育，让学生认识到世界是由不同样式和形态但具有同等价值的存在物共同组成的，让学生认识到进入高等职业院校亦是成功者，用一种"选择"的思想正确看待脚下的路，从而以职业为载体实现个性的多方面和谐地发展。

只有这样，才能真正达到全面培养学生综合职业能力的效果，并使其顺利就业和获得良好的职业发展。

2. 以教师为本，激发高职院校发展活力

教师是支撑高职院校发展的中坚力量，教师自身的素质与能力影响着高职院校整体的教育管理水平，因此高职院校需要注重对教师队伍的构建与培训，从而促进本院校教师队伍素质与能力的提高。总结以往的教育管理经验可知，教师在教育管理中扮演着主导性的角色，教师需要充分尊重学生的主体地位，进而采取因材施教的教学策略来进行教育管理，以引导学生进行自主学习、探究学习。"以人为本"的教育管理理念要求教师及时更新自我教育观念，通过各种形式来提高自我能力，从而更好地对学生进行科学、有效的教育管理，为

此高职院校可以制定激励机制来提高教师自我提升的积极性，同时还可以为教师提供多种培训机会，如各大院校教师之间的相互交流与沟通，针对性的教师课程培训等等，从而促进教师自我能力的提高。教师只有具备了较高的教学能力，以及前沿的教育理念，才能更好地教育与管理高职学生，尽早将学生引入到与社会接轨的发展道路上，为我国培养综合型社会人才做贡献。

（1）鼓励教师积极参与管理，确立教师的主人翁地位

参与管理是以人为本管理的重要原则，学校要牢固树立人才资源是第一资源的观念，真正做到尊重人才、爱护人才、关心人才、帮助人才、用好人才，使人才工作与学校各方面的工作紧密地结合起来。要发动教职工参与学校的管理，推行专家治校，成立学术委员会、教学委员会、专业技术职务聘任委员会，教学、科研、聘任等问题由专家说了算，让人才在学校事务管理中处于主人翁的地位，让教师拥有充分的知情权、参与权、选择权和监督权。努力营造一个鼓励人才干事业、支持人才干成事业、帮助人才干好事业的良好制度环境，促进教师积极性的发挥，从而形成强大的凝聚力和向心力，激发高职院校发展活力。

（2）关注教师发展需要，注重对教师的培养

一方面，教师工作具有自主性、创造性，他们都具有某一学科的专长，追求学术自由，反对压抑个性。职业的特殊性决定了教师的精神需要胜于物质需要。他们更需要得到领导的尊重、同行的认可、社会的接受，更看重自我价值的实现。所以，在高职院校教学管理中，应充分重视教师的这些特点，关注教师发展需要。另一方面，高职院校的专业结构和普通院校不同，学科门类庞杂，并且随着产业结构的变化，专业设置会不断调整，要求教师的专业知识结构也不断调整。因此，教师本身应具有很强的专业应用能力或称之为专业实施能力。具体来说，高职院校的教师应具有如下素质要求：强烈的敬业精神、相应的实践经验、懂得教育的基本规律、具备职业课程开发能力、具备适应专业教学任务转移的能力、具备社会活动能力和技术推广能力。因此，高职院校要兼顾教师发展需求与学校整体发展需求的统一，围绕教师的全面发展，通过建设高水平的师资平台，为教师的发展创造条件，把教师的积极性、主动性和创造力充分调动起来，培养专业和学科带头人，培育优秀教师团体和学术梯队，

以满足高职人才培养的需要。不能把教师作为实现组织目标的工具，把教师管理的目的仅限于教育教学任务的完成，而应尊重每一位老师的兴趣和选择，根据教师的特点，设置恰当的发展目标，适时满足教师多层次、合理的发展需要，创造各种条件，通过科学规划，合理统筹，有计划安排他们通过理论进修或到生产、建设、管理、服务一线锻炼，不断提高业务水平，在实现自我人生价值的同时满足学院整体发展的需求。也可从企事业单位引进既有工作实践经验又有较扎实理论基础的高级技术人员和管理人员充实教师队伍，让以理论见长的教师和以技能见长的教师相搭配，互相学习，努力挖掘教师队伍蕴藏的巨大潜力，共同承担培养学生的责任。

（3）营造和谐的校园环境，为教师搭建一个良好的发展平台

和谐的校园环境具有较强的凝聚力和吸引力。只有为教师创造一个自由、宽容、和谐、创新的良好学术环境和工作氛围，才能使其安心教书育人，潜心科学研究；才能激发其工作的激情，创造出更多科研成果，为学校和社会做出更大贡献。和谐的环境包括良好的人文环境、生活环境和工作环境。一是良好的人文环境。学校重视教师，宽容相待，全力营造一个良好的尊师重教氛围。其次是良好的生活环境。安居才能乐业，学校要关心教师切身利益，为教师提供舒适的生活条件，各部门要为教师提供优质服务，校内分配制度改革要向教学科研人员倾斜、向关键岗位倾斜。在不断完善教师工资保障机制的同时，在教师福利待遇、健康保障、住房等方面切实做到急教师所急、想教师所想，全力解决教师的后顾之忧。最后是良好的工作环境，有宽松自由的学术氛围。学校各部门要切实为教师做好服务工作，提高服务质量，保证教师拥有学术自主权，尊重不同意见和观点，提倡学术自由，鼓励兼容并包，为教师发展提供广阔的舞台和空间，让教师幸福地干工作和体会干工作的幸福。在这样的宽松大环境下，教师被解放出来了，他们的创造潜能才能得到全面发挥。

3. 注重集教学、管理于一体，促进"以人为本"教育管理的实现

要想促进"以人为本"教育管理尽快落到实处，并非一件易事，因而需要高职院校全体教职员工的相互配合与协助，这样才可能构建科学、有序的教育

管理体系，打造教学、管理、服务为一体的教育环境。"以人为本"的教育管理理念要求教师尽可能做到"教书育人，服务助人"，采用科学有效的教育管理方式来培养学生，无论是在课堂上还是在课外，教师应始终树立教育与管理的意识，对学生进行科学的教育管理。综上可知，高职院校树立"以人为本"的教育管理理念是实现素质教育的有效途径，在实际教学与管理工作中全面贯彻以学生为主体的教育管理理念，能够获得更有效的教育管理成果。

坚持以人为本，持续健康发展高职教育

一、以人为本，构建职业生涯教育体系

我国经济体制的不断改革使得社会对于拥有较高的职业技能人才的需求变得越发强烈，而高职教育往往在对培养学生的职业意识和职业素养方面倾注了更多的关注。然而，随着我国高等教育制度的不断改革和新冠肺炎疫情迁延反复，我国高职院校的毕业生面临的就业形势也随之日益严峻。大学生就业难已经成为一个社会性的问题。统计数据表明，2020年国内的毕业生平均就业率为73%，高职学生为51%，而2005年毕业生平均就业率为72%，高职学生就业率反而为62%。尤其是近些年来，高职院校的毕业生还存在离职率较高、专业的对口性较低等现象，这些都说明了我国的高职院校对于学生的培养方面，还需要进行系统而科学的培养和职业生涯的指导。高职院校原本短期性、应急性的就业模式目前看来已经难以满足现实的要求。故而，建立"以人为本"的教育模式，是提高高职院校学生职业生涯教育水平的最好途径。

1. "以人为本"与高职院校职业生涯教育

"以人为本"是我国现代管理学提倡的核心理念之一，这种管理理念注重对人个性差异的尊重，注意对人自身潜能的激发，目的是提高人内在的素质。在这种理念指导下的高职院校职业生涯教育应该是一切以学生为本、以学生为中心，注重个性化的知识传授，以及加强对学生职业意识、职业观与职业道德的塑造和培养，强调学生的全面发展，以更为长远的职业眼光为学生的就业与职业生涯的规划做出指导。采用"以人为本"教育理念的目的就在于，它可以帮助高职院校将学生的发展视为最基础和最重要的事情来抓，帮助学生树立切实而具体的职业生涯目标，激发学生自觉学习的愿望，帮助学生成功地重塑并突破自我，准确认识并评价自我，进而在求职过程中拥有对自己的合理定位与规划，不盲目、不畏惧，不过于理想化，找到真正适合自己的发展道路。一般来说，高职院校的学制比较短，教学模式也相对突出专业性与职业性，故而对学生的职业训练的比重也比较大，这些特点都是高职院校在应用"以人为本"的教育理念过程中应该考虑的问题，对于高职院校重视就业，轻视职业生涯教育的现象，这就需要在进一步发展的过程中跳出旧有指导模式，将学生的职业生涯教育作为完整工程来抓，以自身发展情况为基础，借鉴他国经验，逐渐建立适合学校发展、适合学生发展的教育模式。

2. 做好职业生涯规划提升高职学生就业能力

高职学生就业能力是高职学生成功地获得工作、保持工作以及转换工作时所具有的能力。就业能力是一种胜任力，它不仅包括大学毕业成功就业所需要的知识技能，还包括一系列与工作岗位有关的个性特征。大学生就业能力是衡量和评价高职院校大学生培养质量的最重要标准之一。职业生涯规划能力是就业能力构成的重要因子，通过职业生涯辅导，不仅能够提升学生在毕业时获得工作的求职能力，还能帮助高职学生增强保持工作、转换工作的职业发展能力。

（1）职业生涯规划能力是影响大学生就业能力的重要因素

国内外学者从不同的角度对就业能力的要素和结构进行了研究。在就业能力模型中，USEM模型中的自我发展意识、心理—社会性建构模型中的职业生涯识别、Career EDGE模型中的生涯发展学习以及中国大学生就业能力模型中的职业认同，其概念内涵都与职业生涯规划能力一致。由此可见，大学生职业规划能力是大学生就业能力形成的关键因子之一。

（2）职业生涯辅导有助于提升大学生的求职能力

美国学者舒伯的生涯发展理论认为，大学阶段正处在一个人生涯发展的探索期中的转化期和承诺期，是大学生形成"自我概念"的关键时期。在这个阶段，学生的生涯发展任务是：根据自己的需要、兴趣、能力与机会，思考可能的职业领域和工作层次，初步确立职业偏好，并根据职业偏好有针对性地选择和接受专业训练，并尝试将其作为长期职业的可能性。运用霍兰德的类型理论、舒伯的生涯发展理论和社会学习理论、生涯建构理论、工作调适理论等对大学生进行系统的职业教育及辅导，可以帮助大学生通过科学的测量和分析厘清个人的需要、兴趣和能力，认知职业要求和环境，借助相关工具对认知信息进行加工和作出生涯决定，针对自己的职业目标规划实施能力提升计划。

（3）职业生涯辅导有助于提升高职学生的职业发展能力

随着社会的发展和科学管理技术的进步，企业的组织形式和结构都在发生着巨大的变革，个体的职业生涯从在同一组织逐步升迁、发展的"传统职业生涯"模式趋向在组织内部以及在不同的组织之间流动的"无边界职业生涯"模式，职业生涯的不稳定性日趋加剧。对大学生而言，面对不断变化的社会环境和需求，必须因势而变，不仅需要未雨绸缪地培养日后进入社会的知识和技能，更要面对社会的不断变化，有意识地学习新知识、新技能，增强应对变化的能力。这也是职业生涯辅导的重要课题——帮助大学生将时间因素和社会发展趋势信息纳入个人的职业生涯规划，让高职学生成为生涯的塑造者，增强职业的发展能力。

3. 高职院校学生职业生涯规划存在的问题

目前，国内高职院校学生的输送分流仍存在许多困难，如毕业生人数、毕业生质量和企业岗位的需求错位等，这是一种失衡状态。许多岗位难以找到合适的人才，也有较多毕业生难以及时找到合适的岗位。剖析其中存在的问题，共有以下几点。

（1）从学生自身现状分析

①学生职业发展认知不到位。

高职院校学生入校时文化课成绩较低，学习兴趣不浓，学习动力不足，人生目标不明确，缺乏职业生涯规划，存在求职能力和自信心不足的现象。另外，高职院校一半以上的学生自我认知不到位，未正确认知岗位需求，其中定位过高的学生本身所掌握的知识技能水平与求职岗位匹配度较低，工作后多数人频繁跳槽。而毫无定位或定位过低的学生内心缺乏自信，不能认准自身价值，难以充分发挥出自身的优势，导致错失了很多好机会。而且，部分学生缺乏面对失败的勇气，他们容易被挫折打败，难以重整旗鼓、勇毅前行。

②学生人生规划不清晰。

职业生涯规划是一个动态的、不断调整的过程，通过短期自我成长和能力变化而实时调整，从而影响着长期的职业发展规划。但对于"职业生涯规划"，部分高职院校学生毫无认知，他们从未对人生发展产生过思考，一部分学生因家境优渥及家长的溺爱而安于现状，更别提科学规划职业发展。而且，大多数高职院校学生的专业选择并非出于自身意志，较多是家长帮其选择或是在亲戚朋友的影响下才作出的选择，这也可能导致学生对职业生涯发展产生自我障碍。关于就业，大部分学生都是毕业时随意选择，首选轻松的工作，缺乏踔厉奋发、笃行不息的精神。高职院校组织即将实习的学生与顶岗实习公司做交流，从交流中可以看出，大多数准备实习的学生关注的都是眼前利益，而不是以学习的心态考虑本次实习对自己的成长有多大价值，没有以明确的奋斗目标去科学地规划职业发展。

（2）从学校现状分析

美国著名的职业教育专家金兹伯格曾经指出：职业选择应该是一个过程，而不是某一时刻一下子完成的决定。当前很多高职院校职业生涯规划教育相对落后，教学内容多数以职业选择、准备、就业以及如何适应为主，还停留在"就业心理准备""如何撰写求职信""如何应对工作面试"等应对技巧的讲授上，主要是针对就业政策、求职技巧等方面的指导，来帮助学生应付求职的过程。实践表明，这种应试性职业生涯规划教育方式只能应付一时，对学生未

来的职业发展作用不大。

高职院校存在以下几个问题：

①课程体系建设相对滞后。

学校普遍采取的方式是定期或者不定期地开设和专业前景、就业形势等相关的讲座，系统性不强，形式单一化。职业生涯规划教育需要一个系统的完善的体系，而学校提供给学生的讲座形式比较单一，不能打开视野，需要学生通过更多的渠道了解到更多的方式和途径。只有进行多途径、多形式的职业生涯规划教育，才能更好地帮助学生做好职业准备。职业生涯规划中自我评价、职业定位、职业兴趣的培养、职业能力的塑造、实施、评估、反馈与调整，这是一个整体的连续的过程。离开了科学系统的职业生涯规划，职业选择的方向和准确度都没有保证。目前面对高职院校学生的专业的职业生涯规划教育的权威教材还比较缺乏。

高职院校的职业指导多是针对就业过程中可能出现的问题或学生关心的话题进行分析与指导，忽视了学生的专业需求与个体差异。一些高校只是将职业指导课以选修课的形式列入教学计划，甚至干脆排除在教学计划之外，缺乏科学、规范、系统的课程体系，在教学过程中多依赖教材内容，与学生面临的现状结合不够紧密，虽然会穿插案例教学，但也只是流于表面，对学生缺乏足够的吸引力，无法引起学生的重视，缺乏与学生的互动，而大班授课的形式更是扼杀了对学生进行个性化指导的可能性，让学生觉得职业指导可有可无，但在真正面临就业选择时又觉得无所适从。

②人才培养方案与经济社会发展需求的契合度不够。

国家对高职院校的人才培养方案有明确的要求，要求以"就业为导向"，结合新时代学生群体、社会资源、企业需求特点制定科学的人才培养方案，因此就有了"产学结合""产教融合"以及创新教育教学方法等教育改革。而校企合作、行业协作对提升学生职业技术能力具有实际意义，这对学生的职业规划发展有实质的帮助，可以达到三方共赢的效果：企业获得人才，学校育人有成效，学生有明确的职业发展目标并获得高水平技术。但是，目前有的高职院校专业定位不准确，培养方案与社会需求失衡，个别专业技术人才过剩，未能抓住行业发展变化的趋势，未能实现以就业为导向的培养目标，与经济社会发展需求的契合度也较低。

③职业规划指导教师队伍薄弱。

我国高职院校职业规划指导起步较晚，各校普遍缺乏专业的职业规划指导教师，多数职业规划指导教师由辅导员或"两课"教师兼任，专业积淀不够深厚，对教学内容与教学目标的理解不够透彻，很难达到预期的指导效果。而职业规划指导的成效不仅仅取决于职业规划指导的课程设置、基础设备的投入，更重要的是取决于职业规划指导教师队伍的整体水平。职业规划指导是对学生全方位、立体性地指导与服务，需要教师具备综合性的专业知识与较强的社会适应能力，心理学、社会学、哲学、法律等方面的知识都是必不可少的，除此之外还要有良好的培训技巧与深厚的指导功底，否则是很难胜任这一岗位的。

④学校对就业政策的解读及落地力度不够。

新时代，国家对高职院校学生的就业越来越重视，无论是国际国内的发展需要，还是企业的转型升级，都迫切需要具备高素质的技能型人才。

近年来，国家在高职院校毕业生的就业方面给予了很多政策上的扶持。根据相关学术人员统计，从2004年至今，与高职院校职业教育有关的文本，国务院颁布了8份文件，国家教育部门颁布96份相关文件，共304项政策，这给高职院校高质量办学给予了莫大的支持，且为学生职业生涯规划提供了坚实的基础。关于高职院校的就业政策，目前有"毕业生三支一扶""大学生志愿服务西部计划""毕业生就业补贴""毕业生入伍免试本科""大学生创业免税申请""大学生创业补贴申请""享受毕业就业免费培训"及"提供大学生创业孵化基地资金扶持"等，这些政策在很大程度上推动了学生职业生涯规划的发展，推动了学生就业或创业，让学生感受到国家对青年学生职业发展的支持。但经调查，大多数高职院校学生对政策不够了解，学校就业创业办在政策文件上多数停留于转发通知环节，缺乏具体的解读宣传和具体的部署及解读调查，未有针对性地组织检验落实，辅导员或职业规划教师在职业生涯规划课上很少解读，部分学生认为政策享受的对象范围小，条件限制也较多，这些认知上的偏差导致一部分学生失去国家就业创业政策支持的机会，推迟了实现自己梦想的职业规划，造成当前的"慢就业"现象。

4. 应用"以人为本"教育理念的途径

（1）通过"以人为本"理念的树立，推动学生的自主发展

"十年树木，百年树人。"教育的目的是培养学生成为适合社会需要的人才，故而学生是教育主体，这也是在高职院校中应用"以人为本"教育理念的必要性之所在。高职院校需要转变满足学生的就业安置的单一目标，转而将促进学生个性发展与职业生涯规划作为根本目的。

①帮助学生形成合理的自我认识。

学生只有在充分认知自我后，才能更合理地选择发展道路，主动发展。认知与发展自我主要是通过职业生涯规划来实现的，学生在职业生涯规划课程中有机会更加清晰全方位认知自我，了解自我心中是如何定义自己的，分析什么职业更能有利于自己潜能的发挥、什么样的职业更为有兴趣、什么样的职业更能实现自身的价值。因此，高职院校要帮助学生形成正确的自我认识，根据自我意识、自我决策和自我提高来调整自身的职业理想、就业期望与职业意向。

②注重因材施教。

以人为本，因材施教的意义在于把人放在第一位，主张以人作为教育教学的出发点，提升人的潜能，完整而全面地关照人的发展。"以人为本，因材施教"作为一种价值取向，其根本所在就是以人为尊，以人为重，以人为先。以充分开发个体潜能为己任，以丰富的知识、完整健全的人格培养为目的。高等职业教育是培养高等技术应用型人才的教育，它本身就是根据经济社会发展对高等技术应用型人才的迫切需求和人们认知的特点而实施的一类教育。高职教育以人为本就是办学以人为本，教学以人为本，课程以人为本，师资队伍建设以人为本，特色以人为本，管理以人为本，校园文化建设以人为本。把每个人的发展放在一切工作之首，这正是优质教育的内涵。

③培养学生的自我规划能力。

随着国家经济的高速发展，高职教育也在迅速发展，大学生人才过度剩余，部分"慢就业"的毕业生滞留在家中，原因之一是缺乏人生规划，不敢遐想自我职业发展。学校可以引导学生通过分析市场环境、企业岗位、职业教育等方面，结合自己的优点、兴趣和爱好，并根据自身的价值逐步提升资历。高

职院校应从引导学生成长成才的角度出发，以阶段性的简历补充为开端，以此增强学生踏入社会的信心，引导学生提前做好人生规划，为将来的工作做好充分的准备。

④加强相关课程建设与教材建设。

高职院校应加强学生职业生涯教育方面的课程与教材建设，教材要结合时代发展需求，课程设置要符合学生专业发展需求，注重理论与实践相结合的方式，要突出训练性与操作性，使教材和课程的设置能够充分体现职教的特色，具有鲜明的时代特征，并充分满足学生的发展需求。

⑤加快职业规划教育的教师队伍建设。

高职院校应加强对学生职业规划教育的重视，加大资金投入，选聘优秀职业规划师，并对辅导员、班主任、专任职业规划教育的教师进行定期的专业培训，定期举行职业规划教育的教师队伍交流会，互相探讨职业规划教育新方法、新思路。专任职业规划教育的教师也应加强学习，储备一定的专业知识，提高专业化水平，使辅导员、班主任、专任职业规划教育的教师三者在就业服务上达到"1＋1＋1＞3"的效果，提高职业规划教育的科学性、系统性和可行性，培养学生合理规划职业生涯路线的能力。

（2）注重全程职业生涯教育

职业能力的强弱直接关系到高职学生职业生涯的成败。高职院校应将职业生涯教育贯穿于学校教育的始终，其指导对象应为全部学生。职业生涯教育并非一朝一夕就能够完成的，从本质上来讲，它涉及对学生人格的完善与引导，涉及对学生世界观与方法论的影响和指导。也就是说，职业生涯教育并非简单的就业指导，而是更具有意义的教育过程。学生在接受职业生涯教育的过程中，需要有一个认识、接受、反思、突破以及提升的过程，这个过程需要一定的时间，同时在过程中产生了什么问题也需要有人可以进行直接的答疑和对话，只有这种全程的教育方式才能够真正地使高职院校的职业生涯教育产生效果。要想实现人的可持续的全面发展，对于学生的全程职业生涯教育不可或缺，而且意义重大。

对于高职学生职业生涯规划的指导应分层次实施。进行具体指导时，应根据学生的年级与个体差异，有针对性地进行教育，需要设置不同的课程内容和侧重点。比如，对于低年级的学生，他们尚处于准备和适应阶段，此时需要将对学生的职业教育与入学教育及职业介绍相结合，从而帮助学生树立正确的学习观和就业观。培养他们的就业意识可以从开展个性心理的测评和职业适应性等测试着手，在帮助学生逐渐认识自己以后，再培养他们对个人的职业生涯提出规划。对于中年级的学生，他们此时在经历前一段时间的培养后具备了一定的初级目标，需要做的就是针对后续的发展情况对自己的职业目标进行调整，这一阶段要求高职院校指导学生按照既定的职业生涯目标制定合理的学习内容，并指导他们进一步培养自身需要的专业技能，逐渐具备更好的专业能力与专业技能。对于高年级的学生，职业生涯规划理应处于相对成熟的时期，此时高职院校要培养学生进行合理的职业准备，充分地做好走向职场的各种准备，此时讲授一些择业方法与择业技巧就是必要的，帮助学生利用正确的方法找到适合自身发展的适宜岗位。同时，高职院校还可以帮助一部分特点比较鲜明、人格比较完善、心智比较成熟的学生进行大胆的职业生涯规划。

（3）建立完善的服务与保障体系

高职院校的职业生涯教育要有配套的服务和保障体系，这需要政府、学校、社会与家庭四方的共同协调与配合。其中，政府应该着力加强政策上的支持，号召社会上的用人单位为高职学生提供更多的实习岗位，帮助用人单位消除对高职学生应用能力差的怀疑。还要加强高职院校进行职业生涯教育硬件设施的建设，引进专业测评软件，在物质上提供坚实的保障。人员的保障上，高职院校要根据学生的规模配备专职的辅导人员，为学生提供更为个性化、专业化的职业生涯指导。同时，高职院校还应加强和社会机构间的联系，比如建立一些大学生实习基地，邀请企业人力资源的主管向学生进行企业人才需求的宣传等，以便进一步培养学生职业意识，加快学生社会角色转变进程。

（4）着力打造第二课堂活动体系

第二课堂活动体系的打造可以强化学生的实践能力。职业生涯教育必须注重实践教育与理论教育的衔接，并注重多形式实践训练的开展，进一步提升学生的实践能力。主要可以通过以下方式实现：一是开展职业生涯规划的比赛，比赛内容涉及人物访谈、职业测评、团体辅导、职业咨询与作品展示及比赛过程，这种全面而有体系的方式便于学生进行更好的职业规划，从而提升学生的职业能力与职业素质；二是建立相关职业技能的训练组织，通过志愿服务等活动，使学生广泛地参与到农村、社区以及街道等的各种技能服务中去，借此培养学生的社会责任感；三是充分利用各种社会资源，着力为学生提供能够进行实践锻炼的途径。可以鼓励学生走出校园，参加下乡活动、志愿者活动，以及送温暖送爱心等活动，通过积极参与社会实践，学生不仅能够锻炼自己的能力，还能够逐渐形成对职业理想与职业生涯的初步思考。

"以人为本"对于高职院校的长远发展意义重大，只有充分落实"以人为本"的教育理念才能够帮助高职院校培养出更多优秀的高素质人才；只有在不断发展的过程中大胆地进行"以人为本"工作体系的构建，才能够帮助学生正确树立就业观，合理规划自己的职业生涯，从而实现全面、协调、可持续的发展，推动学校走向更为稳健的发展之路，为促进我国经济、社会和人的全面进步做出贡献。

二、以人为本，提高高职学生就业素质

教育的使命是要"使每个人的潜在的才干和能力得到充分发展"。只有全面认识职业教育作用于人的发展和社会发展这两方面的价值，并始终以人为本，才能正确评价职业教育的意义和作用，才能正确对待职业教育的改革和发展。

1. 更新观念，构建高职人才培养的新框架

以素质教育为基础，以能力培养为主线，理论知识与实践能力协调发展是学校构建高职人才培养的基本框架。培养人才从岗位的需要出发是高职院校专业设置和开发的基本立足点。通过每年召开"教育产品鉴定会"的形式，邀请专业顾问、企业用人决策者、行业领导共同分析人才的市场需求趋势，共同研讨高职人才培养的基本框架，开发相应的主干课程；从高职人才培养的框架上确立德育、文化知识教学和专业实践教学彼此相互独立、相互渗透的课程体系。

在教学计划制订过程中，可以分为三步：第一，将学生实践能力、创新能

力的培养作为高职院校特色教学的突破口，通过小设计、小制作、小发明和各种专业技能的竞赛活动提高学生的学习兴趣，增加学生的内在学习动力；第二，以文化基础知识教学为切入点，要求学生苦练内功，全面提高文化素质，把教学过程的检查、考核结果的分析，作为提高教学质量的具体措施，落实到每一个教学环节；第三，将德育制度化、具体化，通过分阶段、分层次的专题讲座，全面提高学生的整体素质，例如对低年级学生，通过开展校史教育、养成教育、法制教育、磨难教育等系列活动，培养正确的世界观、人生观，对高年级学生，通过开展职业道德教育、创业教育和成人教育等活动，使学生树立正确的就业观和价值观。

2.科学定位，建立高职人才培养的新机制

学校把培养为经济建设服务、企业的人才需求相适应的高素质人才作为基本任务。工学结合，产教贸结合，用现代企业的人才培养模式和管理机制培养生产、管理、服务一线的高素质劳动者，把学生作为教育的"产品"进行加工、进行管理，提出各专业要抓住人才类型的技术性，知识、能力的职业性这一关键点，与行业沟通，与企业合作，与市场接轨，为企业和社会提供高素质的"产品"。学校将企业的产品销售、服务、品牌等内容作为典型案例进行分析，将企业环境与校园环境融为一体，大大缩短了学校与企业、岗位与课堂、教学内容与企业产品之间的距离；同时也为学校专业课教师及时了解企业产品中的新技术、新工艺提供了方便，大大地提高了教师的实践指导能力。

3.教育创新，培养高素质技术人才的新模式

面对日益严峻的就业形势，根据学校姓"职"的特点，提出了办好专业，培养人才，不找校长找市场，要求每个专业必须与企业挂钩，与市场挂钩，培养的学生必须是企业"用得上，留得住，干得好"的高素质人才，为此，学校在教育创新方面要进行两大突破。

首先，是教学模式的突破。强调实践教学的连续性、目标性和职业性：实践教学的作用不仅在于理论验证、训练技能，而且还具有让学生对生产实践进行感知、感悟的作用，从而激发学生的专业灵感，丰富他们的专业设计思想，

达到促进主动学习的教学目标。所以，在教学设计中，要充分考虑实践教学的连续性和目标性，合理安排实践教学环节，充分利用有限的教学时间和实训条件，最大程度地发挥实践教学功能，提高实践教学质量。学校应提出，每个专业必须成立自己的专业实训公司，在把学生推向市场之前，首先把学科、教师推向市场，并要求所有实训公司的经营和服务都按企业化进行运作。其次，是择业观念的突破。正确引导，积极鼓励学生自主创业，自食其力；充分调动学生自主创业的积极性，大力倡导高职班学生利用后阶段的社会实习时间自主或合伙创办与专业和个人兴趣爱好相吻合的各种专业公司，让自己在实践中锻炼，在市场中经受考验，在竞争中增长才干，学校为创业者提供尽可能的服务（包括免费组织岗位培训、免费提供经营场所、免费提供办照咨询和服务等）。通过种种指导性的扶持和鼓励，既给实践性教学赋予了更深的内涵，也对学生综合职业能力和全面素质的提高大有益处。

实践教学模式的突破和学生自主创业基地的建立也让教师的角色发生了变化，以往教师在课堂上是单一的讲授者，在实践过程中是设计者、指导者，而在实训公司、在学生的创业基地中教师成了参与者。传统的重理论、轻能力的观念在与社会接轨的实践教学中得到了根本的转变，也让教师有了更多的接触实际的机会。

4. 质量评价，突出知识、能力和素质全面发展的新要求

建立一套既能激励教师积极性，又能客观评价教师教学质量，保证教学秩序相对稳定的教学运行监控制度是学校的一项基本管理方面的工作。教学质量的评价是一个多变量函数，受其影响的因素很多，有生源的质量、教师的教学水平、学校的教学环境、班级的学习氛围、教学质量的评价过程和标准，等等。高等职业技术教育只有在综合分析众多因素的基础上，才能确定符合高职特点的教学质量评价体系。学校在多年教学管理经验的基础上，建立了一套科学、规范的教学管理制度，如每日教学情况巡查、每周教学信息反馈、每学期两次学生评教评学、作业布置的抽查、随机检查性听课等制度。同时对不同的系科、不同的专业、不同的课程建立不同的教学质量评价方案和标准；对操作类、实践类课程侧重于按社会考证通过率和达标率的标准进行考核评价；对专

业课程侧重于学生分析问题、解决问题和创新能力的考核评价。在考核形式上，坚持多样性与统一性相结合：考核方法上，坚持实践与理论相结合；考试内容上，坚持非标准化与标准化试题相结合；在教学质量的考核评价上，充分体现高职教学质量评价的特点，使学生能在知识、能力和素质方面得到全面的发展。

三、以人为本，改革高职院校创新创业教育

2010年，教育部颁发了《教育部关于大力推进高等学校创新创业教育和大学生自主创业工作的意见》，吹响了高等学校普及创新创业教育的号角。2014年，随着"大众创业、万众创新"概念的提出，全面推进大学生创新创业教育成为高等院校特别是高职院校回应时代发展号召，服务于建设创新型国家重大战略的重要表现。经过一段时间的实践探索，创新创业教育在我国高职院校中得以普遍开展，但创新创业教育中以人为本理念缺失的现象较为凸显，在一定程度上背离了教育的育人本真。

1. 创新创业教育

（1）创新创业教育的内涵

创业教育是指通过教育来培养创业精神、创业能力以及创业技能，从而促进被教育者开展创业行为的一种教育活动。在创业教育概念被提出之前，创新教育已经在高等教育领域经过了长期的发展，尤其是西方发达国家的高校，很早就认识到了创新教育的重要性，并通过创新教育获得了丰厚的社会回报。我国之所以形成全新的创新创业教育概念，是由于在创业过程中科技创新力量的不足，需要通过二者的紧密结合来提高创业中的创新力量。我国目前正处于社会发展的关键时期，创建创新型国家已经成为国家核心战略，这使得单纯的创业教育或是创新教育已经不能满足社会发展的需求，在创业教育中融入创新教育，让创新成为创业过程中不可或缺的重要因子，这一现实需求促成了创新创业教育概念的产生。

对于创新创业教育的定义，国家教育部在相关文件中曾有过解释，指出创

新创业教育是适应经济社会和国家发展战略需要而产生的一种教学理念与模式。也有学者认为创新创业教育是一种适应社会人才需求的新型人才培养模式，其内涵是培养具有事业心及开创精神的人才。也有学者从素质教育的视角出发，认为创新创业教育是素质教育的重要内容，是素质教育的深入发展，重点在于培养学生创业意识、创业能力和创新思维，从而提高学生的综合素质与能力。以笔者看来，创新创业教育本质上是一种教育实践活动，以创业教育为基本出发点，以创新教育为内核的一种全新教育模式，二者之间深度交融，互为表里，凸显了我国当前社会发展对创新与创业二者的同等重视，"大众创业、万众创新"的号召便深刻体现了这一概念。

（2）创新创业教育的理论基础

高校创新创业教育的理论基础包括两部分：一是被称为"现代课程理论基础"的泰勒原理，二是建构主义学习理论。它们两个都是现代教育学理论的重要分支，分别从不同的角度论述了教育过程、教育目标和教育方法之间的有机联系，是高校开展创新创业教育可以借鉴的重要理论基础。

泰勒原理由美国教育学家泰勒提出，他将教育过程划分为较明确的三个方面：一是教育目标，二是教育经验，三是教育方法。主张教育应当从教育目标、教育经验及教育方法三个方面整体提升质量，以实现既定的教育目标，培养更多适应现代社会发展要求的人才。泰勒原理自提出以来，得到了现代教育学界的高度认可，并在教育工作实践中得到广泛应用。由泰勒原理可知，高校创新创业教育应当从明确教育目标、积累总结教育经验及优化教育方法三个方面进行创新，以提升创新创业人才培养质量与培养水平。

建构主义学习理论是现代教育理论的重要内容，核心观点包括三个方面：一是强调"教学"包括"教"和"学"两个方面，二者相互配合，相互影响，缺一不可；二是优化教育手段，建构主义学习理论反对传统的"填鸭式"教学法，不赞同课堂由教师占主导地位，而是倡导学生积极地参与其中，确保学生成为课堂主体，教师是课堂的组织者和引导者；三是主张教学需要理论和实践的配合，就是既不能忽视理论的指导作用而片面强调实践，也不能脱离实践照本宣科地进行讲授。从建构主义学习理论出发，高校在创新创业教育中一定要重视学生的主体地位，采取多元化的教学方法，同时做到理论联系实际，增强学生的实践能力，这对创新创业教育是非常重要的，因为创新创业本身就具有非常强烈的实践导向。建构主义学习理论自提出以来便成为教育学理论的重要内容，且其反映和顺应了人们日益重视学生个体素质和综合能力的提升，与终身学习理念的一些观点是相契合的，成为一个非常重要的理论。

2. 创新创业教育是高职教育可持续发展的新要求

对高职学生进行创业教育是目前市场经济的需要，是解决学生就业问题的有效途径。使高职毕业生创业有门、创业有路、创业有成，并激发学生的创业动机，使越来越多的毕业生勇于创业、乐于创业、善于创业，形成一个良好的创业氛围，这对于高职院校的生存乃至和谐发展具有战略性意义。

（1）开展创业教育是高职院校主动适应时代需求的选择

我国是在知识经济时代和全球经济一体化进程中加入WTO（世界贸易组织）的，全国各行业正面临日趋激烈的国际竞争。要适应知识经济和入世的挑战，更好地参与国际竞争，就必须培养更多具有高素质的创新、创业型人才。

教育部门要帮助受教育者培养创业意识和创业能力，培养出越来越多不同行业的创业者，就可以为社会创造更多的就业机会，为维护社会稳定和繁荣各项事业发挥重大作用。为此，各高职院校应该转变教育观念，从就业教育转向创业教育。大力开展创业教育，不仅要开设专门的创业教育课堂，创办创业教育基地，还要改革教学体系和课程设置，在日常教学过程中，不断培养学生的创业意识和创业技能，将创业教育融入课堂。创业教育作为高等教育发展史上一种新的教育理念，是知识经济时代培养大学生创新精神和创造能力的需要，也是社会和经济结构调整时期人才需求变化的客观要求。联合国教科文组织曾经提出"学习的第三本护照"，即创业能力护照，要求把创业能力护照提高到与学术职业性护照同等重要的地位，这就明确指出了创业教育在教育中的重要性。因此，开展创业教育是时代的呼唤，是当前高职院校主动适应时代要求的选择。

（2）开展创业教育是高职院校应对就业形势、求创新、求发展的良策

高职院校扩招及每年劳动力的不断增多，使得劳动力供需矛盾日益突出，各学校毕业生面临着很大的就业压力，学生自主创业就成为拓展就业渠道的新

途径。由于高职院校发展时间短，办学经验不足，一些院校实验、实训的基础条件还比较薄弱，培养出来的学生还不能满足社会的需要，形成目前社会对高职学生认可程度不高、高职院校招生困难、学生就业更困难的现象。因此，为了更好地解决学生的就业问题、提高高职院校的声誉，有必要在高职院校中开展创业教育。创业教育是转变办学思想的重要体现，是衡量职业院校办学水平和质量的一个重要指标，也是缓解就业压力的有效途径。从现实看，经济的发展对传统工作岗位已造成冲击，未来的新型岗位必须由具有创业意识和创业能力的人才来开拓，人才竞争将更加激烈。高职院校面临着社会和高职教育内部的双重压力。高职院校若想在如火如荼的竞争中抓住机遇，赢得先机，积极开展创业教育，面向市场培养创新人才，不失为明智之举。

（3）开展创业教育是学生全面发展、实现自我的需要

高等职业教育应以技术教育、技术创新教育和管理专业教育为主体，培养具有创新精神和创业能力的高素质技术型人才。创业教育不但体现了素质教育的内涵，而且突出了教育创新对学生实际能力的培养。它有助于培养学生的独立性、能动性、自主性和创造性，有利于培养出性格健全、实践能力强的人才。创业教育为学生全面发展、实现自身价值提供了宽阔的舞台。然而，创业是一个复杂的、综合性很强的过程，不能仅凭匹夫之勇和心血来潮，它涉及管理、税收、市场营销、财会、法律等许多知识。很多学生缺乏系统的创业教育，在学校所学到的知识和技能对创业而言远远不够。开展各种形式的创业培训，提高学生的创业能力是高职院校办学的宗旨之一。针对高职学生思想活跃、个性丰富等特点，开展多姿多彩的创业教育，既有助于学生个性的开发，避免个性受到压抑或发展畸形等情况，又能为今后参与社会竞争积聚力量。

3. 挖掘学生个性，开展创新创业教育的途径

创新创业教育如何转变成高职院校的教育实践，使高职学生既会求职又能创造新的工作岗位，是一个亟待研究和解决的问题。

（1）实践"以人为本"的教育理念，注重学生个性的开发

现代社会的快速发展需要创新型人才。坚持"以人为本"，就是既要把培养品德高尚、心理健康、富有学识和创造才能的全面发展的学生放在第一位，

又要注意人才市场的需求，注重专业知识的培养和技能的训练，把学生培养成为人文精神、科学素养、创新能力统一的一代新人，坚持把社会发展的需要与个人自身发展的需要有机统一起来。没有个性就没有创造性，培养人的个性一直是现代教育予以关注的问题，高职教育也不能例外。今天，我们大力提倡创新精神、创新意识和创新能力，就应该发展人的丰富的个性，培养创造型人才。这就要求树立新的人才观，以学生的全面发展为本，注重学生个性的开发，挖掘学生的潜能，让每个学生都能充分发展，这种教育观念也是实现教育平等的内在要求。每个学生的潜能都尽可能地得到开发，更具就业竞争能力和创业能力，才能在激烈的社会竞争中立于不败之地。

（2）构建科学的创业教育课程体系

高职教育要培养出适应21世纪的创新型人才，就必须改革现有的人才培养模式，逐步构建富有时代特征的人才培养模式。创业教育的目标要通过创业教育的课程来实现，学校必须构建培养创业素质、传授创业知识、提高创业能力的课程体系。创业教育应该在传统的职业教育基础上开设管理、市场营销、税务、财会、法律、工商等课程，这些知识是创业过程中不可或缺的。学校可以通过学分制、第二课堂活动等形式开展创业教育，专业课程设置可以有所侧重，也可以通过开设选修课的形式让学生学习创业必备知识。

（3）改革教学方法，重视创业能力的培养

传统的以教师传承为中心的教学方法已不再适应创业型人才的培养需要，要向以培养学生的创业能力、创业思维和创新能力的目标转变。教师在课堂上不再是照本宣科地向学生灌输已有的知识，而是要扮演启发者、引导者和设疑者等角色，成为起"催生"作用的助产士。教师要教会学生认知和研究的方法、思路，引导学生善于站在前人的肩膀上去探索未知的领域；引导学生开拓思维，去寻求发现问题和解决问题的新途径；培养学生独立思考、敢于向权威挑战的学习态度和竞争精神；引导学生要有创业意识和创造思维，敢于走前人未走过的路去开创新事业，使学生的主体性和积极性得到极大发挥，个性得以张扬，创新能力、创造思维及创业意识得到培养。教师采取启发式、讨论式教学，将有利于学生独立思考能力、辨别能力的培养；此外，采用案例教学法，如讲述历届毕业生在基层建功立业的奋斗过程，可使学生从中总结他人创业的经验和教训，学到比较务实的知识，为今后创业打下基础。

（4）加强创业实践训练

实践可以促进知识的转化，实现知识的拓展，有利于增强学生的社会意识和社会技能，有利于发展学生的创造才能和组织才能，有利于提高修养和完善个性品质，使高职学生在校期间积累丰富的创业经验，培养创业能力。高职院校应为学生开展创业活动创建条件，为学生搭建施展才能的舞台，采取工学结合、校企合作的人才培养模式，对加强实践训练具有重要的指导意义。

我国许多高职院校在创业教育实践方面进行了很多有益的探索，如清华大学的创业计划大赛已经成功地促使一些创业小组成立公司，引来许多巨额投资；浙江大学的"创业论坛"经常邀请一些专家、教授和企业总裁，来校介绍创业经历和经验，介绍创业必备的知识、能力和素质；不少学校定期举办"创业沙龙"，成立"创业俱乐部"，创办"人才论坛"，都收到了很好的成效。广西水利电力职业技术学院在创业教育实践方面也进行了不少探索，重视学生的专业实习，建立了一批实习基地，组织学生参与相关专业的创业实践和社会调查，推荐学生假期到企业参加短期的工作，招聘学生在校内勤工俭学。开展创业体验活动，让学生在真干中领悟创业的需求，为学生日后的创业积累经验。然而，从更高层次的目标看，只有博采众长，吸收其他学校的成功经验，更有效地引导学生主动培养自身的创业素质，提高自身的创业技能和应对挫折的能力，才能不断增强学生的创业意识，激发创业热情，促进学生创业成功。总之，开展创业教育是时代赋予高职院校的神圣使命，是我们面临的共同课题。只要我们重视创业教育并加强实践探索，不断总结经验，创业教育的春天会很快来临。毫无疑问，我们的学生也将因此获得创业能力的培养训练，为将来创业储备条件，更好地适应社会的需求。长此以往，高职院校才能在激烈的竞争中蓬勃发展，更具青春活力。

（5）创新创业教育与专业教育相结合

创新创业教育和专业教育的结合包括两个方面：一是创新创业教育内容要围绕学生所学专业开展，不能脱离学生专业空谈创新创业，要鼓励学生在自己所学专业内寻找创新创业点，探索创新创业路径。二是教师在专业课程教授过程中，一定要多注重培养学生的创新创业思维和创新创业理念，改变传统教学模式中照本宣科、机械教条的教学方式，多角度强化学生的创新创业意识。如医学专业看似与创新创业关联不大，但是近年来新媒体技术的飞速发展，催生了一系列个人视频平台，传播医疗卫生知识，满足大众健康需求。医学专业的创新创业教育可以聚焦于让学生将所学医学知识和新媒体传播结合起来，使自己所学的知识能够惠及更多的人，同时也为自己的职业之路开辟"第二通道"。总而言之，好的创新创业教育能为学生的就业、未来职业的长远发展开辟一条现实可行的路径，事实上每个专业都有创新创业教育的机会，高职院校应切实行动起来，做好各专业的创新创业教育工作。

坚持以人为本，构建高职院校就业指导
与服务体系

　　以人为本是一种根本的智慧，它代表着最为科学的发展观。那么，在高职院校中应用"以人为本"的教育理念来推动学生个体的科学、全面、可持续的发展就十分重要，不仅是我国经济社会发展提出的客观要求，也是个人全面、协调、可持续发展的要求。这就需要高职院校积极强化教育功能，着力构建好"以人为本"的服务教育体系。

一、高职院校个性化就业指导与服务体系的内涵及构建路径

　　随着《国家职业教育改革实施方案》的实施，高等职业教育发展迎来了历史性机遇。以就业为导向是职业教育相较于普通教育的最显著特点，同时，毕业生的就业质量也是衡量高职院校办学质量的重要指标之一。因此，高职院校学生职业生涯规划和就业指导工作渐渐得到重视。个性化就业指导坚持以人为本的价值观，立足于学生个体，强调关注"人人"，为每一个学生提供适宜的就业指导服务，让学生能够更好地实现自身的职业目标，同时开展个性化就业

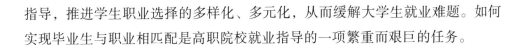

指导，推进学生职业选择的多样化、多元化，从而缓解大学生就业难题。如何实现毕业生与职业相匹配是高职院校就业指导的一项繁重而艰巨的任务。

1. 个性化就业指导内涵诠释

个性化就业指导指的是高职院校在开展就业与服务的工作中，由就业指导教师根据学生各自特质并结合社会职业需要，在尊重学生个性化发展的前提下，以个体学生或特质相同的学生为辅导对象，以提升学生规划职业发展、职业意识、职业决策、实现充分优质就业为目标，有计划、有组织地开展的一系列就业指导服务的就业教育实践活动。其具有以下内涵：

（1）坚持以人为本的原则

坚持以人为本，是高职院校个性化就业指导的基本原则。指导过程必须尊重学生的主体地位，理解学生个体的生理、心理的差异性，满足学生多样化需求。因人生理想、家庭背景、兴趣爱好和价值观等不同，每个高职院校大学生对自己未来的职业、发展方向的选择也不同。这就要求就业指导教师在工作中，以学生需求为导向，培养学生的自我分析和自主适应性评价能力。

（2）贯穿大学学习生活全过程

高职院校个性化就业指导是长期性工作，非一蹴而就，也不是在大学毕业前一年的临时指导，应融入整个大学学习生活，在不同阶段有针对性地逐步开展，将指导融入专业课程设置和实习实践中，始终贯穿于知识、能力、素质培养全过程。

（3）覆盖全体学生

高职院校个性化就业指导应根据学生的个性化特征进行分类，有针对性地进行分类指导。此做法是为了更好地指导学生获取更适合自己的就业机会，不是针对特殊群体或少部分学生的指导，是覆盖全体学生的指导。

2. 高职院校就业指导个性化缺失的表现

（1）就业指导形式传统守旧，指导成效不高

传统的就业指导形式难以达到理想的效果。现阶段，各高职院校开展的就业指导形式基本上为课堂讲授、讲座、招聘会、模拟面试、求职材料设计竞

赛、谈话指导、微信公众号发布求职技巧文章等，这些就业指导形式传统守旧，大部分就业指导中将教师作为主体，常常以讲座的形式将就业的知识和技巧灌输给学生，对学生个体的实际需求了解不充分，学生的实际存在的就业问题解决得并不理想。这些方式方法不仅占用了相关工作人员较多的时间和精力，而且就业指导的效果也不是很好。此外，就业指导的内容也较为陈旧，信息量非常有限，毕业生难以准确把握职场的实际状况以及行业发展对于毕业生的要求。作为伴随网络成长的当代大学生，更喜欢和易于接受方便快捷的网络就业指导形式。随着大数据时代的发展，网络不仅在学生的生活中占据主体地位，在毕业生的就业指导中也开始慢慢地占据主体地位。尤其是手机网络的盛行，传统的高校就业指导形式的主体地位受到威胁和挑战。

（2）就业信息平台缺乏深度应用，利用率低下

随着网络信息技术的发展，各高校的管理和教学手段都在不同程度地运用信息平台，信息技术手段极大地提高了相关职能部门的工作效率。但是，高职院校对于信息平台的建设以及信息资源的利用还需要加强，高科技手段在毕业生就业指导方面还未能很好地发挥作用，就业指导信息平台的功能还没有很好地挖掘和发挥。对于教师而言，在毕业生应聘之前，教师指导学生进行职业生涯规划和求职准备工作，必须紧密结合就业信息平台提供的最新就业形势以及行业对人才的需求等信息，为学生提供最有效的指导和帮助；对于学生而言，不仅仅是在求职报名时使用就业信息平台，而是平时也密切关注就业信息平台，从中寻找与自身就业意向相一致以及相近的信息资料，为自己的就业提供帮助。就业信息平台作为就业指导的重要载体，如果不能很好地加以利用，就无法保证就业指导的成效性，就业工作就很难取得良好的效果。因此，在就业信息平台功能开发与运用上，要注重信息资料的实用性与丰富性，加大与学生沟通和互动功能的开发力度。

（3）就业指导通常针对全校毕业生，缺乏个性化指导

时代的发展造就了个性愈发多样化的大学生群体，高职院校迫切地需要针对不同特征的学生开展更具个性化的就业指导。当前绝大多数高校的就业信息平台展示的信息大多面向所有浏览者，并未根据浏览者的个体特质提供相关内容，个性化就业指导的功能缺失。学生在使用就业信息平台时，无法精准地找

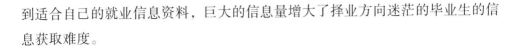

到适合自己的就业信息资料，巨大的信息量增大了择业方向迷茫的毕业生的信息获取难度。

3.新媒体时代高职院校个性化就业与服务体系的构建路径

（1）基于个性心理分析开展职业生涯指导

个性化就业指导，指教育工作者在指导学生职业生涯规划的过程中，要充分而深入了解学生的个性化实质需求，立足于学生的兴趣点，帮助学生充分发挥其个性化潜能，尊重学生的个性化发展意见，根据学生的个性特质、人格特征、兴趣爱好等因材施教，科学而全面地帮助学生制定最合适的发展路线以谋求职业生涯的最佳发展。简而言之，个性化就业指导就是为了帮助学生自我价值最大化地发挥与实现。个性化就业指导服务体系则是在实践的基础上建立起来的具有全程性、全面性、科学性的完整的服务体系。它以科学的指导思想为基础，在深度辅导模式的背景下，最大限度地利用新媒体多元化、多样化、广泛化、迅捷化等特点，通过各种各样的信息交流平台，根据不同学生的人格特征、个性特质等采取不同的就业指导方法，避免出现指导内容形式化、指导结果表面化等问题。目前，在个性化就业指导中可以使用的测验主要有职业兴趣测验、一般能力倾向成套测验、智力测验和MBTI人格理论测试。

①职业兴趣测验。

职业兴趣测验是心理测试的一种，是美国著名的职业指导专家约翰·霍兰德于1959年提出的具有广泛社会影响的职业兴趣理论。他认为人的人格类型、兴趣与职业密切相关，兴趣是人们活动的巨大动力。人们通常依据自己的职业兴趣选择职业，而且会在自己喜欢的职业里把工作做得更好。当前职业兴趣测验有斯特朗职业兴趣量表和库德职业偏好记录表。根据兴趣测验列出的兴趣选择项，受试者对每项测验进行"是"或"否"的选择，或排列出序列。测试者根据测验结果对受试者是否适合某一职业或某一种工作做出判断。就业指导教师有必要帮助大学生了解自己的职业兴趣，从而在职业选择上做出正确判断。

②一般能力倾向成套测验。

一般能力倾向成套测验是美国劳工部编制，它分析归纳确定了9种与职业关系密切并有代表性的能力因素，主要用于人才选拔与安置。因为每个人都有自己的能力优势倾向。用人单位也会根据行业特点，对求职者的能力倾向有一定要求。因此，在学校的就业指导过程中，如果能帮助学生依据自己的能力特点来选择合适的职业，有助于其在该行业取得更大的成就。

③智力测验。

智力测验就是对智力的科学测试，主要测验一个人的思维能力、学习能力和适应环境的能力。智力水平对不同的职业和专业有不同的适应性，现实生活得出的结论是，智商比较高的人，学习能力比较强，反之较弱。因此，高校在指导学生就业时要充分把握学生的智力水平情况，在此基础上开展针对性的指导工作。目前，我国学校职业指导中常用的智力测验量表有瑞文标准渐进测验、韦克斯勒成人智力量表等。

④MBTI人格理论测试。

目前国际心理学界及大型企事业单位最常用的关于人职匹配度测评的工具是MBTI（Myers-Briggs Type Indicator）个性测试模型，该测试是建立在瑞士心理学家卡尔·荣格提出的心理类型学说（与生俱来并相对固定的性格差异理论）基础之上的，是由美国的心理学家凯瑟琳·布里格斯（Katherine Cook Briggs）和她同为心理学家的女儿伊莎贝拉·迈尔斯（Isabel Briggs-Myers）综合分析研究形成的，由此得以命名为MBTI人格理论测试，该测试主要应用于职业规划、团队建设、人际交往和教育等方面。

MBTI人格理论测试兴起于20世纪40年代的欧美发达国家，是基于不同人的个性特征归纳提炼出能量来源（内向-I，外向-E）、信息收集（感觉-S，直觉-N）、决策偏好（思考-T，情感-F）、生活态度（感知-P，判断-J）这四种特征（其中能量来源是了解人与世界怎样进行相互作用，信息收集是人自然留意的信息的类型，决策偏好是人做决策的倾向性，生活态度是做事的方式），然后再通过分析判断把各类不同个性的人用4个连续的字母表示出来，即将被试人群通过测试组合成ISTJ，ISFJ，INFJ，INTJ，ISTP，ISFP，INFP，INTP，ESTP，ESFP，ENFP，ENTP，ESTJ，ESFJ，ENFJ，ENTJ等16类，每一类都有其不同的个性特点，适用于不同的职业要求。如ENFJ类的人有领导风格，爱交际，有同情心，能带领团队发挥潜能，适合于教师、人力资源等工作。MBTI人格理论测试应用于高职学生就业教育的意义在于解释人与人之间的差异现象、预测人的判断决策倾向对未来工作带来的影响以及通过理性的干预，为不同人才匹配不同岗位。如*S*J类型的学生更适合从事服务类工作，INT*类型的学生更适合创新类工作（*表示在该维度两端的任何一端均可）。该理论测试是迄今为止国际上应用十分广泛的一种职业人格理论测试体系，在企业人才性格评估方面的应用已经发展成熟。MBTI人格理论测试由于其本身具有科学性、逻辑性和实验性，有大量常模样本和深厚的理论基础，将其引入高职就业教育是具有积极意义的，不仅有利于提高课堂趣味性和互动性，提升高职学生的参与度，而且丰富和创新了就业教育教学的方式方法。

（2）构建个性化就业指导队伍

首先，要外部引进与内部培养相结合，加强个性化就业指导团队建设。包括在引进就业指导人员上既要注重对重点学科人才的引进，同时注意学科交叉与交流人才的引进，使队伍向多元化方向发展；继续深化与其他院校的合作，争取建立长期稳定的团队培养渠道，实现团队培养的持续性，提高教师的水平和社会服务能力，建立常态化的教师培训制度。其次，强化科研和社会服务，提高就业指导课教师的业务水平。依据教师研究方向和职业能力优势，积极鼓励教师参加高水平学术交流活动，选派教师进修、企事业单位挂职锻炼，提升为社会服务的能力。再次，加强专业发展指导团队建设，创建良好的外部工作环境。加强与人力资源和社会保障等部门的联系，组建政府部门领导团队，参与就业指导。最后，要健全就业指导教师团队运行机制和激励机制，保障就业指导教师团队的稳健成长，建立透明完善的奖惩制度，创造良好的人文环境，保障就业指导课程教师能够顺心创新。

（3）提供特殊群体个性化就业指导服务

高职院校普遍存在经济贫困、学业困难、心理障碍、单亲家庭、患病残疾等特殊群体，这部分群体除了面临一般大学生必须面临的学习和就业的压力之外，因为特殊原因，还面临更多的困难。做好学生的教育管理工作，帮助他们顺利完成学业并健康快乐地度过大学生活，对高校的安全稳定具有重要意义。如果对这部分群体关注不够，处理不当，将会引发这部分群体的心理异常，从而流落社会成为危险"病原体"。

特殊群体的就业指导要坚持问题针对性，分别针对不同特殊群体的群体特征和问题来源开展有效的就业前准备工作。通常情况下，特殊群体的大学生普遍比较自卑，自卑是阻碍其潜能发挥的关键心理问题，虽然自卑的行为表现形式不同，但是他们内心多少都有自卑的影子。对这部分群体的大学生开展就业指导工作，首先，个性化就业指导服务要帮助其树立正确的世界观，端正其自我认知态度；其次，在开展就业指导过程中，指导教师借助学校心理健康讲座平台、社团活动平台、特殊群体素质拓展训练平台及就业现场模拟平台等，调动特殊群体大学生参与群体活动的积极性，鼓励他们在众人面前勇敢地表达和表现自己，提高其自信心，克服阻碍他们成长的心理障碍。

（4）建立完善个性化就业实践体验平台

①创设大学生个性化就业自助组织。

就业指导部门指导大学生成立一定的就业自助组织，定期开展就业专题讨论，针对就业过程中遇到的典型问题相互交流心得。成立自荐材料制作小组，小组成员都作为自荐材料的制作人，同时又扮演用人单位的人力资源部门工作人员，转变角色相互审视大学生自荐材料，发现材料中存在的问题；成立面试模拟考官小组，小组学生既充当面试考官角色，又是面试对象。通过小组模拟面试，相互评议模拟面试表现，并且相互取长补短，共同提高求职能力和技巧，让毕业生在用人单位真正面试之前，就能发现自身可能在面试中出现的问题，及时做好修正，从而降低面试失利的概率。通过自助小组，成员还可以就某些职业技能考试进行经验交流，共同提高考试通过率，提升就业竞争力。

②开展个性化技能培训。

部分企业认为，一部分大学生理论知识丰富，但是技能水平较低，企业要花费大量的时间对他们进行二度教育；而另一部分大学生技能水平基本上达到初级工人的要求，但是理论知识不牢，可以发展的空间不大，企业同样要花费一定的时间对他们进行补习。高校个性化就业指导，不是脱离理论单纯强调特定技术或操作程序的熟悉和演练，更不是仅仅局限于系统的理论讲解。它是着重于发挥学习者主观能动性的教育过程。高职院校个性化就业指导不仅依托各种现有实践和实训课程，同时要广泛开展诸如社会实践、模拟面试、生产实习、社会调查、人才市场和社会公益劳动等实践活动；另外，高校可以根据大学生不同的技能缺陷组建各种就业技能训练服务中心，开设提升大学生综合素质的能力培训机构，如就业技能培训、书法培训、演讲技能培训、公文写作培训等，全面提高大学生综合能力。

（5）创建个性化就业信息共享资源平台

鉴于现代教育技术资源的广泛应用，高校有必要将传统的和现代的就业指导资源库结合起来。首先，通过传统信息阅览室的就业指导期刊及与专业相关的就业信息期刊，向大学毕业生传递行业最新动态和专业发展要求，告诫大学生提早做好相关准备。学校是个性化就业指导服务体系的宏观把控者，应紧跟社会发展潮流，立足于新媒体的发展，积极建设多样化、透明化、便捷化的信息传播与交流平台，可以通过微博客户端、微信公众号等新媒体下的交流平台，分享关于就业指导服务的最新资讯。同时也可以将个性化就业指导服务从现实中模拟至网络中，打破旧模式中需要面对面交流的空间限制，更大程度地帮助更多的受教育者开展个性化的就业指导服务，从而多角度、多维度的构建个性化就业指导服务体系。最后，高校个性化就业资源平台内设有专门的毕业生基本信息库，主要包括毕业生专业、学业水平、在校期间获得奖励情况、就业意向等基本信息。当发现用人单位的招聘条件与本校毕业生的条件相匹配，可以以短信、邮件等方式通知符合条件的学生。

二、人本化的高职院校学生就业指导与服务体系的构建

对高校的就业与服务工作而言，要把以人为本作为思考与行动的出发点和落脚点，就是要以服务对象为核心，要尊重服务对象。近年来，高校毕业生的就业与服务作为提升学生就业竞争力的重要手段，被提到了前所未有的高度，就业与服务体系在各高校都普遍建立且逐步完善，其中高职、高专也不例外。但在实际工作中，一些问题一直在困扰着高职、高专就业工作者，如就业与服务效果未能达到预期目标，学生满意度低等。为了探索就业与服务效益的更大化，更好地提升学生的就业竞争力，有必要将以人为本作为思考与行动的出发点和落脚点，对高职、高专就业与服务体系的要素——服务对象、服务队伍以及服务的内容重新进行审视。

1. 就业指导与服务对象的人本化定位

长期以来，人们都认为高职、高专是高等教育的"次等教育"，认为高职、高专学生与普通高校学生相比较，智力水平较低，文化基础较差，缺乏学习主动性，学习习惯不好等。在就业市场上，他们往往处于竞争劣势，甚至只能做本科生不愿做的低档工作。在这种观念影响下，人们往往不看好高职、高专，对整个群体的学识和能力都持有怀疑态度，对他们的状况持同情的目光。关于智能类似的研究，20世纪美国心理学家加德纳提出了人类的多元智能理论，中国教育部职业技术教育中心研究所研究员姜大源先生在加德纳研究的基础上提出了"基于多元智能的人才观"，认为高职、高专与普通高校的区别就是"基于类型的层次观"与"不是智力水平的高低差距，而是智力类型的不同"。鉴于此，广西师范大学教授廖昌荫先生做了进一步的研究，认为"采取普通院校对学生的考核标准来对职业院校学生进行评价确实不是科学的，也是不切合高等职业教育现实的"，并从人力资源的角度提出，不管哪种类型的学生，只要通过大学阶段的学习，具备了企业相应职务所需的胜任能力，符合其胜任力模型的要求，就可以说具备较强的就业竞争力。

从培养目标来看，高职、高专以培养"面向生产建设、管理服务一线的高技能人才"为目标，本科院校的培养目标则倾向于培养理论型人才。培养目标有差异，导致就业方向不同，社会对高职、高专学生的职业要求，更多地倾向于技能型、实践操作型的应用型人才。因此，从就业的角度来看，高职、高专的学生与其他普通高校的学生相比较，不是就业层次的差别，只是就业类型的不同。在以上研究成果的基础上来审视高职、高专就业指导与服务的对象，不难看出，高职高专学生和普通的高校学生都具备当代青年学生的人生观、价值观、道德观，他们只是培养方式、培养目标不同，而非层次的差异。因此，高职、高专学生与普通高校的学生相比较，他们不是高等教育的不同层次的学生，更不是高等教育的低端人才，而是高等教育中并列的不同类型的人才，同样具有就业竞争力。这给高职、高专的就业指导与服务从认识上开辟了新的视角。基于此，在就业指导与服务中要对高职、高专学生进行重新定位，调整人才观和教育观，从"人才类型观"角度出发来开展就业指导与服务，将对高职、高专就业指导与服务效能更大化的起到举足轻重的作用。

2. 就业指导与服务队伍的本土组合

目前，高职就业指导与服务队伍大多数由职业意识和敬业精神较强的人员组成。但遗憾的是普遍存在着认知上的偏差、组成上的缺位等问题。大部分都以单纯的"人才层次观"来定位高职、高专学生，认为高职、高专学生与普通高校学生相比，素质低下、学习能力差、就业竞争力差等，处于高等教育的低端。基于这样的出发点，在实施就业指导与服务过程中，轻视、同情、责怪、贬低的态度会不知不觉地流露，服务的内容、手段也会出现错误。就业指导与服务效果不佳也就成为必然。这是就业指导与服务的方向性问题。因此，作为就业指导与服务人员首先要以科学的教育理念武装自己头脑，学习领悟多元智能理论、基于多元智能的人才观等先进理论，以"人才类型观"为指导，从思想认识上对高职、高专学生进行正确定位与认知。

（1）从就业指导与服务人员组成来看

目前，高职院校学生就业指导与服务队伍主要以校内教职工为主，一般是学校学工干部、辅导员，包含各院系分管学生工作的副书记、学工处的工作人员等。从人员资源渠道看，范围偏窄。这些人员基本身兼数职，在做学生工作的同时兼做毕业生就业的指导工作，工作的繁杂导致他们腾不出太多精力放在就业指导与服务上。基本上只能停留在一些事务性工作上。同时，大多数服务人员没有经过专业训练，专业化水平缺乏一定的高度。

（2）从供需角度来看

学校是培养人才的，企业是用人的，学校的教育离不开用人单位的需求导向。高职、高专院校办学的成功与否，社会与企业是最好的检验平台。在就业市场上，用人单位是"买方"，高校毕业生是"卖方"，买方对卖方的产品质量评价是最权威的。几年来，教育部明确提出"产学研"结合是高职、高专提高办学质量的必由之路。同样，在作为学校教育教学服务环节中的终端——就业与服务当中更应该充分体现"产学研"的结合。目前，高职、高专就业指导与服务队伍中，除了每年聘请用人单位的嘉宾安排几场讲座外，各行政机关、企事业单位等用人单位参与就业指导服务并发挥一定程度的作用几乎处于空白。因此，就业指导与服务队伍的重组极为重要。针对现有情况，就业指导与服务队伍的组建应该由学工干部、学科专家和实务专家构成。要组成这样结构的队伍，可以从以下三个方面尝试。

①强化现有就业指导人员的专业培训学习。

首先，是对就业指导与服务工作人员进行细致的分项培训，每个人根据自己的优势确定主攻方向，学校根据各自的情况进行有针对性的培训，让每一位工作人员在具体的服务项目上都成为专家型教师。其次，是要充分利用产业、企业具有而高校所不具备的重要教育资源，如企业人力资源信息、企业文化理念、工作岗位技能等，一方面，强化就业指导与服务人员和企业的联系，分派教师到不同的企事业单位锻炼、学习，真正深入到岗位一线，感受企业文化、管理要求等；另一方面，高校就业指导与服务人员不能脱离社会职场独立存在，要具备紧扣经济发展的市场意识。积极参与社会普通劳动力的职业指导，经常深入到各类人才市场进行考察研究等。这样才能保证对职场、职业和人才需要的了解及分析预测的准确性，确保就业指导与服务教师真正做到专业化、职业化、专家化。

②吸收高校内部学科专家、业务专家。

将社会学、心理学、教育学、管理学、人力资源开发与管理等多个学科的专业人员，及时充实到就业指导与服务队伍中来。就业指导与服务的内容涵盖的范围极其广泛，所涉及学科有社会学、心理学、教育学、管理学以及人力资源开发与管理、法律等多个学科，除了对学生进行政策程序、择业技巧等面上的指导外，还要提供针对性较强的个性化服务，进行个性分析、心理预测、职业生涯设计等方面内容的个性化辅导。学科专家的参与将提高就业指导与服务的专业水平，提升效能。

③邀请校外单位人员为实务专家。

校外服务人员在学校就业指导与服务工作中讲授最新的企业相关文化、产品生产、销售管理等方面的知识，这将缩短学生适应社会、适应企业的过程，是提高学生就业竞争力的一个有效渠道。具体办法是，向社会招聘优秀的职业指导师和人力资源管理专家等作为学校就业指导与服务队伍的辅助人员，加强校企互动交流，与用人单位建立长期合作机制，将有丰富招聘经验的企事业单位人力资源主管、社会与保障部门的专业人员等纳入就业指导与服务队伍当中，充分发挥用人单位的重要作用。

3.基于人本化的就业指导与服务内容的选择

就业指导与服务体系的核心是提升学生的就业竞争力。提高毕业生的就业竞争力和就业后的可持续性发展能力，从而达到及时就业、充分就业、高质量就业，是就业指导与服务的终极目标。从某种意义上来说，就业指导与服务就是提高学生对自我、社会和职业的正确认知，对学生进行系统的应聘技能培训。就业指导与服务综合性强，涵盖面广，其内容的丰富和方法的多样性已经为人们所认同。纵观已有的研究，基本是对高等教育的就业指导与服务内容进行了统一的论述，未就不同类型的高等教育加以区分，针对性不够强。从层次角度来看，高职、高专学历低于本科学历，就类型来说，高职、高专学生是个独特的群体。要达到高职、高专就业与服务效能更大化的目标，必须根据姜大源先生"基于多元智能的人才观"理论，跳出"基于层次的类型观"，树立"基于类型的层次观"，站在高职、高专的培养目标、就业市场需求的独特性角度，重新审视高职、高专学生的就业指导与服务的内容。

廖昌荫先生对高职、高专教育内容进行了深入研究，认为"选择和确定高职、高专教育的内容，实际上就是根据企业对相应职位胜任力模型的要求来选择和确定具体的教育内容"，同样，高职、高专就业指导与服务内容应该在原有高校就业指导与服务内容的基础上，侧重于企业职位胜任力模型要求进行选择。这需要高职、高专就业指导与服务队伍以产学研为基本点，研究和归纳典型企业胜任模型的要求，并将其纳入就业指导与服务内容，拓展就业指导与服务内容，使之更具有针对性。

从服务内容中心来看存在移位问题。高职、高专就业指导与服务大多侧重于应聘技巧、政策引导等面上的训练，对如何进行正确、明智的职业决策、职业选择等方面问题引导不够。对职业的选择好高骛远，从而导致就业的类型、方向错误，纵有再高明的应聘技巧还是会吃"就业闭门羹"。因此，就业指导与服务内容的中心应放在引导、帮助学生进行就业目标的正确定位和进行明智的职业选择，从而做出正确的职业决策。另外，也要清醒地意识到，在高等教育中，高职、高专学生是个特殊的群体，由于社会环境的影响，他们的自身价值没有得到正确定位、自信心相对不足。这导致学生在就业机会前未能正常表现自我，从而失去就业良机，进而加重学生对自我、社会的错误判断，给未来的职业发展带来恶性循环。这是严重阻碍学生获取职场胜利的绊脚石。实际上，这一点在高职、高专学生的就业指导与服务中尚未引起足够的重视。自信是成功的第一步，拥有自信才能准确把握自我，充分发挥自己的才能，抓住机遇，获取成功。因此，强化学生自信心的培养应该作为就业指导与服务当中一项极其重要的内容，针对学生的特点，采取多种方式对学生进行自信心的培养，通过心理辅导、榜样引导、参与实践活动等各种方法帮助学生正确的自我定位，消除不利影响，树立信心。

03

第三章

新时代高职院校困难群体就业指导与服务体系的构建

近年来，随着我国高等教育的普及，国内各大院校的招生规模逐渐扩大，高校的毕业率也在大幅提升。招生规模扩大与毕业生数量的增加使得高等职业院校毕业生的就业压力越来越大。另外，受到新冠肺炎疫情及经济下行压力的双重影响，就业形势依然严峻，部分毕业生由于主客观原因，在求职就业过程中处于劣势，成为就业困难群体。相较普通大学而言，高等职业学校的学生将要面临的就业压力则更严重。因此，高职院校应该在就业指导方面给予就业困难学生一定的帮助，结合引发就业困难的具体因素和学生自身的实际情况，开发出一套适合其就业的指导策略。

高职院校就业困难群体的概述

一、高职毕业生困难群体的内涵与分类

1.高职毕业生就业困难群体内涵

随着高校大力地扩招，每年毕业的大学生数量在逐年增加，而毕业生中出现就业困难的人数也以同样的速度递增，并迅速形成群体，这部分人就构成了"高校毕业生就业困难群体"。

一般来说，就业困难群体是指在就业过程中虽然自身具有一定的就业能力和求职意愿，但由于心理因素较差、经济条件不足以及社会地位等原因处于弱势地位的群体。对于高职院校就业困难群体的界定，目前学界没有形成统一的定义，但综合来看，主要是指同期毕业生中求职坎坷、屡遭失败的部分人群。通常，这类毕业生具有专业技能低下、个人交际能力不足、心理素质较差、家庭经济困难、身体有缺陷等特征。因此，高职院校就业困难群体特指学历层次为大专，在初次就业时，由于自身竞争力不足，难以寻得好工作，在二次就业中仍不敌新晋毕业生，疲于奔波又难以就业的毕业生。而针对这一特殊群体的形成原因以及找到相应的解决办法，就必须对其进行研究，分析它的特征，并进行分类。

2.高校毕业生就业困难群体的分类

（1）经济困难型

虽然国家设立了2000—4000元/人的国家助学金和5000元/人的励志奖学金，但这些钱对于高校中存在着大约25%的贫困生来说，只能帮他们解决学费和部分的生活费问题。如果是农林类高校，则贫困生的比例可能更大。此类型的学生群体主要来自农村贫困家庭，也有少部分来自城市低收入家庭，他们从小缺乏受教育和锻炼的机会，在综合素质方面存在局限性，由于长期承受着经济困难的压力，心理压力大于其他同学，导致在学校期间无法很好地发挥自己的才能，自身的就业竞争力明显不高。近几年来，就业成本不断增高，求职过程中开销较大，例如交通、食宿、面试着装的准备方面对他们来说都会增加经济压力，有些毕业生综合权衡后不得不放弃一些就业机会。此外，有些经济困难家庭往往对孩子就业期望较高，希望他们能够找到好工作来改变家庭的命运，致使这类学生在求职过程中考虑的因素较多，优柔寡断而错失很多就业机会，最后影响其顺利就业。

（2）心理困难型

部分高职院校学生从入校就缺乏自信心，产生低人一等的心理，认为自己毕业后求职不可能找到理想的工作，严峻的就业形势下自己肯定没有竞争力，求职面试中不能很好地展示自己的优势，一旦遇到求职失败，会深受打击，产生极度自卑心理，以致不敢面对求职，错失就业机会。还有一小部分学生有心理或性格方面的缺陷，他们往往有心理障碍、思想偏激、易暴易怒，不能正常与人沟通，这类毕业生在就业过程中问题更为突出，如果没有很好的前期辅导，这类学生在求职就业过程中会困难重重。

（3）身体困难型

因身体患有疾病或者有先天缺陷成为就业困难群体。这部分学生既要承受疾病或身体残疾带来的痛苦，遭受周围人异样的眼光，产生自卑、焦虑等心理

问题，还要遭遇择业过程中用人单位对此类大学生的偏见和歧视，有些用人单位往往考虑到自身的利益，将这类大学生排除门外。

（4）认知偏差型

有部分毕业生对公司有没有上市、名气是不是很大、工作岗位是不是比较轻松、工作环境（主要是办公室环境和宿舍）是不是比较好、工资是不是很高、工作地点是否在北上广深等大城市等方面十分挑剔。这些严重偏差的就业观念，使他们一方面不能客观认识自我（眼高手低型），另一方面始终对现状不满。因此这类毕业生可能会频繁地跳槽，也可能总是在漫无目的地找工作。

（5）学业困难型

此类型的学生群体学习能力差、学习态度不好，一般在校期间沉迷网络游戏、吃喝玩乐等出现挂科、补考，未按时获得专业技能资格证书和英语、计算机等级证书，不能按时获得毕业证。通过调查发现用人单位在招聘条件中都有学历要求，通常是本科及以上，因此这些学生在求职应聘时，在很大程度上会因条件达不到基本学历要求，又缺乏其他能够打动用人单位的优点或特质而被拒之门外。

（6）能力困难型

高职院校毕业生在综合能力方面与本科生相比较有一定差距，他们虽然也经过了系统的专科阶段教育，具有一定的专业技能水平，但是他们的专业实践能力、就业能力与沟通能力不高，在竞争激烈的就业市场中处于弱势。而用人单位对大学生的要求一般是立刻上岗，这就对大学生的综合素质要求较高。此类型的学生在校期间虽然能够达到毕业要求，但自我约束能力差，自我要求低而导致了就业能力差，在求职面试过程中就业准备不足，简历制作能力差，面试中缺乏语言表达能力、沟通能力，不能很好地展示自我，导致求职失败。

（7）专业冷门型

当前，高校存在着对高职生的专业设置过细过窄，人才培养模式远远滞后于社会相应产业的发展需求等现象，出现了公司招不到人，学生找不到工作的尴尬局面。比如早几年，有的专业如国际贸易、工商管理、法律、会计、中文、计算机技术等专业就业比较好，很多高校大力扩招这些专业的学生，只有考分比较高的考生也进入这些专业，导致需求远远小于人才供给，很多当初信心百倍的毕业生最终被"剩"下来。另外，有的专业如农学、食品工程、植物保护、林学等，是传统的冷僻专业，这些学生本身在学习的时候已没有信心，就业时又要承担比较大的就业压力，根本不知道该如何选择自己的就业之路。

（8）女生就业困难型

虽然就业管理部门要求用人单位招聘时不能有性别歧视，但目前很多用人单位把"只限男生""男生优先"作为招聘条件之一，特别是二孩政策放开后，女大学生在求职中因性别被拒门外的现象屡见不鲜。除了师范类、音乐类、影视类、舞蹈类的女毕业生可能没有受到过多的社会排斥，其他专业的高校女学生就业压力非常大。招聘单位认为女生在工作思维、工作能力等方面和男生相比存在着一定差距，工作几年后又面临着结婚、生小孩、带孩子等问题，无形中使企业的成本增加了，因此，在可以选择的条件下，单位不愿意招聘女生，这就导致女大学生就业处于比较尴尬的局面。

二、高职院校就业困难群体的特点与现象之源

1. 高职院校就业困难群体的特点

（1）盲目求职

对就业前景所抱的心态和就业形势的认识，根据调查结果，结合访谈对象综合分析，在就业困难毕业生中大部分人对就业都能正确地面对，认为通过自己的努力可以正常就业。但是，仍有部分人在面对就业时感觉到无所适从，更有甚者不愿意去了解所处就业形势，对就业工作表现得比较盲目。这与当前高职院校毕业生普遍存在的心态一致，00后作为就业主力军，在就业选择时往往缺乏全面思考和针对性。盲目化就业观念集中表现在就业时随便、跟风、随意就业，虚荣攀比就业，"等靠要"就业，就业盲目化已经成为影响就业工作的主要因素。

（2）就业太过于理想化

对就业意向区域、单位性质及薪酬的要求，就业理想化突出表现在过于看重就业所在地区，对就业单位的过高选择，对就业起始薪酬预期偏高。在就业

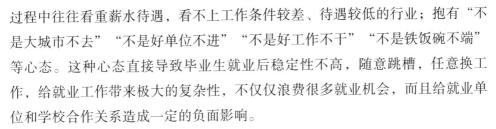

过程中往往看重薪水待遇，看不上工作条件较差、待遇较低的行业；抱有"不是大城市不去""不是好单位不进""不是好工作不干""不是铁饭碗不端"等心态。这种心态直接导致毕业生就业后稳定性不高，随意跳槽，任意换工作，给就业工作带来极大的复杂性，不仅仅浪费很多就业机会，而且给就业单位和学校合作关系造成一定的负面影响。

（3）就业意向被动

就业盲目化和要求理想化的直接后果就是影响毕业生就业积极性，导致很多毕业生在面对就业时不积极、不主动，仅凭自我评价来考虑就业单位的好坏，过分夸大自我能力而轻易否定就业单位。在问卷调查中，有49%的人对自身求职过程评价为一般，集中体现了就业很被动的具体情况。

2.高职院校就业困难群体的现象之源

目前，相关文献资料一般将就业困难群体定义为由于个人主观因素、心理素质、社会关系、生活经历、身体条件、所学专业等原因在就业过程中处于不利地位而不能被用人单位接纳认可的群体。据可收集到的资料显示，就业出现困难的大学生最终成为就业困难群体中一员的原因各不相同，但归结起来大致有以下几点：

（1）内在因素

内在因素指的是毕业生就业过程中由于自身因素导致不能就业。

①毕业生自身素质有待提高。近年来，许多大学生在就业过程中陷入了"有业难就"的怪圈。这说明大学生综合素质状况与社会需求之间存在着矛盾和一定的差距。这种差距除了表现为大学生自身专业素质不过硬之外，还体现在许多大学生的敬业意识、实践能力、心理素质、人格品质等许多非专业素质状况与用人单位的择才理念相差甚远，出现就业困难的结构性问题。有些毕业生存在强烈的自卑心理，对自身素质和就业竞争能力评价过低，参加应聘时没有自信心，不懂得主动向用人单位推销自己，因而造成求职的失败。更为可惜的是，有毕业生因缺乏吃苦耐劳的精神而被单位淘汰。

②毕业生未树立正确的就业观念。许多高职学生并不知道自己未来想要做什么，或者能做什么，毕业即失业，不利于高职学生良好发展。由于缺乏职

业生涯规划意识，导致学生从不关心职业生涯规划的内涵，不听家长与教师教导，整天在学校无所事事，而且对学校所开展的就业活动以及相关讲座、咨询，都缺乏足够的兴趣与热情。部分学生抱着极大的自信，认为自己毕业一定能够找到体面的工作，同时还有部分学生好高骛远，没有对自己进行正确的定位，总幻想着不劳而获，从而使得目标与现实背道而驰，进而出现就业困难情况。

③毕业生选择"有业不就"。我国经济经过几十年的快速发展，国力不断增强。现阶段高职大学生绝大多数都是00后，他们的家庭条件相比过去有了很大的改善，备受家庭的溺爱和社会的宠爱。甚至有些高职学生每个月从父母手中得到的生活费比打工得到的工资还要多，养成了好吃懒做、坐享其成的坏习惯。部分富裕家庭的父母不希望自己的子女到生产一线、社会基层接受锻炼。即便是困难家庭的子女，在从小学到大学的求学过程中，他们的体力劳动越来越少，特别是进入大学以后远离家乡，导致他们的吃苦耐劳精神和忧患意识不断被消磨。有些困难家庭的父母也会尽全力给子女提供最好的条件，缩小与其他学生之间的物质差距，使得他们缺乏独立自主和开拓进取的精神。

（2）外在因素

外在因素指的是因为毕业生自身原因以外的因素，主要是和毕业生就业密切相关的学校和社会因素造成的就业困难。

①学校因素。

第一，高职院校人才培养供给质量与市场需求不匹配。目前，一些高职院校为了追求多而全的专业门类，不考虑师资力量的配置和专业设置的市场需求及行业变化。有些专业设置缺少科学性、系统性，专业方向雷同，学生所学知识不符合市场需求，使这些专业毕业的学生就业竞争力无法体现，集体性成为就业困难特殊群体。近些年，我国社会经济的转型与就业结构变化之间的供求矛盾产生的结构性就业困难体现得较为明显，主要是毕业生人数众多，地区间经济发展不平衡，加之产业结构转型下资本对劳动的排斥不可避免。

第二，职业指导体系有待完善。一是课程开设不够合理。尽管高职院校都开设了职业生涯规划、就业指导等相关课程，但没有结合专业实际，课程形式大于内容，部分院校停留在讲座、大班授课状态，实践部分相对不足，长期积累造成学生对本课程不够重视。二是师资严重不足。据不完全统计，85%以上高职院校缺少专业的职业指导教师，多数课程由毕业班辅导员临时性完成，缺少系统培训，专业师资力量得不到保证。三是缺少个性化指导。部分学生出现困惑或心理问题时，极少主动咨询，加之专业指导教师较少，使得个别毕业生缺少有针对性的职业指导和心理辅导方面的服务。

②社会因素。

我国"学而优则仕"的传统观念至今还对大学生有一定影响，政府机关和企事业单位部门仍是大学生向往的职业去向。加之父母对子女的期盼过高，毕业生往往因为定位过高而找不到工作。另外，当前很多毕业生是独生子女，他们过于依赖父母，独立性不强，遇到困难不能自行解决，在就业过程中不能很好地把握就业机会，甚至有部分毕业生在找工作时寄希望于家里的安排，不会主动求职。国内大部分企业在招聘过程中比较注重毕业生的社会实践能力，为减少企业培养人力资源的资本，期望应届毕业生在入职后能够尽早承担起本职工作任务。实际各高职院校大部分毕业生在大学期间参加社会实践活动较少，部分学生只是参加过学校社团活动，甚至个别学生从未参加任何社会实践，所学内容未能与社会实践结合。在面试求职过程中缺少竞争力，极易被淘汰。

③学生原生家庭影响造成的就业困难。

目前，高职毕业生大多数是"00后"，在这个经济快速发展的时代，其家庭经济水平相较前些年的大学生家庭而言，有了更可观的改变，家庭物质条件的提升使得父母对子女更加地呵护溺爱，长此以往就使得一部分学生游手好闲、好吃懒做。这部分学生因为被长期呵护疼爱，在物质富足的环境下长大，感觉不出生活的压力，也承受不住工作中可能会受到的挫折，所以造成高不成低不就的就业现象发生，换言之，有些学生既想拥有高薪资又想拥有轻松的工作内容。有些没有那么富裕的家庭，对子女的学业与经济需求无条件满足，倾其所有给他们提供较好的物质条件和学习条件，努力减少自己孩子与其他同学之间的经济差距，长此以往，就会使学生在这种环境下抱有不思进取、坐享其成的错误想法；还有一些毕业生因为自己的家庭经济条件不太理想，在就业过程中就表现得主动性相对差一些，就业时的心理压力也比较大，这类学生往往想通过自己的努力来改变自己的命运和原生家庭的经济状况，但是在进行工作选择的时候通常会表现出自卑及焦躁的负面心理。通过以上分析可以看出，学生本身的原生家庭观念及培养方式也是影响学生就业的主要原因之一。

④国内整体的经济发展和政策原因造成的学生就业困难。

导致高职院校部分毕业生就业难还有一个不容忽视的原因，就是国家整体的经济发展和政策上的变化。通常影响高职毕业生就业方向选择的因素主要就是工作的工资水平、福利待遇，而工资待遇通常与国家的政策变动、经济发展的变化都有着直接的联系；除此之外，由于国家社会经济的快速发展和国内产业结构的不断优化升级，所以在就业时对大学生的专业要求和综合素质要求也就更高，不仅要求学生深入了解自身所学的专业知识领域，还需要对其他领域的知识技能也要有一个相对全面的了解。

三、就业指导在推动高职院校就业困难群体就业中的作用

高校毕业生是国家宝贵的人才资源，是现代化建设的重要生力军，是社会中最有朝气、活力和创造性的群体。近年来，随着我国高等教育体制改革的不断深化，高等教育规模不断扩大，呈现出从精英教育到大众教育过渡的发展趋势。高校毕业生的人数逐年递增，教育部统计数据显示，2022年高校毕业生达1076万人，比上一年增加了167万人，规模和增量都创下了历史新高。当毕业季与疫情叠加，高校毕业生数量急剧膨胀的形势下，高校毕业生就业难的问题越来越受到党和国家的高度重视，已成为社会关注的热点。

1. 就业指导对促进高职院校就业困难群体就业的积极作用

（1）有利于高校就业困难群体社会化

职业指导是高校面向社会的窗口。对高校就业困难群体进行有针对性的职业指导，有助于引导这一群体了解社会的需求和变化。在对社会进行客观正确认识的基础上，帮助这一群体调整就业观念，培养良好的就业心态，从而适应竞争激烈的就业环境。职业指导帮助就业困难群体了解社会对不同职业角色的具体要求，并从这种需要出发帮助就业困难群体培养职业角色意识，了解企业文化、价值、经验和规范，从而确定其职业理想，领悟社会对职业角色期待，

促进个体获得一定的就业能力和职业生涯管理能力。

（2）有利于帮助高校就业困难群体做好职业规划

大学生职业规划是指大学生以自身情况为出发点，结合发展机遇，对决定自身职业生涯的主观与客观因素进行思考和分析，最终确定事业奋斗目标，选择适合自己的职业，并且做出相应的培训和学习计划，合理地安排每个步骤的时间和顺序。对处在大学阶段的学生而言，职业通常没有明确的概念。对高校困难群体的就业指导工作，有助于他们根据社会需要和自身特点提前分析自我，确立未来职业发展方向，尽早为实现职业目标而努力。

（3）有利于帮助就业困难群体树立正确的职业观

高校应届毕业生属于初次就业，对就业市场没有充分的了解，对职业本身的了解也很模糊。职业指导通过对就业观念的分析，对从业人员的就业素质、资格条件等各方面条件的分析，引导学生树立正确的职业理想，明确职业目标，建立正确的人生观、人才观和就业观，以此来理性地对待就业，并且制定良好的个人职业规划。尤其是对高校就业困难群体而言，理性分析自己的资格条件，树立良好的职业观念，进行个人职业规划，尤为重要。

（4）有利于帮助就业困难群体树立自我意识和保持健康心理

学生就业是一个从职业理想到社会现实的过程，是一个从学生到社会人的角色转变，在这一过程中会因为社会的竞争激烈而产生各种择业心理问题，这种心理问题对就业困难群体而言更为严重。通过对学生进行就业心理指导，增强学生的心理承受能力，树立健康的心理观念，对学生顺利地走向社会，完成从学校到社会的适应有很好的指导作用。

2.就业指导在推动高职院校就业困难群体就业的必要性

（1）促进教育改革不断完善的需要

随着我国高等教育改革的不断深化，高校毕业生就业质量和就业社会评价已成为衡量学校办学水平的重要标志。职业指导功能的发挥，有利于高校根据社会需求调整人才培养方向，改变教育内容，变更教育方式，使高等教育更加适合社会发展和社会主义现代化建设的需要。

（2）维护社会稳定大局的需要

高校毕业生就业关系着千家万户的利益，高校就业困难群体身上寄托着成千上万个家庭的希望。解决一个高校就业困难学生的就业问题，就解除了一个家庭的困扰和忧虑。因此，做好高校职业指导工作，帮助高校就业困难群体顺利就业，是社会主义和谐社会建设的应有之义。

（3）实现人才资源优化配置的需要

我国目前高校毕业生就业难的问题可以归结为结构性的供需不平衡，而不是绝对的人才过剩。通过加强高校就业困难学生的职业指导工作，有助于就业困难群体顺利就业，缓解就业压力，为经济和社会发展做出贡献，从而达到人才资源的充分利用和优化配置。

（4）保持高职教育自身持续健康发展的需要

高职教育的任务是培养具有创新精神和实践能力的高级专门人才，发展科学技术，促进社会主义现代化建设。高职教育改革的目的是全方位适应经济和社会发展对各类人才的需求，进一步提高人才培养的针对性。通过职业指导这一中介环节，对学生就业中反馈的问题进行剖析研究和采取相应对策，有利于进一步推进高职专业结构的调整、人才培养模式的改革和整体办学理念的再定位，从而保持高职教育自身持续健康地发展。

建立健全高职毕业生困难群体的
就业指导与服务体系

一、构建经济困难学生的就业指导与服务体系

高职院校人才培养的目标是实用型、应用型的高技能人才，使学生的职业化程度高、专业性技能强。经济困难学生是高职院校中的一类特殊群体，占高职院校总人数的20%左右，在一些贫困地区的地方院校，经济困难学生人数的比例甚至高达30%—40%，家庭经济困难学生已经形成了庞大的群体。激发该群体的就业热情，点燃其就业意识，提升其就业能力，对于提高该群体学生就业质量，助力高校学生工作，推动就业的发展，促进技能型人才的培养，加快创新型国家的建设都具有重要意义。

1. 高职经济困难毕业生群体择业就业现状

高职毕业生困难群体主要是指那些由于自身或环境因素而导致相对就业更加困难的大学生，一般是指在心理、学业、综合素质、身体、经济等方面处于弱势的毕业生。这一特殊群体目前在高职院校中人数不少，而其中的家庭经济困难毕业生群体与家庭条件优越的学生比较，在签约时间上滞后，在签约率上偏低，在择业岗位上偏差，就业指导与服务问题日益凸显，关心高职毕业生困难群体就业指导与服务工作已成为高职毕业生就业指导与服务工作的重要组成部分。高职院校经济困难毕业生群体大部分选择立即就业，选择升学深造和创业的人数比例很低。这部分毕业生缺乏诸多有利条件：来自边远农村，大多家境贫寒；来自城市低收入家庭，没有雄厚的经济基础；没有可依靠的后盾，只能靠自身奋斗；面对日益高涨的就业成本，他们背负着家庭和生活的责任，同时还承受着更大的心理压力。由于物质条件困乏，处处感觉低人一等，往往容易产生自卑、孤僻、焦虑、依赖等心理问题。在高职院校毕业生"双向选择，自主择业"的激烈就业竞争中，家庭经济困难毕业生群体害怕竞争，不敢冒险，在择业范围、择业方向上受到束缚，遇到挫折时心理难以承受，对工作前途悲观失望，面对严峻的就业形势无所适从，焦虑抑郁，增大了自己就业的难度。他们往往也是人际交往能力差的群体。家庭经济困难毕业生群体不少来自农村，文化环境和教育条件相对落后，在音乐、体育、美术等方面一般都没有得到很好的启蒙教育，外语、计算机等课程的学习条件也比较差。为了补学业、挣奖学金赢得自尊，许多困难群体把自己的时间全部放到了学习上，往往"一心只读专业书"，很少参加其他集体活动，失去了许多锻炼机会，造成了语言表达、组织管理、实践创新等方面的能力较差，容易出现"高分低能"的现象。同时，经济困难毕业生群体往往性格孤僻内向、自卑多疑，缺乏与老师、同学的交流沟通，在这种长期封闭的心理状态下，自身的全面发展受到了很大的影响，因而导致相当一部分困难群体综合素质相对较差，个性缺乏充分发展。而用人单位在选人的过程中恰恰越来越重视综合素质或特长，致使高职院校毕业生困难群体在就业过程中竞争力不强。

高职院校毕业生经济困难群体的就业期望值也有其自身特点，面对挑战，自我定位与客观现实存在落差，导致就业期望值或高或低。不少高职院校毕业生经济困难群体期望值过高，将择业作为自己告别贫困的最后机会，不愿意到基层、边远地区和艰苦行业就业，更注重工作的稳定性；由于高职院校毕业生经济困难群体多年来在经济上得到各种资助，不少高职院校毕业生困难群体潜

意识里存在等、靠心理，期望值低，与许多就业机会擦肩而过。

2.经济困难毕业生群体的心理特征

高职院校贫困生是学生中的一个非凡群体。他们和一般学生相比，既有其共性，又有其非凡性。从弱势群体的内涵来看，高职院校贫困生具有贫困性、脆弱性、弱势性的结构性特征，这些特征潜移默化地影响着他们的就业心理。有研究资料显示，由于"边沿人""弱势"地位，多重价值观的矛盾、人格的再构等心理原因，加上环境中诱发因素的功能，使贫困生的心理健康状况比处于这一时期的其他群体明显要差。笔者通过对浙江省八所省属普通高校贫困学生就业心理状况调查分析和个别访谈，认为地方普通高校贫困学生就业心理压力和他们的就业观特征、就业观结构、就业认知、情绪特征密切相关，归纳起来有以下主要特征：

（1）就业观特征和就业心理压力特征

①时代性和竞争意识。

观念决定命运。不同的时代有不同的时代特征，不同的时代特征决定了身处其中的大学生的就业观特征，如同市场经济的特征是竞争一样，贫困生的就业心理最重要的也是必须参与竞争，必须增强竞争意识。

②主体性和自主意识。

贫困生就业观实际上是贫困生群体的地位、特征在其就业过程中表现出的思想状况、心理状况的折射。贫困生在就业观上和其他就业群体表现出不同的特征。就业观反映的是人的需求和社会职业属性之间的关系。双向选择就业模式的确立、严峻的就业形势，使大学生在就业竞争意识越来越增强的同时，自主意识也随之增强。自主意识增强突出表现在三个转变上：就业取向从"一元"转到"多元"；就业目标从"关注社会"转到"关注个人"；就业标准从"内在精神型"转到"以经济利益为导向、以就业地区选择为保障的外在型"。

③差异性和不平衡性。

首先是地区的差异性。中国地域广阔、人口聚集不均、地区各种因素差异明显，决定着我国的就业形势在不同地区的差异性，人才需求也因一定的地区出现差异。地方普通高校相对于重点大城市院校，社会环境、地域条件等相对弱一些，地方普通高校的贫困生的就业机会更少。其次是结构性矛盾突出，毕业生和就业市场之间的供需矛盾在今后一段时间内依然存在。另外是不同学科、不同专业取向乐观度差异明显，造成就业心理压力的不平衡性。

（2）就业观的结构和就业心理

①就业理想目标模糊产生的矛盾冲突心理。

确立理想的就业目标是科学地维护就业心理的条件，也是最重要的一步。贫困生由于即将毕业，准备不充分，对自己的未来产生怀疑，无法对自己的人生进行正确定位，容易造成以下矛盾：理想和现实的矛盾；稳定性和活动性的矛盾；传统价值观和现代价值观的矛盾；高期望值和低成就水平的矛盾；求知欲强和识别能力低的矛盾；自卑和自尊的矛盾。

②就业心理动机误区产生的功利心理。

动机对个体而言，具有三种功能：第一，始动功能；第二，导引功能；第三，维持和调节功能。成就动机是指个体在社会性动机方面存在的明显个体差异。贫困生的成就动机水平普遍较高。由于父母对他们寄予了极高的期望，使其在就业过程中过分夸大经济利益，急于改变目前状况，不愿意到基层、到边远地区。在现实中他们绕过自己的高抱负水平，急于求成，功利色彩比较浓厚。

③就业角色困惑产生的茫然心理。

有的贫困生在学校时非常优秀，但在求职就业时却陷进无法选择的困惑之中。他们知道无论选择哪一行都会有利有弊，但有的贫困生总想找一个自己以为好一点的工作，也有的贫困生只局限于所学专业，没有开放的心态，不善于接受变化，进而导致角色冲突和困惑。

④就业价值取向偏差产生的盲目心理。

就业价值取向包括社会价值和自我价值的全面分析和正确判定，它会影响大学生的就业价值目标，包括地域选择、行业选择、岗位选择、工作条件选择等。从当代大学生的就业途径和形式来看，逐渐呈现多元化的特征。直接就业、自主创业、考取国家公务员等多样化方式为他们提供了更多的选择空间。可是，从职业选择看，由于贫困生的"边沿性"地位，他们急于缓解经济压力，急于回报父母的心理导致他们在找工作中呈现一种盲目状态。有的学生以为，竞争如此激烈，有岗位就行；也有的学生选择职业首先考虑的是收入高低和单位的好坏，对人才市场需求、所学专业匹配度和将来个人事业的发展则考虑欠缺。这种片面认识在就业过程中影响了他们个人潜能的挖掘和发挥以及自我价值的实现。

（3）就业认知心理特征和就业心理

①对自我概念认知不正确产生的自卑心理。

贫困生因家庭经济贫困就读学校、所学专业不好等原因，迫使他们一定要努力学习，一定要找到好工作，一定要证实自己能行。三个"一定"使他们的选择单一化。贫困生认知心理特征中的自我概念，对他们的就业心理也发挥着重要功能。由于自卑，他们往往对自身的素质和就业竞争能力评价过低，不敢主动向用人单位自荐，甚至害怕失败，不敢主动参与就业竞争，展示自己的才华。他们自我概念出现偏差，进而出现自卑和自尊交织的矛盾心理，影响学习和就业。

②就业形势认知偏差产生的迟疑心理。

社会变化日新月异，大学生就业形势也在不断地变化。很多地方普通高校的贫困学生，由于对就业形势估计不足而出现坐等心理。这种情况通常出现于计算机、通信、电子等一类乐观专业和英语、金融等热门专业中。这些专业的学生由于自以为专业不错、选择面广，思想不切实际，只注重经济意识和区域观念，讲究金钱第一、环境条件第一，将待遇是否优厚、交通是否便利等作为最重要选择标准，不愿到待遇差、条件差的地方，结果出现了"高不成低不就"的状况。他们在选择中犹豫，在犹豫中等待，在无奈地等待中，错过很多良好的就业机会。

（4）情绪心理特征和就业心理特征

情绪体现着人格的基本适应功能，情绪除了适应生存的功能外，其本身还可以激起心理活动和行为的动机。沙赫特情绪心理理论指出：影响一个人情绪的重要因素有三个，首先是环境，其次是生理状态，最后是他人的评价。贫困生就业过程中，这三个因素互相影响，也表现出以下不同的心理特征。

①焦虑自卑心理。

焦虑是一种缺乏明显客观原因的担忧或恐惧情绪，表现为持续性精神紧张，常伴有自主神经功能失调症状，如心悸、口干、胸闷等。家庭经济困难学生为学业比普通学生付出了更多更为艰辛的代价，背负父母的殷切期望和沉重的经济负担，加上自己也迫切希望通过顺利就业改变自己的命运，所以他们的就业压力要比普通学生大很多。同时由于一些家庭经济困难毕业生内心较为敏感，因此焦虑和恐慌情绪在他们身上体现得更为鲜明。这些学生在找工作时既充满焦虑，又感到自卑，有时会不自觉地贬低和怀疑自己的能力，不善于发现自己的优势，一遇求职失败便丧失求职勇气，最后导致丧失就业机会。

②抑郁悲观心理。

当前就业竞争日趋激烈，一些家庭经济困难学生深感经济和社会资源的不足给自己带来的不利处境，但面对困难却又无能为力，在经历一次又一次的挫折之后逐渐对自己和社会都失去了信心，强烈的无助感涌上心头，让其原本脆弱的心理雪上加霜，由此引发抑郁悲观情绪，进而出现萎靡不振、沮丧消沉、悲观厌世等症状。他们觉得无能为力又无助，害怕竞争，对未来失去信心。

③挫折心理。

贫困生的心理相当脆弱，脆弱性决定他们更容易遭受挫折，一旦受挫后，就更加害怕，甚至一蹶不振。较强的心理承受力在竞争激烈的社会中是不可缺少的，它能使人们经受住挫折的打击，依旧保持进取的勇气。贫困生在参加大学生就业招聘会遭受到求职失败后，心里烦躁，精神不振，自卑，这显然是心理承受力不强的表现。

④怨恨心理。

由于担忧、焦虑、悲观、挫折心理等复杂因素影响，再加上毕业后前途一片渺茫意志消沉，使很多贫困学生感到自己事事都不如意，于是对同学、环境处处看不惯，对社会不满，对环境充满敌意，不信任任何人，总担心别人看不起自己，为一些小事就大发脾气、冲动，甚至出现打架、暴力等极端情况。

⑤嫉妒攀比心理。

嫉妒是与他人比较，发现自己在才能、名誉、地位和境遇等方面不如别人而产生的敌意情绪，带有攻击性。少数家庭经济困难毕业生在求职就业过程中对他人产生嫉妒心理主要源于三个方面：心理不平衡、盲目攀比、强烈不满而生嫉妒。一些家庭经济困难毕业生觉得自己在能力、学业成绩方面并不比其他同学差，甚至优于他们，但仅仅因为经济贫困、缺乏社会资源等原因致使自己比家庭条件优越的同学就业困难，心理不平衡，从而产生嫉妒情绪。还有一些经济困难毕业生忽略自身及家庭条件，喜欢与就业好的同学攀比，爱慕虚荣，倾向于选择较高的就业目标，结果造成就业困难，当看到其他同学顺利就业时便产生嫉妒心理。

3.建立健全经济困难学生的就业指导与服务体系的具体措施

（1）完善贫困生多元化资助体系，缓解贫困生经济压力

据2019年中国学生资助发展报告，高校学生各项资助情况如下：财政资金占资助资金总额的49.93%；银行发放国家助学贷款与高校事业收入共占48.42%；社会资金占高校资助资金总额的1.65%。从以上数据可知，我国资助形式为政府出资为主，助学贷款为辅，社会资助比重非常低。对比美国等西方发达国家助学贷款体系所占到50%左右的比例尚存在一定差距。因此，为打破贫困生就业困境，需从多元化的角度去探索解决方式，主要从资金来源方面展开。为实现资助资金来源多元化，从政府层面应该提高投入，政府和高校需加大贫困生的救助力度以及扩大受助范围。社会层面主要依赖企业投入资金，高校需要发挥自身优势吸引资金，为贫困生提供专项资金帮助或就业补贴，在经济上予以贫困生支持。

（2）加强贫困生心理帮扶工作，激发贫困生心理潜能

针对贫困生的心理问题，高校可通过加强人文关怀和心理指导的方式来缓解贫困毕业生的心理压力。从宏观层面，高校应健全心理咨询体系，通过心理辅导加强贫困生的心理教育。高校除了开设贫困生心理帮扶小组，还需定期聘请心理专家为贫困生提供心理健康咨询，通过科学的教育方式消除学生心理障碍。另外，高校应结合贫困生的心理特点，定期向贫困生开展专门性的就业指导、政策分析、心理健康等方面的课程或者讲座。缓解贫困生所背负的社会压力和心理压力，帮助贫困生树立信心，形成正确价值观，以顽强拼搏、不畏险阻的态度看待生活中的挫折和困难。

（3）科学设置勤工助学岗位，提升学生综合素质

当前高校组织的勤工助学服务主要停留在以劳务性和服务性的基础层工作为主。在新形势下，高校应将勤工助学作为日常教学和人才培养计划中的一部分，丰富勤工助学内容，将创新创业、课题科研、社会实践等活动纳入勤工助学体系，将"工"与"学"结合，增强贫困生综合能力，鼓励更多贫困毕业生参与其中。另一方面需加强校企合作，打造贫困生长效培养计划，企业通过层级选拔为优秀贫困生提供实习机会，为贫困生提供更多锻炼自我的机会，并承诺实习期间表现良好毕业后可为其提供就业岗位。实施长效培养计划，能为贫困生解决经济难题和能力欠缺问题，同时也为企业培养出优质人才，从而达到双赢的效果。

（4）营造良好高职院校校园环境，搭建交流平台

营造良好的校园文化氛围，为贫困学生夯实就业基础提供多种平台。首先，学校要整合教育资源，精心组织校园文化活动，营造良好校风，形成浓厚的学习氛围，吸引贫困学生参加校园文化活动，发挥他们的特长，克服孤僻、离群的情感和自卑感，使其在健康活泼的校园文化氛围中思想得到进步，知识得到深化，情感得到升华，意志得到锻炼。其次是让贫困学生自己组织一些校园活动，使他们在活动中发挥主观能动性，增强战胜挫折和困难的信心，度过人生困难期，培养自身健全的人格和健康心理，做生活的强者。

（5）多方位盘活校方资源，拓宽贫困生就业渠道

高校应该注重加强校际联动，与用人企业开展针对性帮扶，提供贫困生专场招聘，重点关注贫困生。为助力脱贫攻坚、帮助贫困毕业生实现顺利就业，自2020年，教育部面向全体贫困毕业生开展的"24365校园招聘""专场招聘会"等活动已为毕业生们提供大量招聘企业与岗位招聘信息。由此可见，线上信息为贫困毕业生获得准确求职信息提供便捷，"互联网＋就业"模式将是助力精准扶贫的新方式。另外，高校可通过各种渠道广泛搜集就业信息，根据贫困生求职意向、岗位需要、地域要求等情况进行筛选，实施针对性的帮扶方式，向贫困生精准推送就业信息，搭建有效就业平台，为贫困生营造良好的竞争环境，帮助贫困生实现多元化就业。

（6）重视职业技能培训，增强贫困生的就业竞争力

职业技能培训是助力贫困生顺利就业的有效途径，开展制度化、科学化、系统化的培训是破解贫困生就业能力薄弱必不可缺的方式。高校应注重为贫困生提供职业技能培训机会，以社会职业需求和贫困生的实际需要为导向，利用各种培训资源，线上与线下平台结合，采取在线直播、线上互动、视频录播等多样化形式，讲授扎实的理论与实践知识，为贫困生切实掌握谋生本领打下基础。例如保利集团开展保利星火班，定向招收贫困县建档立卡的贫困生，对其进行免费的职业教育培训，并结业后为其优先提供就业岗位。由此可见，针对贫困生开展的以兴趣为导向的职业技能培训是增强贫困学生就业竞争力的有效途径之一，通过培训可弥补贫困生能力上所存在的不足。贫困大学生就业能力薄弱问题得到解决，就业自信也相应得到提升，将更有利于贫困毕业生顺利实现就业。

二、高职院校女大学生就业指导与服务体系的构建

随着我国高等教育不断扩招，大学毕业生就业形势愈加严峻。高职院校女大学生就业难度越来越大。究其原因有社会因素，也有高职院校女生自身因素。作为女大学生应正确分析社会就业环境，结合专业，多参加社会实践，提高自身的综合素质，树立正确的就业观，从而提高就业成功率。

1.高职院校女大学生的就业现状

（1）整体就业率偏低

目前虽无确切数据证明女大学生在综合能力以及整体素质方面低于男大学生，但却有明确的数据显示，相较男大学生而言，女大学生整体就业率偏低。《2019中国劳动力市场发展报告》相关调查数据显示，在大学生初次就业率方面，男大学生高出女大学生10个百分点，报告中的调查数据已经充分显示出女大学生面临着更为严峻的就业形势。与此同时，在我国劳动力市场加速变革的时代背景下，受用人单位对岗位要求的提升、二孩政策放开等一系列外部环境变化的影响，社会劳动参与率出现了稳步下降的趋势。相较男性的劳动参与

率下降，女性劳动参与率下降速度更快。而劳动参与率是对社会经济活动人口就业意愿进行反映的重要指标，女性劳动参与率不断下降的情况，显示出越来越多的女性不愿参与社会就业活动，这在一定程度上拉大男女就业率差距的同时，也导致了社会劳动力规模的不断缩小。这一现象的出现与当今社会对人才需求量的不断扩大形成了显性的矛盾，在一定程度上抑制了社会的发展，应当引起相关部门足够的重视。

（2）女生就业机会偏少

在求职过程中，由于高职院校女生本身的特点，用人单位因考虑用人成本问题，在招聘时，会倾向于男生，所以，女生在求职过程中会遭遇到性别歧视，就业机会少于男生。

（3）性别歧视仍旧存在

据调查，32.54%的女大学生在就业时能够感受到性别歧视，而大多数男大学生并没有这种感受。尽管国家颁布了《中华人民共和国妇女权益保障法》《女职工劳动保护特别规定》等相关的法律法规，但是相关法律体系落实力度还不够，另外大部分高职院校女大学生的法律知识浅薄，这也给了用人单位钻到性别歧视的空子。我国法律法规对妇女的保护条例，使得用人单位对聘用女性时的条件限制不能摆在明面上，但是在面试时的就业歧视常有，这就直接加大了女大学生就业困难的问题。

（4）就业薪酬待遇偏低

受各方面现实因素的影响，通过调查我们发现，女大学生在就业薪酬待遇方面要明显低于男性，即使男女大学生在个人工作能力、职位层次、年龄、工作投入等方面差异不明显的情况下，在一些企业中也不同程度出现了"同工不同酬"的情况，企业给予男大学生的薪酬待遇普遍高于女大学生。麦可思相关调查数据显示，2014年本科毕业生半年后平均月收入，女性为3505元，男性为4012元；2014年高职院校毕业生半年后平均月收入，女性为2866元，男性为3518元。《2016中国劳动力市场报告》显示，2015年大学毕业生平均薪酬，女性为3896元，男性为4351元。毕业生薪酬起点是由人才供求关系决定的，在很大程度上体现了毕业生个体能够为企业带来的价值。女大学生较低的薪酬待遇，表明其企业利用价值较低，同时也在一定程度上显示出了企业对女性抱

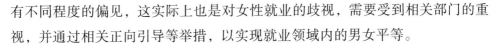

有不同程度的偏见，这实际上也是对女性就业的歧视，需要受到相关部门的重视，并通过相关正向引导等举措，以实现就业领域内的男女平等。

（5）职业发展面临瓶颈

女大学生的就业困境不仅存在于社会就业市场准入环节，同时也存在于获取工作机会后。在工作岗位及职场规划中，女性同样面临发展瓶颈。与男性相比，女性在进入职场后，不仅面临更少的升职机会、上升空间，且升职所需时间也更为漫长。根据智联招聘发布的一份《2020中国女性职场现状调查报告》显示，虽然女性在职场上所表现出来的领导力能够得到普遍认可，但在企业职业体系中，只有5%的女性出任高管，男性出任高管的比例则为9%，远超女性。与此同时，在应聘过程中有58.25%的女性表示被问及婚姻及生育规划，而该问题只有19.59%的男性在求职中被问及。27%的女性表示在求职过程中遇到了用人单位对岗位性别的限制。这虽然在一定程度上表现了用人单位对女性的歧视，但家庭的影响也确实存在于当代女性身上，即便是刚刚毕业的女大学生在就业之初较少会受限于家庭，但仍有11.88%的女性在职业生涯中出于照顾家庭、怀孕生子等原因而被迫放弃事业，回归家庭，且6.39%的女性会因"处于婚育阶段无法专心于工作"而在企业中受到降薪、调岗等对待。可以说对于女大学生而言，无论学历高低，都难以脱离家庭、婚育对自身职业发展的影响，导致自身职业发展面临瓶颈。

2. 高职院校女大学生就业难的根源

（1）自身观念

①就业观念的误区。

多数高职院校女生自身存在错误的就业观念，毕业后都向往进入机关单位、外资企业或薪资待遇高的大中型企业。也有很大部分高职院校女生追求一线城市的白领阶层，不愿意去小城市或基层乡镇就业。就业观念的偏差，严重限制了高职院校女生择业范围，加上如今市场人才竞争激烈，从而导致高职院校女生的就业窘境。

②心理和生理的限制。

高职院校女生多数存在比较强烈的依赖心理。刚踏入社会心里比较害怕，在求职过程中欠缺自信，害怕面对有挑战性的工作。在生理方面，女生有月经期、生育期、哺乳期等，身体体力的偏差使得女性不敢或不愿意选择长时间或耗体力的工作岗位，从而形成高职院校女生存在的择业障碍。

③综合能力的偏差。

眼下的社会需要的是综合素质强大、多元化的人才。大部分高职院校女生在校时更加重视学业的成绩，而忽略了自身综合能力的培养，缺乏实践的主动性，过于追求安稳安逸的心理，从而缺少了自主创业的魄力和多方面的动手能力。

（2）社会影响

①传统的社会观念影响。

随着社会的发展、时代的进步，提倡男女平等的口号也越来越响亮，尽管当下社会的新时代女性处处表现出"谁说女子不如男"的风范，认为男人能胜任的工作，女人也能做甚至能做得更好。但是中国五千年的历史传统文化观念根深蒂固，"男权主义""男强女弱""男尊女卑"的思想还是广泛存在的，性别歧视仍然是无法避免的问题。许多用人单位在招聘时，都会标注男士优先，或是只招男士。尤其对于一些工程系、机械系或是电气自动化的工作岗位，更是偏向男生，有些用人单位甚至直接拒绝聘用女生。这就导致了女大学生在就业上失去了平等的机会，陷入就业难的困境。

②国家法律法规不够完善。

《中华人民共和国劳动法》明确规定妇女与男性的就业权利是平等的。国家也颁布了《女职工禁忌从事的劳动范围》，其中明确规定不适合妇女工作的岗位，用人单位可以拒绝任用，除此，用人单位不得以性别差异拒绝录用女性，或蓄意提高对任用女性的要求标准。但是相关的法律法规仍存在一定的缺陷，针对性不强，缺乏具体的法律责任。针对就业时产生的性别歧视这一问题的法律责任部分还是空白的。

（3）高职院校的教育理念

①高职院校的专业设置问题。

高职院校主要目标是为社会培养输送专业性、技术性人才，因此专业设置是否科学，课程设置是否合理，是很重要的。部分高职院校专业的设置是跟不上社会需求的脚步的。如今社会需要的是教育理论与社会实践相结合的综合性人才。许多高校在专业设置上往往忽略了实践能力，尤其是对女大学生设置的专业。女生选择的专业大多数是文科类，文科类的课程都是强化理论性的，从而导致女生的实践能力相对较弱。缺乏实践经验，成为用人单位挑剔的毛病，也降低了女大学生的就业机会。

②高职院校的就业指导问题。

许多高职院校都会为学生开设职业规划和就业指导的课程，但是却没有针对女大学生就业形势和女大学生就业心理的问题，提供具有针对性的指导，特别是忽略了部分困难女大学生的思想引导。

3. 高职院校女大学生就业指导与服务体系建设的具体措施

（1）从自身正视基本问题

①树立正确的就业观念。

女大学生首先要正确认识自己，充分了解自己的优势，做好合理的职业规划，根据市场的需求，灵活调整就业期望。敢于尝试各种不同的工作类型，甘于从低做起，脚踏实地，学会积累经验，把理论投入到实践当中。有了充足的就业经验，才能为以后有更多就业选择做铺垫。再者，女大学生要充分发挥自身的优势，例如女性天生心思比较缜密、善于与人交流、记忆力比较好等优势，有针对性地寻找适合自己的工作岗位，大胆地展现自身的优势，能更快速地融入工作团体，也能使得用人单位发现你的才能，唯才是用。

②提高自身的心理素质。

从心理和生理角度来看，男大学生和女大学生是肯定存在一定差异的。女大学生要积极调整自我的心理误区，提高自身的心理承受能力。要摆脱就业的依赖心理，克服女性自带的生理条件限制。在求职过程中，做好充分的准备，敢于挑战自我，做到自信独立。

③强化自身的综合能力。

高职院校女大学生在求职的过程中，应该根据形势不断重新认识自己，懂得审视社会的时势变化和市场的实时需求，从而提升自己，择业观念要能与时俱进，学习适应社会的需求。对于就业中遇到的歧视和偏见，要当作是一种人生历练，克服自卑心理，自信自立。在就职中，要勇于克服困难，敢于挑战各种不同的工作领域，更要做到理论与实践相结合，这样才能增强自己就业的竞争能力，让自己在激烈的人才竞争中处于优势。

（2）从社会根源改变问题

①转变传统观念，加强引导。

女大学生首先要改变自我的观念，消除"男强女弱"的心理。国家政府应该有制度地引导，在社会宣传上要加大力度，要让更多人知道高职院校女生的能力并不比男生差。生儿育女是大自然赋予女性神圣的责任，是应该备受尊敬的，而不应该成为择业时的条件障碍，企业应该给女大学生一个公平的就业竞争环境，而不应该存在性别差异的歧视或是否定能力上的偏差。

②增强企业的社会责任意识。

企业的一切利益都是来源于社会的，社会的舆论对企业产生直接的影响，二者相辅相成。让企业意识到社会责任也是刻不容缓的，只有企业转变观念，才能给女大学生缔造一个公平的择业就业环境，企业对女大学生无歧视、无偏见，给予充分的信任，能直接激励女大学生个人潜能的发挥，增强就业的信心。

③完善国家社会保障。

部分企业存在录用女大学生有较高成本的心理顾虑。国家应该全面推行生育保险，完善妇女生育制度，这样既可以减轻企业的后顾之忧，又可以让女性得到安全保障，让更多女性敢于挣脱"女主内"的思想束缚，敢于投身职场上，提高职场的竞争力，平衡"男强女弱"的社会现象。另外，国家应该加强关于就业的相关法律法规建设，尤其是针对女性的就业权利平等采取措施，加大法律的操作性，加强社会监督，为女性提供就业的法律保障平台。

（3）深化高职院校教育理念

①科学合理设置专业。

高职院校要根据市场人才需求科学设置专业，依照市场需求对专业进行灵活调整，而不是一成不变的授与受的教学模式。应改善专业比例失调这一现象，例如文科和理工科的比例失调，文科和理工科专业中男生和女生的比例失调，这都是潜伏在女大学生就业困难中的隐形问题。另外，高校应该注重理论

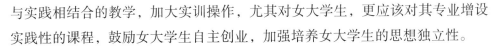

与实践相结合的教学，加大实训操作，尤其对女大学生，更应该对其专业增设实践性的课程，鼓励女大学生自主创业，加强培养女大学生的思想独立性。

②加强就业指导。

虽然高职院校的专业设置基本是以市场需求为主导的，但是高校女大学生在选择职业时容易出现专业集中化的问题，有随着大流走的心态，甚至丢弃自己原有的专业而选择行政、教育、财务等市场热门的职业。高校有针对性地正确指导女大学生如何规划求职，提高女大学生专业对口性，正确引导女大学生把握市场动向，为其推荐合适的就业岗位，帮助其掌握科学的求职技巧，能使女大学生更顺利地踏上职业生涯的第一步，从而扩大女大学生的就业空间，降低女大学生就业困难的概率。

③鼓励自主创业。

科学在发展，时代在进步。自主自立、敢于追求、敢于创业的大学生也不乏其人。高职院校，更应该具有与时俱进的教育管理理念，激发大学生的创新思维，鼓励大学生创造条件，自主创业，以创业的模式带动就业的步伐。尤其对女大学生，应当给予更多的精神支持和行为上的指导，灌输女大学生"女性也一样独立自强"的思想，从而使得女大学生更自信，也可以通过创业的方式带动其他同学就业。

④提供法律咨询平台。

高职院校应该为学生讲授全面的法律知识，积极引导学生树立正确的法律意识，尤其是女大学生更要增强自身的法律维权意识，在毕业生求职的过程中遇到不公平待遇，或是自身权益受到侵害时，为其提供法律咨询平台。

三、高职院校学生自我认知偏差及就业能力的培养

随着我国高等院校毕业生数量逐年地增加，学生就业压力日趋增大，高职院校学生作为大学生群体一个重要组成部分，其就业难问题受到社会的日益关注。专家指出，高职院校学生就业难，从很大程度上说，其根本原因不在于社会的就业岗位缺乏，而在于高职院校学生的就业理想与就业现实之间的巨大落差。一方面，高职院校学生作为大学生群体一部分，从心理上已经把自己纳入

大学生这一层面，希望得到与之相应的待遇和工作环境；另一方面，高职院校学生又因多方面的原因无法实现自己的就业理想，在这样的矛盾中，高职院校学生心理问题成为就业前解决的重要问题所在。

1. 高职院校学生就业心理问题产生的主要原因

高职院校学生走向社会时间较早，心理成熟度较低，就业中产生心理问题的原因是多方面的，具体而言，有如下几个方面。

（1）职业素质全方面提升不够

全国范围内的高职院校毕业生跟踪调查的研究报告显示，高职院校学生在入职后的离职率普遍高于普通高等学校学生。当前，我国经济转型升级，迫切需要各层各类的劳动者在理念、思维、知识、技能等多方面接受不同于以往的教育培训，职业教育则需要围绕中国制造转型升级所需的高素质技能型劳动者进行改革，高职院校学生亟待加强职业核心素养教育，提升职场竞争力。许多用人单位更看重毕业生的实习工作经验和动手能力，但就目前来看，高职院校学生在入职后却难以胜任工作。通过抽样访谈发现，当前职业院校还存在重专业技能培养、轻核心素养培育，重教育性培养、轻融入性培育，重第一课堂培养、轻第二课堂培育，缺主动学习意识，少终身学习能力的问题。许多高职院校学生因为专业知识功底不过硬、对于现代化工具操作水平不高或创新能力不强等原因，无法达到企业的要求，从而找不到理想的工作岗位。

（2）高职教育发展不到位

就目前的情况来看，高职教育发展不到位，根本原因在于国家对于高职教育投入不够。在投资结构上，国家对于高等教育的投资大幅度向本科院校倾斜，对高职教育投资较少。2009—2018年间，我国高职院校国家财政性教育经费投入与普通本科院校一样，都呈现快速增长趋势。高职院校的国家财政性教育经费投入从2009年的397亿元增长到2018年的1410亿元。但是，就投入总量来看，与普通本科院校相比，高职院校国家财政性教育经费占普通本科院校国家财政性教育经费的比例仅在20.2%—23.9%之间，年度平均值为21.8%。从变化趋势看，高职院校国家财政性教育经费占普通本科院校国家财政性教育经费的比例在2010—2013年处于21%以下，2015—2018年处于22%以上。总体来看，与高职院校在校生规模占整个高等教育在校生规模超过40%相比，国家财政对于高职院校的经费投入仍然偏低，处于劣势地位。基于这个根本原因，高职教育的发展又衍生出许多问题。这些问题表现在：①师资力量缺乏，教学质量、课程开发等成问题；②学校硬件设施条件差，学生实训成问题；③校企合作难于开展，学校对接产业教学落实不够，高校专业设置和课程结构缺乏针对性和超前性、学生顶岗实习困难等。这些衍生问题进而衍生出学生能力发展上的许多问题，如学生理论功底不扎实、操作能力不强、创新能力有限等等。

（3）高职院校学生自身能力不强、素质不高

由于高职院校办学层次低（只有专科层次）、学生发展空间小、办学条件差等因素，使得其生源质量亦成问题。高职院校的学生多数在中小学阶段成绩不好，受到家庭、学校和社会的鼓励少而批评多。从生源的角度看，高职院校学生成绩不好只是问题的一方面。问题的另一方面，也是更重要的一方面，是许多高职院校学生因为成绩不好而产生的心理问题以及由这些心理问题所引发的阻碍其进一步发展的巨大影响，主要表现在如下两个方面：

①就业情绪不稳定、畏难。

这是高职院校毕业生比较突出的就业心理特点之一。一些学生参加用人单位面试时，过于谨小慎微，担心面试说错话、面试不成功，常常伴有较明显的紧张、答非所问等现象。虽然有些学生在面试之前有充足的准备，但是面试过程中也时常会把事前准备的面试内容遗忘得一干二净，不能很好地发挥个人优势和职业价值。中高度焦虑是高职院校学生比较突出的另一个就业心理特征。调查发现，高职院校学生的焦虑是持续的，主要来自对前途的迷茫。不同学生的焦虑程度有差异，部分性格内向、伴有身体缺陷或学习成绩欠佳的学生焦虑会更为明显。

②抗压、抗挫折能力不均衡。

高职院校学生入学的选拔方式是多样的，部分高职院校学生自我效能感低，对未来缺乏信心和勇气，有悲观情绪，往往外显出不思进取、情绪低落、情感淡漠等表征。学生若没能及时树立自己的学业目标、职业发展目标，没有合理地选定参照标准，则容易自卑，易产生消极就业、慢就业、盲目从众等心理问题，这需要高职院校教师多层次全方面引导。

（4）公司工作待遇与工作环境有待提升

高职院校学生就业难，除了主观因素之外，也有客观原因，即我国许多企业待遇不高和工作环境差。近几年来，虽然我国经济迅速发展，一批实力较强的企业素质提升较快、现代化水平较高，但更多的企业粗放型的特点依然明显，这些企业的员工工资待遇低，工作环境差。研究指出，目前高职院校学生的就业状况是：

①工资待遇一般。

据调查，2020年高职毕业生月收入在3000—4000元的院校占比最多，为54.68%，共111所院校；月收入在5000—6000元的院校有6所，占比最少，为2.96%。4000—5000元的院校有49所，1000—3000元的院校有37所，两个区间一共占比42.37%。可以看出，大部分高职院校毕业生的月收入只有3000—4000元。

②处于被动接受地位。

很多企业来高职院校招收雇员，并没有把高职院校学生当作"人才"，而是素质相对较高的"用工"，多是出于节约劳动成本的目的，所以给出的工资也很低。高职院校学生到这些企业工作也是迫于就业压力而做出的被动选择，而学生作为就业的接受方，往往处于被动地位，只能是"走走看看"，对工作没有太多的热情。

③工作不稳定。

高职院校学生一方面因难找工作而不得不被动就业，另一方面又因工作无法解决生活问题而不得不考虑重新择业，这种两难局面"使得高职院校学生在就业方面处于一种飘忽不定的犹豫之中，影响了学生的就业选择""很多高职院校学生在不到一年的时间里就会考虑换工作或者选择待业，重新深造"，工作处于一种很不稳定的状态之中。

2.高职院校学生就业心理问题的类型

（1）自负心理

与自卑者相反，高职院校学生中还有一些人缺乏自知之明，过高估价自己，心高气傲，盲目自负。或自视过高，总认为自己比别人强；或固执己见，唯我独尊。有自负心理的高职院校学生可能比其他人在知识、能力、眼界和分析问题、解决问题等方面确实具有一定优势，加之他们有远大的抱负，这就使得这些学生对自己存在过高的自我评价，存在自恋心理。一旦萌发这种心理，很容易脱离实际，以幻想代替现实，使自己的择业目标与现实之间产生极大的反差。好高骛远，盲目自大，要么嫌工资低，要么嫌地点偏远，要么嫌职位低，要么嫌人际关系难处，总觉得什么都不适合自己，最终导致与适合自己发展的用人单位失之交臂，错过就业良机。

（2）自卑心理

自卑是一种人格缺陷，表现为对自己的能力和品质做出过低的评价和否定而产生的内心体验。具有自卑心理的高职院校学生，他们缺乏竞争意识，过低估价自己，对外界评价特别敏感，害怕自己被别人笑话，不敢凭自己的能力和水平去竞争，不愿主动出去找单位，不敢和别人竞争，只盼着学校帮助推荐就业。他们或自认为学历不高、性格不好、长相不佳；或因自己专业知识、专业技能及综合素质不如其他同学；或所学专业就业前景不佳，求职屡屡受挫，从而产生强烈的自卑感，进而转化为自卑心理。有自卑心理的高职院校学生，由于不能正确地看待自己，看不到自己的优点和优势，面对日趋严峻的就业形势，常常脆弱胆小、优柔寡断、怯懦逃避，继而悲观失望，不思进取，不敢参与人才市场的竞争，不能从容地走向职场，对于求职一事总是缺乏自信，甚至对自己能胜任的工作也不敢去尝试，这会在求职过程中处于十分不利的地位。

（3）焦虑心理

焦虑是人们面临某种特殊事物或情景时所产生的一种情绪状态。择业焦虑，顾名思义是指高职院校学生在落实就业单位之前，表现出来的过度紧张、恐惧、担忧和不安。表现为怕字当头，虽然向往就业，关心毕业，但是一谈到毕业就惶惶然，有大难将至之感，心情烦躁，意志消沉，忧心忡忡；轻者长吁短叹，重者神情紧张，血压升高，整天闷闷不乐，疲惫不堪；行为上小心有余，果断不足，茶不思，饭不香，无所适从，常常被噩梦所困扰。有的嫌时间过得太慢，度日如年；有的嫌时间过得太快，期限将至，单位无着落。择业焦虑在许多高职院校学生身上均有不同程度的表现，但一般来说，以性格内向、心理承受力较差、适应力弱者居多，男女生均有，女生居多。

（4）依赖心理

一些高职院校学生在择业过程中没有把主要精力放在提高自身的素质和能力上，他们一方面希望找一份称心如意的工作；另一方面又不愿意自己四处奔波，而是把希望寄托在托关系、找门路上，达到目的则欣喜若狂，达不到目的便灰心丧气、萎靡不振。择业中缺乏独立自主意识，对一个工作岗位是否适合自己，不是凭自身思考来决断，而是靠听取父母师长之意、师兄师姐之言进行取舍，毫无主见。

（5）盲从心理

一些高职院校学生不从自己实际出发，不考虑国家和社会的需要，甚至不了解自己的气质、性格、兴趣和能力结构适合何种工作，择业时盲目从众，或对突如其来的新体制和繁纷复杂的人才市场无所适从，或一味追求所谓的热门单位、热门职业。要么不管自己适合什么样的工作岗位，更不管什么样的工作岗位有利于自己的发展，只是随大流地找一个单位；要么不愿到艰苦的地方去，对基层工作不屑一顾，不管自己的专业方向，一心要落脚于大城市，跻身于国家机关及事业部门或其他高薪部门，把政府机关、国企、事业单位看作是唯一的就业选择。盲目跟风的结果是高不成低不就，人为地给自己的就业道路设置了重重障碍。

3. 解决高职院校学生就业心理问题的具体措施

（1）提升学生职业核心能力

高职院校学生职业核心能力是就业的重要因素，往往影响就业质量。一名毕业生可能具有各方面的就业优势，其系列优势所具有的核心竞争力所形成的作用是不同的。学生在择业就业过程中会受到团队意识、知识结构、认识水平、社会阅历、心理承受能力等多方面的影响，可能产生一些心理误区。教师要帮助学生客观地认识自己，引导学生进行SWOT自我分析，了解自己的优势和不足，指导学生及早提高职业核心能力，增强适应社会的能力，避免由于就业准备不足而错过就业机会。毕业班学生从众心理依然较强，高职院校要通过就业创业典型事迹的宣传，改变学生就业心理动力不足的现象，促进班级良好的择业就业心理契约氛围的形成。

（2）打造具备就业心理指导能力的师资队伍

高职院校学生的就业过程是不断探索、不断尝试、不断试错的行为过程，在此过程中，学生就业认知是其就业自信心的重要影响因素，是学生最重要的内驱力。高职院校可以有步骤地加强就业心理的专项培训，提高就业部门教师、专任教师、辅导员等就业指导工作者的就业心理指导能力。要对学生简历制作、职业方向、面试技巧等定期进行指导，理性应对学生群体中比较典型的就业心态，并及时倾听学生面试前后、就业前后的心路历程。只有这样，当学生出现就业心理困扰时，就业指导工作者才能迎刃而解，转"危"为"机"，将学生就业心理困扰转化成学生就业心理资本。

（3）提升学生就业压力管理能力

作为教师，要积极引导学生正确面对择业挫折、就业压力。要指导学生主动进行压力管理，让学生认识到从外部而来的是压力、从内部自动自发而来的就业准备是动力。学生之所以会体验到较大的就业心理压力，是因为就业准备不够扎实。因此，在进行就业指导时，要多引导学生提高自我认知，更多地了解时代、了解大学、了解工作和职业，做出合理的就业分析和就业决策。教师在教会学生学会就业压力管理的同时，还要注重增强学生的就业抗压能力，让学生认识到压力主要来自个人的自我期待，包括对就业的渴望、对就业地域的期待、对人生第一份工作条件的期待、对自我职业发展空间的期待。要帮助学生完成职场接轨，顺利地从"学生"转换到"社会人"角色。

（4）增强学生创新创业意识

创新创业是就业的重要内涵，高职院校要通过实习实践、创新创业训练，加深学生对创新创业的理解，让学生体验创新创业的乐趣。例如，可以通过角色扮演、沙盘模式、企业家沙龙、行动指南等方式，使学生在实践过程中获得丰富的情感体验，感受创新创业的乐趣。在就业心理指导工作方面，高职院校也可以采用体验式团体辅导的方式，帮助学生获得职业生涯规划理论知识，引导毕业生用职业生涯规划理论来指导自己的就业，让学生比较清晰地理清自己的职业发展定位和职业目标，培养学生的创新创业意识，提高就业的有效性。

（5）培养学生良好的心理素质

人力资源是企业极具潜力和价值的资源，当今企业的竞争不再是对市场占有率的竞争，更多的是对高质量人才的竞争。而较好的心理素质与心理资本，是高质量人才的重要内涵。在就业指导工作中，教师要有意识地让学生了解职业的含义、职业在学生成长成才成功中的意义，培养学生良好的心理素质。如果学生忽视心理素质的提高，就不利于职业生涯的发展和职业价值的实现。

典型案例：疫情下高校家庭经济困难毕业生的就业帮扶

1. 案例背景

2020年，受新冠肺炎疫情的影响，高校毕业生就业工作形势更加严峻复杂。2020年，亦是全面建成小康社会的收官之年，而高校家庭经济困难毕业生的就业工作是高校就业工作的重中之重。教育部、陕西省教育厅通过出台文件、开视频会等方式督促各高校抢前抓早、提前谋划，全力做好、做细、做实2020届高校毕业生的就业工作。然而如何做好家庭经济困难毕业生的就业工作是高校就业工作的重点和难点。面对疫情和脱贫攻坚的双重压力，作为高校，如何有效推进这部分学生的就业帮扶工作显得尤为重要和迫切。

2. 案例简介

杨凌职业技术学院2020届家庭经济困难毕业生700余名，其中建档立卡学生137名。这是一个庞大数字。然而另一面是招聘企业用工量大幅减少；学校线下招聘全部停止；学生不在学校在家里。当这个庞大的数字和群体邂逅了突如其来的新冠肺炎疫情和经济大幅下滑，就业工作的难题无疑是雪上加霜。本文以杨凌职业技术学院家庭经济困难毕业生的就业精准帮扶为典型案例，详述2020年该校如何结合自身实际，帮助家庭经济困难毕业生建立就业精准帮扶机制，克服一切困难，从而实现这部分困难毕业生充分高质量就业。

3. 帮扶方法

（1）学校高度重视，实施"一把手"工程

使每一位毕业生实现就业，特别是建档立卡、低保、残疾等家庭经济困难毕业生就业，是当前政府、社会和学校的一项政治任务，是各高校工作的重中之重。在深入贯彻执行陕西省脱贫办等文件精神的基础上，杨凌职业技术学院把家庭经济困难毕业生的就业帮扶作为"一把手"工程，学校书记、院长亲自上阵，主抓家庭经济困难学生的就业工作，并建立"一把手"负总责，分管领导主抓，招生就业处牵头，学生处、资助管理中心、各二级分院等部门齐抓共管的帮扶工作机制，毕业班辅导员、班主任等全员参与，多部门联动形成就业帮扶工作合力。

（2）就业帮扶政策"四优先"

①优先进行就业指导

对家庭经济困难毕业生，首先学校加强其心理健康教育，疏导其就业压力和自卑心理。使其积极调整就业心态，并为其制定切实可行的求职策略，从而提高求职成功率。其次学校强化家庭经济困难毕业生就业指导，学校通过大学生职业生涯规划、就业创业指导、创新创业、SYB创业等课程传授毕业生求职技巧、职场礼仪，启迪创业思维，提高创业技巧。对困难群体毕业生分类指导，对求职和创业过程中遇到困难和疑惑，给予及时的帮助和指导。

②优先提供就业与服务

学校对家庭经济困难毕业生的就业工作，实行分类指导。学校就业部门联合各分院就业干事、辅导员。对于不同学生的求职需求，通过线上线下等多种形式，精准对接，为其提供岗位需求信息。2020年，学校对离校未就业的困难毕业生，坚守的原则是"离校不离心，服务不断线"，持续做好该部分同学的就业工作。

③优先推荐就业岗位

一是针对家庭经济困难毕业生实行"一对一"专人帮扶机制，并优先为这部分学生每人推荐3个以上就业岗位。二是优先推荐家庭经济困难学生进入学院的各类订单班，提前为其解决工作岗位的后顾之忧，使其安心学习。三是优先推荐家庭经济困难毕业生参加各类基层项目，如西部计划、应征入伍等。积极投身西部，投身国防，去祖国最需要的地方建功立业。

④优先扶持自主创业

学校针对不同困难毕业生，精准发力，实施分类就业指导。对家庭经济困难毕业生有创业愿望的，学校优先组织其参加SYB、"互联网＋"创新创业大赛等创业培训。学院成立毕业生创业联盟，每年请自主创业的优秀毕业生回校作创业大讲堂系列讲座，并将创业愿望强烈的家庭经济困难毕业生优先推荐进入校友企业进行创业实践。

（3）就业帮扶资金到位

①提供就业创业专项资金

为帮扶家庭经济困难学生的就业创业工作，学校每年设立10万元的家庭经济困难学生就业创业帮扶专项资金，对积极参加国家、地方各类基层项目和到西部建功立业的毕业生给予一定奖励，对创业的家庭困难学生给予一定的资金支持。

②积极申请求职创业补贴

2020年，学校本着"实事求是、应帮尽帮、扩大覆盖面"的原则，为700余名建档立卡、低保、残疾等家庭经济困难毕业生成功申请求职创业补贴，每名学生补贴标准为1000元，杨凌示范区人力资源和社会保障局为学校家庭经济困难毕业生发放求职创业补贴合计为78.5万元。

（4）建立线上就业指导服务平台

①摸清底数、建立台账

疫情期间，按照建档立卡贫困家庭、低保、深度贫困地区、52个未脱帽贫困县、残疾等不同口径、标准统计，学校就业部门、资助管理中心和各二级分院经过反复核对，学校建立校、院两级台账信息，从而精准掌握学校家庭经济困难毕业生的底数，毕业生基本情况、学业情况、就业创业意向、就业进展情况、帮扶措施等内容为困难群体台账信息主要内容。困难学生台账信息专人负责，定期及时更新。班主任、辅导员、就业干事、学校就业工作人员通过电话回访、QQ群、微信群、就业网站、就业管理系统等，将困难群体帮扶对象的就业实际情况摸底统计，实时动态管理。坚决做到不漏一人。

②开展线上分类指导，提升就业能力

学校就业指导服务中心联合各分院针对不同群体，精准发力，实施分类就业指导。对于"专升本"群体，学校就业部门及时向学生发布2020年专升本报名时间及考试科目等相关信息。并邀请相关老师开设线上"专升本"公益讲座。对于直接就业求职群体，毕业班辅导员、班主任、就业相关老师等帮扶联系人通过电话、QQ群、微信等线上平台"一对一"为其修改简历、指导面试、推送求职技巧视频，帮助其提升自身竞争力。学校就业部门为这部分学生举办专场线上招聘会，并及时推送就业信息。搭建好用人单位和毕业生之间的供需平台。对于应征入伍、西部计划等国家基层相关毕业生，学校及时宣传"三支一扶""西部计划"等国家、地方基层项目的报考程序，并及时发布笔试、面试时间等信息。

（5）开展线上专场招聘会

2020年，疫情出现后，杨凌职业技术学院暂停2020届毕业生线下各类招聘会，招聘以线上网络视频招聘会为主，学校积极与杨凌师范区人才交流中心、211网、陕西兄弟校园合作，针对家庭经济困难毕业生，举办线上网络视频专场招聘会。学院为2020届700余名家庭经济困难毕业生，总计提供就业岗位10000余个。

（6）政府积极提供公益性岗位

为做好2020届毕业生的就业工作，校政加强联动机制。2020年4月，杨凌示范区管委会领导带队来校实地调研2020届毕业生的就业实际情况。调研结束后，示范区政府根据学校就业工作的实际困难，给予大力的就业帮扶和指导。杨凌示范区人力资源和社会保障局和杨凌示范区人才交流中心主动与学校就业指导服务中心联系，积极整合挖掘省内外优质企业资源，为学校毕业生搭建就业与服务平台，加大就业帮扶力度。2020年，示范区政府为杨凌职业技术学校家庭经济困难未就业毕业生提供政府公益性岗位60余个，这有力地保障了家庭经济困难毕业生"人人有业就""人人就好业"。

（7）积极开展就业核查工作

2020年全国高校就业工作的重点是毕业生的就业率要"实"，毕业生的就业单位要"实"。要做实做细2020届毕业生的就业工作，尤其是家庭经济困难毕业生的就业工作。学校领导召开专门的就业工作推进会确定就业核查方案。学校的核查方案是：①各分院组织辅导员、班主任通过电话对其帮扶的困难学生就业单位逐一核查；②学校就业指导服务中心组织专门人员对所有家庭经济困难毕业生的就业情况进行电话核实；③学校分管领导带领就业指导服务中心工作人员深入各分院核查家庭困难学生的就业实际情况。2020年，学校大力开展家庭经济困难毕业生的就业数据核查工作，前后开展共计6次。主要检查学生就业协议签订情况，电话核实建档立卡、残疾等家庭困难生的签约单位信息，调查未就业学生原因，从而精准掌握毕业生就业进展状况，为精准施策、精准帮扶打好扎实基础。

4. 案例小结

高校家庭经济困难毕业生的就业工作，是高校助力脱贫攻坚的核心与关键，是高校就业工作的重中之重。2020年，杨凌职业技术学院组织就业干事、辅导员、班主任等相关人员全员参与，通过电话、QQ群、微信群等多种信息化手段，建立台账、"一对一"帮扶，了解经济困难毕业生自身状况及求职意愿，提供个性化的就业指导。疫情期间，学校通过线上平台积极为困难毕业生推荐就业岗位，建立精准供需对接服务平台，努力为困难毕业生群体打通就业与服务"最后一公里"，2020年底，杨凌职业技术学院700余名家庭经济困难毕业生已实现充分就业，就业率达96.5%，高于非困难毕业生群体就业率。

04

第四章

以就业为导向的高职院校思政
教育改革创新

高职院校思政教育的具体内容

近年来，高职院校以其独特优势，吸引了越来越多的考生和家长的关注。发展前景广阔、就业形势好等让高职院校成为广大考生青睐的对象，面对不断扩大的高职院校学生群体，高职院校学生思想政治教育工作变得尤为重要，加强高职院校学生思想政治教育、引导学生思想方向已成为高职院校教育管理学生的必要问题之一。

一、高职院校思政教育的多重特征

高等职业技术学院和普通高等学校的思政教育有着培养社会主义建设者及接班人的共同点，但是高等职业技术学院和普通高等学校相比具有"多样性""职业性""应用性""实践性""开放性"等特点。在现代新形势下，高等职业技术学院应根据自身特点，做好高职院校学生的思政工作，才能更好地开展职业技术教育。

1. "多样性"：高职思政教育学生来源问题

大学扩招使在校生生源质量发生着变化，作为大学招生最低层次的高职院校，目前绝大多数的高职在校生的整体素质是好的，有着健康向上的思想品德及积极进取的人生观、价值观。但在部分学生中还存在着一些问题。如：由于是最后批次招生，学生进校时的录取分数比较低而且有着较大的差距，一定程度上说明高职院校学生的学习基础有较大的差异性且不同于普通本科院校的学生。这些学生可能被原所在的中学认定为"差等生"，一直处于被动学习的状态，而且缺乏自信，存在厌学情绪，追求不高，到高校来只是应付父母或者是为了混一张文凭后去混社会。他们对自己没有期望、缺乏远景规划，抱着混日子的态度在学校生活，导致思政教育的难度增加。高职院校思政教育应有针对性地对于各个层次的学生进行分级教学，结合学生自身的特点因材施教，让学生正确地认识自我，进行一定的人生规划，树立正确的世界观、人生观、价值观，能实现自我价值，成为社会主义现代化建设新时期的现代大学生。

2. "职业性"：高职思政教育需强调的基本特性

职业教育是对受教育者施以从事某种职业所必需的知识及技能的训练，高职院校是以培养高素质的应用型技术人才为目标，与普通高等教育学校的学科教育培养研究型应用人才为目标，有着本质的差别。突出"职业性"是高等职业技术教育的基本要求。高职的思政教育要与其"职业性"的基本特点紧密结合，突出"职业道德""职业规范""职业纪律""职业规划"等方面的教育，让学生能与就业零对接，以较好的状态服务社会。

3. "应用性"：高职思政教育需让学生明白的特性

"培养学生掌握……方面的基本知识，使学生具备……基本技能，能完成……方面的工作"是高职院校人才培养模式的基本特点。高职教育人才培养模式是以着重培养技术应用能力为主，是知识、能力、素质相结合的培养方案。毕业生在具有适度的基础理论知识的前提下，具有技术应用能力强、知识面宽、素质高等主要特点，因而教学就以实际应用为主导，构建教授大纲和教学内容体系。教育最终的落脚点在于能胜任某方面的工作，也就是要求学生能应用所学的知识和技能完成相关工作。高职院校的思政教育必须紧紧扣住"应用性"这个特性，遵循理论联系实际的要求，针对各个层次学生的基本特点，结合其专业特性，选择有效的思想政治教育内容进行教育，满足其职业应用性的特点，提高思政教育的有效性。

4. "实践性"：高职思政教育过程中需突出的特性

根据教育部相关文件规定要求，高职院校教育需突出实践教育，其中实践教学课时量不得低于课时总量的50%。因此，在高职教育教学过程中必须将理论教学与实践教学相结合，相互并重，共同推进以满足人才培养目标的要求。学生思政教育不能只是在理论教学的过程中进行，在实践教学的过程中更应该贯彻渗透思政教育。在"实践性"中贯彻渗透思政教育能更有效地结合学生职业生涯发展的特点，突出其"职业性"和"应用性"。在突出"实践性"的思政教育过程中，将教育的内容结合其专业特点满足其职业要求，让学生在不自觉中形成职业生涯自我规范，更好地完成职业工作任务。

5. "开放性"：高职思政教育组织活动需明确的特性

高职思政教育具有"开放性"，是由于在教学过程中实践教育活动较多，与外界接触较广泛。高职教育由于其特殊性和就业的导向，在教育过程中需依托于行业企业，且与之有较大的合作空间，并存在交叉教育的特点。由于行业企业等社会资源的广泛参与，高职院校思政教育的内容、范围、时空都有所拓展，思政教育资源也得到了丰富。高职院校的思政教育除了开展好校内的常规教育活动外，更应该注重在校外实习实训、在企业顶岗实习、在社会实践活动等校外实践活动中与校外企业行业人员一起对学生进行思政教育。正是由于"开放性"的特点，高职院校应该利用可以利用的各种教育力量及教育渠道全方位地开展思政教育，提高其实效性。

二、高职院校思政教育的功能与作用

1. 高职院校思政教育的基本功能

党的十八大以来，以习近平同志为核心的党中央把高校思想政治教育工作摆在更加突出的位置，做出一系列重大决策部署，指出高校思想政治教育工作要因事而化、因时而进、因势而新，要遵循思想政治教育工作规律，遵循教书育人规律，遵循学生成长规律，为高校思想政治教育工作指明了方向。在此背景下，加强高职院校思想政治教育工作，促进高职院校高质量发展，从而培养拥护党的基本路线，适应生产、建设、管理、服务一线需要的，德、智、体、美、劳全面发展的技术技能人才，成为必要和必然。我们应该针对高职院校学生的实际情况和特点，营造适合学生的校园文化氛围，建设和谐校园，利用社会各种资源和力量，采用各种有效的教育方法，发挥思政教育的相关功能，实现思政教育的目的。

（1）政治引导功能

习近平总书记指出："政治引导是思政课的基本功能。"上好思政课，最根本的是解决学生理想信念的问题。青少年处在人生"拔节孕穗期"，形成怎样的理想信念，是胸怀大我、与党和国家的前进方向相一致，还是沉浸在自己的"小小悲欢"甚至误入歧途，这不仅对个人，而且对国家和社会，都至关重要。青少年并不是自然而然就能树立正确的理想信念，这个过程必然需要一定的政治引导。能否发挥好这种政治引导功能，决定着思政课的成败。仅仅满足于传授知识、灌输概念，而不能实现对青少年政治认同的有效引导，思政课就达不到其根本目的。实现好思政课的政治引导功能，关键在于思政课教师要政治过硬，讲信仰的人必须有信仰。思政课教师要做学习和实践马克思主义的典范，自觉用习近平新时代中国特色社会主义思想武装头脑，在大是大非面前保持政治头脑清醒，在教学实践中坚守政治方向，努力做习近平新时代中国特色社会主义思想的合格传播者。

（2）政治功能

政治功能是我们社会主义国家思政教育的另外一个主要功能，培养的学生具有坚定的政治信仰是我们教育的基本要求。不管现在西方思想如何的影响，国际政治风云变化形势如何走向，我们思政教育的政治功能不仅不能削弱而且应进一步加强，同时需要在新的形势下与时俱进地做出相应的变革与国际国内形势变化相适应。我国目前处于社会主义初级阶段，现阶段的主要政治目标就是稳定发展，以经济建设为中心发展生产力，同时努力构建和谐社会。政治目标会随着社会的发展而发生一定的变化，以适应人民群众根本利益需要。高职

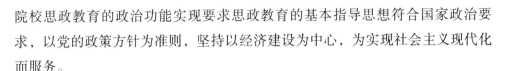

院校思政教育的政治功能实现要求思政教育的基本指导思想符合国家政治要求，以党的政策方针为准则，坚持以经济建设为中心，为实现社会主义现代化而服务。

（3）经济功能

经济功能是高职院校思政教育的又一主要功能。经济是由人创造的，人是经济活动中的主体，人是所有生产要素中最重要最积极的要素，思想政治教育工作的对象是要服务于社会，服务于经济，促进经济发展。思政教育就是要培养学生正确的"三观"，为社会主义现代化建设服务，从而推进经济建设工作。利用各种教育内容及方法提高学生的政治素养，确保学生能为社会主义经济建设作出应有的贡献，是个人发展和社会发展的共同需要，同时也是教育过程中思政教育与社会经济功能紧密相连的体现。

（4）美育功能

美育的本质是发现美、利用美、表达美。为培养青年人的社会责任感，大力发展美育也是一个发力点。思政教育讲究方式方法，要充分认识青年学生的想法，引导他们进行自我管理，激发他们树立正面价值观。高校的思政教育课程不应该仅限于狭隘的马列课程，而要关注大学生精神生活的需要，兼顾思政教育的深度和广度，促进学生感性与理性协同发展。美育是情感、趣味和艺术的代名词。如果说，思想政治教育的目的是让人"向善"，那么美育，就是一种很好的手段。人们感受到"美"，人就会变"美好"，把思想政治用美育包装起来，用美的形式让它变得有温度、有情怀，这样一来，思想政治课程不再枯燥难懂，而是更加贴近生活。高校培养的是有崇高理想信念的大学生，美育能大大提高人的品位，有助于树立正确的"三观"，培养高尚的道德情操。相反，思政教育如果脱离了美的元素，就只能达到"养性"却缺少了"怡情"。

2. 高职院校思政教育为构建和谐社会做贡献

我国目前处于社会主义初级阶段，党和国家要求以经济建设为中心，坚定不移地进行社会主义现代化建设。和谐促进发展，当前党和国家要求构建和谐社会以确保发展。这样要求高职院校的思政教育要引导学生的观念向促进和谐的方向发展，培养符合当代要求的和谐人才，使他们成为未来构建和谐社会的重要力量。思想政治教育是引导大学生观念更新与和谐发展的主渠道，和谐人才的培养是一个系统工程，高职院校的和谐校园建设，就是要系统地推动与协调整个教育活动和整个教育过程的和谐发展，培养出中国特色社会主义合格的建设者和可靠的接班人，成为构建和谐社会的主要力量。思政教育在这个系统工程中发挥着重要作用，它能发挥"导向"功能，引导学生形成正确的世界观、人生观、价值观，准确地判断并解决所遇到的各种问题，为构建和谐社会发挥重要作用。

现代大学生要拥有正确的工作观念、良好的职业道德、优良的思想道德，才能为以后走向社会参加工作打下扎实的思想素养基础。这就要求学生必须树立科学正确的"三观"。思政教育工作者要充分发挥思政教育的"导向"功能，正确引导学生树立科学正确的世界观、人生观、价值观，才能辩证地看待问题、分析问题、解决问题，正确地处理人与人、个人和集体、个人和国家，以及人与各种事物的关系，正确认知并解决问题；使学生能具有坚定的政治信仰，坚定不移地走社会主义道路，能与一切分裂势力做斗争，热爱自己的事业，具有积极向上的生活态度，参与创建和谐社会。自身及外界的多种因素导致高职院校学生与普通本科院校的学生存在比较明显的差距。他们自己都认为是"传统意义上的差生"，这样导致很多的高职院校的学生存在自卑、厌学、应付父母、混文凭等情绪。这就要求我们高职院校的思政教育工作者花费更多的时间及心血对于学生实施分层分级的教学，帮助学生树立信心、对未来充满希望、积极主动向学，使我们的学生成为心理健康，积极向上，具有优良思想品德，具有人格魅力的当代大学生。

高职院校肩负着为社会培养高技能应用型人才的任务，要求思政教育工作者在组织教学时注重其职业性、应用性、实践性的特点，将职业道德、职业规范、职业纪律、职业规划、团结协作等方面的内容贯穿于思政教育的过程中，培养学生爱岗敬业、遵守职业道德规范、具备团队精神等品格。具有优良的心理素质和良好的职业道德及团结合作精神的学生，才能在创建和谐社会、为社会主义现代化建设做出应有的贡献。

三、高职院校思政教育现存问题及具体对策

高职院校进入新时代之后开始受到人们的重视和关注，其极强的实用性为社会培养了很多应用型人才，其所培养的人才能够满足社会和企业对实用型人才的需求。但是，同时我们也必须看到，高职院校所招收学生的文化课成绩相对较差，很多学生是因为难以走入大学，才退而求其次选择高职院校作为其未来走入工作的基础，因此，让学生拥有一个健康的心理，正确认识自身的价值便具有非常重要的意义。思政教育能够满足对学生心理和思想进行正确培养的需求，能够帮助学生形成正确的人生观、价值观，学生走入社会之后，能更好地与社会相融合。高职院校已经认识到思政教育的重要意义，因此寻找一切途径让其优势得以发挥，弥补其不足之处。

1. 高职院校思政教育的现状

部分高职院校已经开始重视学生的思政教育，同时也认识到其对学校和其他科目教学质量提高的重要性。但是，我们也必须认识到其在课程的开展上还存在一些问题，这些问题阻碍了思政教育的发展，主要表现在以下几个方面。

（1）尚未形成教育合力

辅导员和思政课程教师是思政教育工作中的重要组成力量，然而高校辅导员往往承担着较多的事务性工作，很难全身心投入思政教育中；思政教师则更倾向于在课堂上进行思政教育，无法兼顾到学生的课外实践。并且，辅导员往往在教育管理中无法与思政教师建立密切的合作关系。此外，高职院校推行的课程思政和教学育人、管理育人、服务育人在实施过程中未完全落到实处，使得心理健康教育、思想道德教育等内容仅停留在较浅层次，也就很难将立德树人落实到教育实践中，未达到思政教育的预期效果。

（2）教育形式有待创新

经过长期教学经验的积累，大部分教师已经形成自己的教学方法，但未能在教育理念、形式、手段等方面紧跟时代潮流；部分教师能够将微课、慕课融入课堂活动中，但也只是将原有的教学内容照搬到课件中，教学资源不丰富，

课堂教学形式过于单一化，学生接受思想政治教育较为被动，也就难以发挥其主观能动性，教学效果欠佳。与此同时，部分教师所采用的单向传授方法未能预先关注到不同学生个体存在的差异性，出现教育和现实脱节的状况。

（3）大学生思想理念不成熟

诸多学生成长在独生子女的家庭环境中，家长对其关心和帮助较多，使得学生各方面能力得不到有效锻炼，形成过于自我的性格。这种性格直接导致学生缺乏团队意识和全局意识，不懂得主动帮助或关心他人。同时，由于大学生社会经验较少，对社会的认知不够，再加上其价值观念尚未成熟，面对新媒体带来的多元化信息，往往缺乏明辨是非的能力，容易受到外界思想的影响。

2. 针对高职院校思政教育主要问题的相应措施

高职院校想要做好思政教育，需要对问题进行解决，只有解决了思政教育中的各种问题，才能保证思政教育工作正常有序地开展，才能保证学生沿着正确的世界观、人生观、价值观前行，才能保证学生思想道路的正确性。

（1）注重师资队伍建设

为了提高思政育人的实效性，院校要将重点放在教师队伍的建设上，形成一支专业能力强、职业素养高的思政教育团队。

首先，教职工要加强理论学习，关心时事政治，提高自身思政修养。学校要加大引进具有丰富教育经验和先进教育理念的教师的力度，结合思政教育实际，加强"三全育人"工作，完善机制，吸收心理学、法学方面的专业指导教师，加入思政教师队伍之中。

其次，要提升思政教师的教学能力，定期组织思政教师参与培训、学术交流、教学科研和社会实践活动，提升思政教育工作者的整体素质和教学水平，更好地把握学生思想教育的本质；要引导教师将思政教育融入专业课程中，打破思政教育课程的局限性，让学生能在专业学习中提升思政素养；要重视辅导员、公共基础课教师思政教育的作用，在课程中设置思政教育模块，结合公共课程教学内容，选择与其相对应的道德理念、思想观念等内容，增强育人效果；要调动实训指导教师的积极性，在实训指导中渗透精益求精、诚实守信、

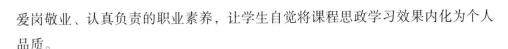

爱岗敬业、认真负责的职业素养，让学生自觉将课程思政学习效果内化为个人品质。

最后，思政教育要与创新创业教育进行融合，引导大学生创业者养成踏实肯干、敢于创新、艰苦奋斗的创业精神。学校的教务管理、宣传、图书馆和后勤服务等部门要围绕管理育人、文化育人、环境育人、服务育人等方面发挥作用，营造诚实守信、环境幽雅、办事高效便捷的校园环境，逐步建立起"三全育人"机制，实现思政教育全覆盖，增强思政育人效果。

（2）开展特色情感教育

在思政教育工作地位日益突出的形势下，如何发挥新媒体和互联网优势，如何将思政教育融入校园文化建设，也是新时代思政教育面临的主要问题。在思政教育工作中，高校和思政教师不应局限于运用规章制度约束学生的思想和行为，更应围绕以人为本的教育理念，在精神、文化和情感层面感染学生。在具体实施环节主要可以分为三个方面。

①学校和教师要注重环境的创设，营造校园思政教育的氛围，并通过开展多元化的活动，如素质拓展训练、师生大讲堂、学生社团和师生互动等活动，调动学生的参与积极性，培育和践行社会主义核心价值观，提升学生的政治素养。

②注重公寓文化建设。院校、思政教师、公寓管理者三者要形成教育合力，不断地密切三者间的联系。公寓管理者要加强职业道德修养，改进服务态度，提高服务质量，在公寓管理过程中潜移默化地影响学生，提高思想境界和道德水平，做到管理育人。

③要重视群体效应，学生所处的生活环境会给价值理念的形成和发展带来一定影响。宿舍是学生主要的生活环境，一个宿舍内的学生在事物认知方向上存在相似之处，极容易形成思想观念趋同的状况，这也被称为群体效应。大学生在生活方式、思想观念上容易相互影响。思政教师应利用好宿舍环境、校园环境这两个教育阵地，联合公寓管理者营造充满书香气息、良好生活风气的环境，培养学生明辨是非的能力，从而促使学生群体形成积极向上、乐观进取的精神风貌，在促进其心理健康发展的同时，帮助大学生形成正确的价值理念。

（3）开展多元思政教育活动

思政教育是一个长期的过程，必须坚持循序渐进的原则，在长期的课程教育、活动引导中加强思想政治方面的指导和教育。

首先，思政教师和辅导员应密切地关注学生心理、身体、文化等多方面的发展状况，制订科学合理的思政教育方案，选择恰当的活动载体和形式。由于大学生在心灵成长、道德发展上需要经历一个长期、反复的历程，且不同个体之间存在差异性，这就要求思政教育者遵循由浅入深、由表及里的教育方法。与此同时，在教育体系、内容建设上要坚持适度性原则，不能急于求成、揠苗助长。比如，思政教师要根据不同年龄段学生的认知水平和发展规律，调整课程的课时安排，并确保课堂内容与学生实际需求相契合。

其次，要立足时代，积极转变和创新思政教育形式。教师应利用好新媒体和互联网平台，着力开拓线上线下沟通和互动的新渠道，为学生互动交流创造有利条件。鉴于互联网具有开放性、自由性的特点，思政教师不仅可以搭建校园学生交流平台，还可以在互联网上打造师生互动平台，为学生提供及时反馈问题的途径，便于教师及时调整思政教育内容，加强道德理念、心理健康方面的引导。目前，微信、微博已经成为大学生常用的手机软件，高校和思政教师可以联合开通校园思政教育微信公众号、微博账号，师生间能通过微信、微博进行实时沟通，减少直接交流的不适。同时，教师也可以在这些平台上向学生推送校园道德风尚、心理健康、创业等方面的内容，并及时关注学生在评论区的留言，给予一定的参考意见。

再次，教师要把握好国家重要时期的会议或活动，在校内开展与之相关的竞赛、讲座、社会实践等活动，抓住思政教育时机，促进学生思想理念发生转变。

最后，要主动关注当代学生在思想上存在的矛盾变化和心理诉求，通过开展思政大讲堂、心理咨询等一对多或一对一的指导活动，帮助学生克服困难，获得其尊重和信赖。这时应注意到学生个体差异性，依据学生思想特点进行针对性引导，促使其在道德品质、心理素质、个人修养等方面得到提高；扩充专业以外的认知，学科交叉充实自我，更好地做到价值引领。教师要积极利用课余时间加强理论学习，关心时事政治，提高政治素养，具备良好的职业道德，切实履行职责，主动与学生进行交流，积极指导学生社团活动，做学生的良师益友和人生导师。

高职院校思政教育与就业指导整合的路径

目前，随着社会的发展和经济的进步，高职院校迅速地发展起来。但是高职院校学生就业形势也变得更加严峻。在这样的社会环境下，毕业生的就业问题也逐渐成为社会关注的焦点。学校也在积极地寻找有效的办法来加强对大学生就业方面的指导。在高职院校教育中，思政教育和就业指导存在着密切的联系，思政教育对于就业指导具备了一定的现实意义。

一、高职院校思政教育对高职院校学生就业的作用

目前随着教育体制的不断改革，高校中的教育模式也在发生着一些改变，在如今的高校教育中，对大学生的就业指导逐渐重视，这样在一定程度上提高了大学生的就业率，推动了社会经济的发展。

1. 高职院校思政教育和大学生就业指导之间的关系

高校的思政教育主要目的在于培养学生正确的价值观、端正学生的政治思想、提高学生的整体素质，这样有利于学生的全面发展。这样看来，高校思政

教育与大学生就业指导之间存在着紧密的关系，这些关系主要体现在以下几个方面：

（1）高校思想政治教育与大学生就业指导之间存在的现实联系

所谓的现实联系指的是两者之间所存在的关系，对大学生现实生活的影响，这样的影响主要体现在通过思想政治教育，能给大学生的就业带来的机遇和优势。从目前高校大学生的整体素质来看，其思想比较积极乐观，通过高校的氛围影响和专业的素质教育等各个环节，大学生对自己的人生目标有了大概的方向。一方面通过高校的思想政治教育，能够使学生树立正确的人生观、价值观和就业观，在这样的情况下，大学生会通过独立思考对今后的就业问题进行分析。另一方面，通过对大学生进行就业指导，使大学生明确目前的经济形势和就业形势，结合大学生的思想政治教育，使大学生对目前高校教育的形式进行全面的分析，以及在这种形势下，会对大学生的就业产生怎样的影响。由于目前大多数高校采取了扩招的方式来招收更多的学生，但伴随而来的是教育资源的紧缺，教育质量的下降，这些问题都会对大学生思想和行为不同程度的影响。这就是高校思想政治教育和大学生就业指导之间所存在的现实联系。

（2）大学生对就业选择的不同，给高校思想政治教育带来挑战

目前大学生的就业形势比较严峻，其中包含了社会原因和大学生自身的原因。社会原因是，在社会经济和高校教育的双重影响下，导致适合大学生就业的岗位较少，另外一方面，大学生由于自身的原因所造成的就业形势严峻占据了很大一部分。其中主要包括这样几个原因：首先是大学生的就业观念和心态错误，部分大学生对于就业单位的期望较高，对于就业单位的选择都是一些国有企业或者事业单位，但是却不考虑自身的能力和目前高校的教育模式。目前的社会中，大学生所占的比例越来越高，但是由于每个大学生的能力和学历都不一样，这就导致了在就业选择上的认知错误，同时也给大学生的就业带来相当大的难度。另外，由于大学生自身的原因导致的就业问题还体现在大学生对就业城市的选择上，部分大学生都期望去经济发达的城市，不愿意去中西部城市。其次是由于部分大学生的道德观念和诚信问题，为了能够保证顺利就业，部分大学生修改毕业证书和伪造各类证件，来变相提高自己的个人能力。另外一种情况是诚信问题，部分大学生在选择好用人单位之后，发现另外的更好的

单位，就随便毁约和再签约，这两个方面的问题充分说明了大学生的就业指导与思想政治教育之间的矛盾关系。最后一方面是在于部分大学生的心理，导致就业的困难。部分大学生自身能力并不突出，缺少各种证书，导致信心的缺失，不敢参与用人单位的面试，造成就业困难。以上三个方面都说明了大学生的思想政治教育对大学生的就业所存在的必要性。

（3）高职思想政治教育与大学生就业指导相互结合，相辅相成

高校思想政治教育与大学生就业指导之间存在着不可分割、相互依靠的关系，这样的关系是从多数大学生成功就业的例子中所表现出来的。思想政治教育可以通过对大学生进行思想教育，端正学生的就业观念，提高学生的个人素质，这样可以使大学生在就业指导中能够更加清楚地认识自身。而大学生就业指导是对高校思想政治教育的具体化运用和表现内容，所以说，这样两个方面之间的关系是应该相互结合、相互促进的，无论是哪一方面出现脱离，都会影响其中的核心思想。在进行大学生就业指导的时候，应该围绕高校的思想政治教育来对大学生进行就业指导，体现出思想政治教育在大学生就业中的重要性。

2. 高职院校在思政教育下进行就业指导的意义

在新时代背景下，高职院校教育管理体制也在不断地更新、完善，高职院校的思想政治教育与就业指导教育应进行融合，通过思政教育提升大学生的综合素质，通过思政教育对大学生的价值观、择业观、就业观等进行科学引导。思政教育对于大学生就业指导的作用主要体现在以下几个方面：

（1）思政教育可以帮助大学生理解目前的经济及就业形势

大学生对于目前经济还有就业形势的理解直接影响到学生就业。如果在高职院校落实思想政治教育则可以提升学生对于就业观念的理解程度。随着当今社会的发展，经济的增长方式也发生了明显的变化。之前的经济增长方式属于粗放式，目前主要是借助新的技术和产品来实现经济的发展。在这种经济形势下社会对于人才的需求也在发生一定的转变。目前很多企业都开始从之前的劳动密集型向技术密集型进行转变，所以对人才需求直接发生了很大的变化。而且高职院校目前又在不断扩招，每年进入到高校的学生数量在不断地增加，这

导致就业出现了供不应求的现象，使得学生毕业后面临的就业形势相对比较严峻。为了能更好地解决这个问题，国家也出台了鼓励学生毕业后自主创业的政策，希望借此可以增加学生就业的机会，也可以实现社会经济的发展。虽然出台了这样的政策，但目前毕业生就业情况并不理想，为了进一步帮助学生了解我国一些就业优惠政策，进一步端正自己的就业态度，改变以往错误的就业观念，高职院校应该积极落实思政教育工作。目前高职院校的学生想要获取就业信息的渠道和平台是丰富的，但是因为他们缺乏一定的经验和阅历，所以无法掌握具体就业信息。在进行就业指导的时候，教师可以针对学生的情况落实针对性指导，对学生的问题予以解决，借助思想政治教育引导学生对自己的职业规划进行合理设计，这对于学生毕业后的求知有着重要的意义。

（2）开展思政教育有助于提高大学生的综合素质

目前在社会的发展过程中，各个企业的竞争都非常激烈，那么企业为了能够在竞争中获得一定的优势，对于招聘的员工的素质有了更高的要求。除了考虑毕业生的综合素养之外，在学生应聘的时候也会考虑到他们的综合表现。在招聘的过程中企业单位的人力资源部门会提出各种专业技能知识对应聘者进行专业知识上的检测。当前的学生阅历还不是特别丰富，面对这样的面试一时间可能心理压力会加大，导致在应聘的时候表现较差，无法发挥出自己的真实水平，从而影响到了应聘的结果。在这种情况下需要大学生能够具备较强的综合素质和心理素质，只有这样才能在真正的应聘中脱颖而出。那么在高职院校就业指导中进行思想政治教育则起到了重要的作用。对高职院校的学生落实思想政治教育能进一步提升他们的综合素质，可以提升他们的专业技能和思想理解能力。在思想政治教育过程中，教师可以模拟实际的应聘现场，通过这种模拟训练有效地提高学生的心理素质。针对目前毕业生在应聘中面临的主要问题，借助思想政治教育可以及时有效地解决这方面的问题，提升学生的心理素质，从而促进学生获得全面的发展，让学生在毕业求职中获得更大的优势。

（3）开展思政教育有助于学生提早面对求职问题

在学生毕业求职的过程中，很有可能会因为求职单位的不同或者所在岗位的地位影响到学生的心理，进而产生一系列连锁问题。很多学生基本会存在着这样的一种心理，就是经过多年的学习，毕业后却没有能够找到自己理想的工作。这样的现实情况让学生一时间无法接受。这也是学生毕业求职面临的主要问题，这种问题导致学生在求职和对待未来的人生发展方面出现了一些认知上面的错误，影响到了学生的发展。如果可以有效地开展思想政治教育，教师就可以利用一些实际的案例给学生介绍和讲解，针对问题引导学生理智地对待和处理，分析问题找出根本原因，这样可以帮助学生树立正确的就业观，有助于学生更好地开展求职活动。

目前我国的高等教育得到了很大的发展，高校毕业生也急剧增加。就业问题变得更加凸显，当前也引起了社会的高度关注。学生毕业后踏入社会面临着严峻的就业压力。目前高职院校不断扩招，对于高职院校的毕业生来说，他们所面临的就业压力更大。这导致在就业的时候出现了更多的问题。这些问题使得毕业生就业并不顺利，也为社会的发展造成了一些消极的影响。所以在高职院校教学中一定要落实就业指导，而且一定要注重思想政治内容的融入，这样才能真正地帮助学生获得综合素质的发展，也进一步推进高职院校的发展。

二、高职院校就业教育中思政教育的具体内容与开展

1. 高职院校思想政治教育和就业指导教育息息相关

高职院校思政教育在实际中的表现为高校辅导员以及代课教师依据一定的思想政治观念和完善的道德规范，有目的性、针对性在大学生中开展教育工作，完善高校学生的思想政治体系，培养优质、高素质人才，以便高校学生适应社会的发展要求。

高职院校就业指导教育指的是辅导员及教师在与学生交流的过程中，适时解决学生遇到的就业难题及其困惑，凭借有效的就业信息，积极帮助学生良好就业，其内容包含就业政策导向及相应的思想教育工作。

因而，高职院校思政教育与就业指导教育息息相关，就业指导教育工作包含思想政治教育工作，加强思想政治教育工作又可推动就业指导教育工作的发展，整合思想政治教育与就业指导教育将具有重要意义。就业指导是思想政治

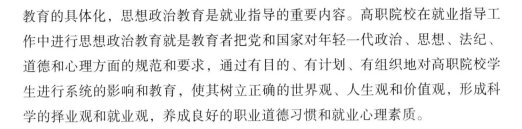

教育的具体化，思想政治教育是就业指导的重要内容。高职院校在就业指导工作中进行思想政治教育就是教育者把党和国家对年轻一代政治、思想、法纪、道德和心理方面的规范和要求，通过有目的、有计划、有组织地对高职院校学生进行系统的影响和教育，使其树立正确的世界观、人生观和价值观，形成科学的择业观和就业观，养成良好的职业道德习惯和就业心理素质。

2. 思想政治教育在就业指导教育中的具体内容

（1）毕业生思政意识的培养

当前严峻的就业形势，激烈的社会竞争，使得高职院校大学生在对就业这个概念的认识上存在许多问题，加上现代大学生的思想相对不成熟，对思想政治教育的认识存在偏差，他们单纯地认为思想政治教育仅仅只是高校宣传国家方针政策，对于就业和生活没有多大帮助，也就忽略了思政教育的学习。

另外，中国的就业创业教育目前处于起步阶段，很多高职院校开设并重视起就业创业指导课程，出现就业创业技能大赛等形式的教育，因此可以把学生的创新意识作为就业创业指导教育的主要内容，培养学生的创新意识。当前高职院校大学生的思政教育已涉及学生日常工作、心理健康甚至职业规划等多个方面内容。因此，我们要重视强化学生相关方面的主观意识。

（2）培养毕业生正确就业观

在高校思想政治教育与就业指导中，必须保证学生能够具备科学的择业观，这是保证学生能够持续成长、顺利就业的重要基础。由于思想政治教育与就业指导工作和学生择业观的形成有着较为紧密的联系，需要提高对高校思想政治教育与就业指导的重视性，主动适应经济新常态的时代背景，将两者有效融合，为培养学生合理科学的择业观提供良好的环境。为满足就业指导工作的需要，可以将思想政治教育内容融入其中，促进就业指导工作的科学发展。

3. 就业指导中思政教育的进一步开展

（1）校内课堂教学

可以通过课堂教学对大学生进行就业指导教育。课堂教育包括思政理论课、就业指导课、基础课、专业课。教师可通过思政理论课重点对学生渗透正确的人生观和价值观；基础课、专业课培养学生的专业兴趣，有针对性地加强专业教育；就业指导课渗透职业道德，培养他们忠于职守、爱岗敬业的精神，在职业上精益求精。教师可通过小组讨论、案例教学、举办创业大赛等实践教学方式来让学生获得技能。

（2）校内课余活动

课余教育活动可以激发学生主动性。高职院校可以通过主题班会、校友大讲堂、就业指导专题讲座、微信公众平台和就业信息网站等多种形式，对学生进行宣传教育，给学生提供更好的就业平台信息。通过课余活动，学生提升自己的实践能力，正确认识就业形势，积极调整自己的就业心态。

（3）校外社会实践

社会实践，是高职院校思政教育的一种重要形式，对大学生就业有着一定的作用。大学生可以通过寒暑期的社会实践，提高自己的工作能力和职业认识，进一步了解自己的职业兴趣和自身优势，更好地为毕业后的就业领域和职业方向的确立做好准备工作。另一重要的社会实践形式是社会实习，是指在大学毕业生就业前，要进行一段时间的社会实习活动，这对于毕业后的就业有着一定的铺垫作用。社会实习能检验大学生大学期间知识的掌握程度，人际关系处理的把握程度。

（4）心理辅导

面对就业形势的日益严峻，大学生心理压力增大。为帮助大学生调整就业心理、缓解就业心理压力，思政教育应结合心理健康教育，对于大学生在就业过程中遇到的困难和问题进行就业心理指导，使得大学生在步入社会前具备健康的心理状态。思政教育者可定期制定就业调查问卷或举办大学生心理健康教育讲座等，对于个别情况进行单独心理辅导。思政教育和心理健康教育结合应重点培养毕业生就业信心，增强就业意识。

在当前社会新形势下，能够重视思政教育与就业指导教育相互影响，不仅可以引导高职院校学生学习专业知识技能，还可以提升学生的综合素质。培养高素质大学生，能为社会提供宝贵的人力资源。高职院校就业指导教育成效显著，但是，思政教育依然存在许多问题，这需要高职院校重视加强就业指导教育中的思想政治教育。

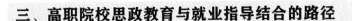

三、高职院校思政教育与就业指导结合的路径

大学毕业生的就业与创业问题牵涉千家万户，大学毕业生的就业创业形势依然严峻。用工难与大学生就业难并存，其实质就是经济发展与高等教育的关系问题。新时期，培养什么人、怎样培养人、为谁培养人成为中国高等教育必须回答的根本问题。高职院校是高等教育学校的重要组成部分，为社会提供第一线的高技能、应用型专门人才。高职院校就业创业教育涉及内容多，时代性、创新性要求高，对大学生的自我认知、职业认知有较深远的影响，然而当前高职院校开展的就业创业教育又存在较多的问题。课程思政与就业创业教育，都是为了推动大学生个性发展，引导其建立正确的世界观、人生观与价值观，促进其健康成长、稳定发展。早在2016年，习近平总书记就在全国高校思想政治工作会议上强调，"做好高校思想政治工作要用好课堂教学这个主渠道……各类课程都要与思想政治理论课同向同行，形成协同效应"，思政教育与就业教育在教学方法、教学目标、教学内容等方面都有较多的可融可补之处。

1. 高职院校思政教育在就业指导方面的现状

（1）就业指导工作中思想政治教育缺乏实践性

高职院校就业指导工作中思想政治教育忽视了实践性的作用。高职院校的教育目标应该是培养职业型人才而非学术型人才，然而，在高职院校就业指导工作中思想政治教育课程的考核，采取的考核方式与一般的学科考试并没有很大的区别。普通的学科考试强调学生对理论知识的掌握和理解，然而对于高职院校的学生而言，对社会实践能力的重视应该高于对理论知识的理解。在这一点上，高职院校就业指导工作中思想政治教育工作并没有做到位。这也使得就业指导思想政治教育课程对学生的吸引力不大，降低了学生学习的兴趣，丧失了就业指导思想政治教育课程开设的目的。

（2）就业指导工作中思想政治教育缺乏针对性

目前，我国高职院校中开设了就业指导课程的并不多，并且很多高职院校仅仅只在学生临毕业前的一年开设了就业指导课程，对学生的启发意义并不特别理想。即使在开设了就业指导课程的高职院校中，也有五分之四以上的院校没有根据学生的具体年级、不同专业、不同地区进行分类教学。学校的就业指导课程采用统一的指导教材，没有针对性，对学生的实际指导意义不大。另外，现阶段就业指导教材种类繁多，各高职院校采用的教材不尽相同，其中很多教材更新速度慢，远远落后于实际的社会发展，对于现实社会就业的新情况、变化、政策等没有及时更新。加上教师教学中没有做好备课工作，照搬教材，导致学生想了解的知识没有了解到位，学习到的知识实用性差等问题的出现。

（3）就业指导工作中思想政治教育模式单一

大部分的高职院校在就业指导课程教学中依然采用传统的教学模式，以填鸭式教学方法向学生机械灌输知识，同时就业指导课程采用大班教学方式，不仅不能对学生进行个体差异性指导，还容易影响班级教学效果。在大班教学中，教师坐在课堂上讲课，学生不认真听课的现象比比皆是。传统的教学模式经常以教师讲授为主，学生发言和参与讨论的机会较少，学生处于被动学习的状态，对于学习的兴趣有所降低。同时，由于是大班教学，教师在下课后无法为很多学生排疑解难，导致师生之间沟通与交流较少，学生无法从教师处获取更多的就业咨询，对就业方向依然处于懵懂状态，教学效果大大降低。

（4）就业指导工作中思想政治教育缺乏实际意义

通过对高职院校毕业学生的调查与了解发现，大部分学生认为学校开设的就业指导课程对学生实际的就业并没有起到很多指导作用，半数以上的学生认为就业指导课程开设的意义不大。说明高职院校的就业指导教学仍然停留在对就业政策和就业的基础知识宣传上，缺乏对学生就业选择、就业判断和就业注意事项的具体指导，导致就业指导思想政治教育缺乏实际指导意义。

2. 高职院校思政教育与就业指导教育结合的重要性

（1）树立大学生正确创业观的重要指引

当前，我国高校创业教育功利主义思想严重，过于注重强调学生创业产生的效益，过于追求对学生创业技能的培养，甚至认为创业技能的培养是高校创业教育的本质，从而忽视了对学生创业精神和个人思想品德的培育。这种功利化、片面化的创业教育理念与教育方式会影响大学生的创业动机，会使学生在创业过程中产业狭隘的利己主义思维，长此以往对我国的创业教育乃至国家社会经济的发展百害而无一利。因此高校在创业教育当中要大力实施思想政治教育，做好思想政治教育与创业教育的学科融合工作，通过思想政治教育引导学生树立正确的创业观，使学生全面而自由地实现个人价值和更好地为社会做出贡献。

（2）实现我国高等教育全面育人目标的重要举措

2016年李克强总理在高等教育改革创新座谈会上指出："创新是推动国家发展和社会进步的不竭动力，高等教育要着力围绕服务国家创新发展，促进大众创业、万众创新，培育更多创新型人才。"高校创业教育与思想政治教育的融合着重强调当代大学生坚韧不拔的创业品格和锐意进取的创新精神，这不仅是高等教育改革创新和时代创新精神的重要体现，也是实现学生全面而自由发展的重要举措。所以思想政治教育与创业教育融合可以最大限度地发掘大学生的潜力，使大学生在思想政治教育学习中，将理论知识转化为创业精神和品质，促进全面发展，以实现我国高等教育全面育人的目标。

3. 缓解当前大学生"就业难"的现实要求

大学生的就业形势越发严峻。通过思想政治教育与创业教育的融合，可在高校创业教育中充分发挥思想政治教育的德育作用，来培育大学生艰苦奋斗的创业精神和锐意进取的创业意识，不断增加大学生创业信心，增强大学生自身的综合素质和能力。通过增加大学生创业意识和创业信心，促进大学生积极创业，以创业带动就业，为社会创造更多的岗位，这样就能从根本上缓解当前的就业压力，解决社会上大学生"就业难"的问题。

4. 创新思想政治教育载体的重要途径

思想政治教育在不同历史时期有不同的内容和载体，在不同时期思想政治教育的内容和载体也发生着变化。高校创业教育体现着一种积极进取的时代精神，和当前的社会发展现实要求相符合，大学生在创业过程中形成的勇立潮头、诚实守信、艰苦奋斗、甘于奉献的创业价值观正是新时期思想政治教育的价值导向。通过在高校创业教育中实施思想政治教育，已渐渐让高校创业教育成为展现新时期大学生理想信念的新平台，成为大学生践行思想政治教育的新空间、新载体，这一举措能推动高校创业教育又好又快发展，为国家施行创新驱动战略提供人才保障

5. 高职院校思政教育与就业指导教育结合的具体措施

（1）日常教育与就业教育相结合

高职教育有其不同于普通教育的教育方向，那就是高职教育培养的目标是高技能的人才，这些人才的出口就是市场，因此高职院校与市场的结合更加密切，那么就业指导在实际操作中更应该贯彻教学—就业—市场—教学的思路。即让市场需求引导教学结构的调整，在日常教学中培养拥有健全人格、高技能、高职业道德的优秀人才，最终将他们引向市场，在市场中检验教学的成功与否，然后再回到教学的环节上。这样的思路要融入教学环节中，努力提高高职院校学生素质；及时地追踪市场变化，搜集整理市场对专业人才包括专业类型、数量、技能水平要求的信息并及时反馈给教学部门，为教学结构的调整提供有效的依据。同时，根据企业的需求探索复合型人才培养模式，培养一些实用性复合型人才，课程的设置与企业的需求相结合，加强学生实际操作能力的培养，增加实践课内容，提高实际动手能力，以缩短走向社会的不适应期。要把大学生就业教育的内容渗透到入学教育和在校日常教育中去，形成全方位的系统就业教育。

（2）榜样教育与创业教育相结合

例如江苏徐州九州职业技术学院，通过对毕业生的跟踪调查，邀请具有典型事迹的创业成功毕业生回母校作报告，介绍创业成功的经验和体会，并将他们评为"九州之星"。学校把"九州之星"的事迹张贴上墙，并编为报纸，印制成小册子，作为招生宣传材料，并发放给在校的每一个学生。通过每年一度的"创新创业九州之星"颁奖大会的召开，点燃全院学生就业创业的热情，在校园内形成学习创新创业的氛围。学校通过对"创新创业九州之星"的评选，不断探索民办高职院校学生创新创业教育的新途径，加强学生日常创业教育，使学生得到全面发展，成为社会有用的人才。

（3）班级教育与个人思想教育相结合

大学生就业思想教育要坚持个人教育和班级教育相结合。通过班会、集体讨论、就业指导课、教师宣讲、专家讲座等形式，对大学生在就业思想和择业过程中存在的共性或有代表性的问题进行集中指导和教育。个人教育则是指在班级教育的基础上，针对不同学生的不同思想问题和心理特点的差异，因材施教，因人施教，采取个别谈话、少数座谈、重点帮助等形式，对单个或少数学生进行有针对性的指导和教育。

（4）学校教育与家庭和社会教育相结合

家庭是学生出生成长的地方，父母是孩子最好的老师。学校要定期与学生家长联系沟通，将学生在学校的情况及时反馈给家长，对于学生成长过程中出现的问题，要与家长一起妥善解决。在就业教育中要通过家庭教育帮助大学生认清就业形势，做好人生规划，调整就业期望值，同时利用家长的社会资源，推荐学生就业。社会要为大学生多提供就业机会，建立公平的就业环境，保障各系就业优惠措施的实施。只有发挥学校教育在大学生就业指导教育中的主阵地作用、家庭教育的基础作用和社会教育的保障作用，真正形成学校、社会、家庭三位一体的教育格局和教育合力，才能形成大学生就业和成才的良好环境，促进大学生全面健康和谐发展。

高职院校思政教育课程及就业指导与服务体系的建立

一、高职院校就业思政教育课程体系的建立

2020年5月，教育部印发了《高等学校课程思政建设指导纲要》，对今后一段时期如何深入推进高校课程思政建设做出了全面部署与系统安排，标志着高校课程思政建设进入新的发展阶段。面对新形势、新任务、新要求，高职院校如何在已有工作基础上扬长补短，坚持问题导向和目标导向，全面系统地推进课程思政建设，是一项迫切需要深入研究的重大课题。为此，开展高职院校课程思政教育体系构建的探索与实践，对于进一步加强思想政治教育、构建协同育人机制、提高人才培养质量、落实立德树人根本任务具有十分重要的现实意义。

1. 就业思想教育在思政课程中的建立

（1）就业思想教育与高职院校思政教育

高职教学有别于本科教学，其更多强调的是职业素质特点，这就要求学生

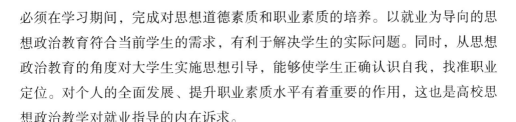

必须在学习期间，完成对思想道德素质和职业素质的培养。以就业为导向的思想政治教育符合当前学生的需求，有利于解决学生的实际问题。同时，从思想政治教育的角度对大学生实施思想引导，能够使学生正确认识自我，找准职业定位。对个人的全面发展、提升职业素质水平有着重要的作用，这也是高校思想政治教学对就业指导的内在诉求。

（2）能力本位发展与高职院校思政教育

高等职业教育的基本指导理念是"以服务为宗旨、以就业为导向，以能力为本位"。其中，"以能力为本位"不仅体现在高职院校"工学结合、校企合作"的人才培养基本模式中，而且成为高职院校专业课程改革和教学模式重构的主导方针。高职院校思想政治理论课是对高职大学生进行系统的思想政治理论教育的主渠道和主阵地。高职院校的思想政治理论课教学也可以贯彻"以能力为本位"的理念，深化高职思政课教学改革。以能力为本位的高职思政课教学，就是要贯彻理论联系实际的原则和学以致用的精神，从高职大学生的思想实际和社会对高职大学生的成才要求出发，用灵活多样的教育教学方式，充分调动并发挥学生的学习主体作用，着眼于培养学生运用马克思主义的立场、观点和方法发现问题、分析问题和解决问题的能力，使学生能够正确地认识社会、认识自我，培养积极乐观的人生态度，初步掌握辩证思维的科学方法，能够根据道德和法律规范调控自己的行为，增强高职大学生的思想自觉、政治自觉、行动自觉，促进学生的全面发展和健康成长。

（3）社会主义核心价值体系与高职院校思政教育

社会主义核心价值体系涵盖的思想内容丰富，并展现出极具思想性和深刻性的育人功能。高校可组织学生更加细致和深入地学习马克思主义指导思想，根据中国特色社会主义建设的现状，更加具有方向性和目标性地定位教育决策。高校可参照社会主义核心价值体系，对思政教育内容进行丰富，并制定可精准输入和输出政治立场和态度的教育模式和手段。社会主义核心价值体系的应用，为高校大学生思政教育指明方向，令教育工作者明确了"培养什么样的人才"。同时，社会主义核心价值体系作为指导思想，对大学生思政教育进行创新和改革的过程中，教师可将既往封闭的课堂向市场环境中延伸。将社会主义核心价值体系作为先进理论思想与社会锻炼的连接工具，使学生在现实背景的映照下，对自身适应社会的必备能力和素养进行客观的评价，以此激励他们更加拼搏和努力。

2.就业思想政治教育课程的具体内容设置

高职院校教育培养的是第一线应用型技术人才，其课程设置应符合职业素质发展需要，关注学生全面素质的提高。其构建应紧密结合职业发展特点，以就业观、就业素质、个性化教育为内容构建课程体系。其内容构建应注重以下三方面：

（1）重视高职院校学生树立正确的就业观

应引导学生学会以马克思主义的立场、观点和方法为指导，坚持个人发展与社会发展需要并重，树立科学的个人价值取向，深刻认识自己所担负的政治使命和社会责任，服从国家人才政策，满足社会需要，实现个人与社会的和谐发展。从社会主义初级阶段的基本国情和当前经济形势出发引导高职院校学生，合理调整就业预期，使学生树立行行建功、处处立业的认识，调整择业目标，转变就业观念，做好基层就业、艰苦创业的心理准备，树立理想信念。

（2）重视高职院校学生提升就业素质、强化内在竞争力

加强高职院校学生团队意识和协作精神教育。团队意识和协作精神是一个人、一个企业、一个民族走向成功的基石，对高职院校学生提高就业竞争力和工作能力必不可少。高职院校要注重教育学生形成各尽其才、分工合作的行为方式，不断增强团队意识和协作精神，注重高职院校学生吃苦耐劳和诚实守信品质的教育。在就业指导中，要加强爱岗敬业、乐于奉献的职业道德教育，培养高职院校学生的事业心和责任感。杜绝制造虚假简历、拖欠助学贷款、擅自毁约等不良现象，塑造良好的道德品质和精神风貌，赢得用人单位的信任。

（3）重视高职院校学生个性化素质教育，提高针对性

个性化教育是以学生为中心，一切以适应学生个性和自主学习为出发点和归宿。不同年级、不同专业类别、不同就业能力的学生群体乃至不同学生个体，他们对就业思想教育的内容有不同的要求。传统的思政课内容千篇一律，千人一面，缺乏针对性、实效性。个性化教育对提高学生个体价值，拟定职业发展方向具有极其重要的作用。

3.就业思想政治教育课程体系的框架设置

（1）以就业需求为出发点，融入就业思想教育内容

思想政治课要正视大学生就业需求，注重渗透就业思想教育。就业思想教育的内容一般包括以下几个方面：国情和形势政策教育，让大学生认清就业环境，提早为就业做准备。通过国内外政治、经济、文化、社会等介绍，让大学生深刻感受当今生活环境；从意识上转变"就业求安稳""比父母"的传统观念，从大一起就确定自己的职业生涯，努力提高自己的综合素质和能力，为顺利实现就业和创业做准备。

（2）注重能力培养，探索多重途径教学形式

21世纪的竞争，是人才的竞争、能力的竞争。高职思想政治课必须认清形势，主动变革，实现转变，变强调灌输为注重引导，在引导中提高学生的就业能力。提高学生自主学习的能力，加强提出问题、分析问题、解决问题的能力，培养承受挫折，与他人合作的能力。整合课程，将理论知识讲解与学生科学思维形成、能力开发、思想道德修养提升结合。辅以灵活多样的教学手段，吸引学生并激发学生进取精神。以实践为主线，培育德技双馨的未来职业人。在构建课程体系和教学内容时，调整理论课与实践课学时的比例，减少理论课学时，增加实践课学时，加大课堂讨论、主题演讲、专题辩论等校内实践环节和社会调查、社会实践、参观访问等校外实践环节的比例。让学生更多地了解社会、了解企业和了解自我，加速从学生向合格职业人的角色转换，把道德素质内化，把隐性素质转化为显性能力，从而提升就业能力。

（3）端正大学生就业观念

以社会主义核心价值体系教育端正大学生的"三观"，树立正确的职业理想。课程应引领建设中国特色社会主义、弘扬民族精神和时代精神、引导树立高尚价值观，以国家大局和人民利益为重，在国家需要的岗位上施展才华成就事业，事业的成功又必然带来经济的自立和人生价值的巨大满足。通过社会主义核心价值体系介入，让学生认识敬业意识、进取意识、团队合作精神、宽容忍耐、诚信和遵章守纪意识的重要，从而提高大学生的社会适应能力。

（4）个性化教育

实施个性化教育，有助于改变大学生的学习方法与态度，提高学生学习能力，有助于改变大学生的就业观念，有助于提高大学生的实践能力，有助于培养大学生的创新能力等。只有改变大学生的观念、提高他们的能力、全面提高他们的素质，才能从根本上促进大学生就业，改变当前就业难的状况。

①有助于改变大学生的学习方法与态度，提高学生学习能力。

实施个性化教育，丰富课堂形式，使学生自主学习，从被动灌输的教学模式转变为学生的主动参与，充分调动学生的主观能动性，激发学生的学习兴趣，减少甚至避免在课堂上睡觉或者逃课等现象。引导学生树立正确的学习目标，促使大学生在大学期间真正地学好专业理论，养成爱学习的好习惯，学会学习，提高学习能力。这对于大学生毕业后走向工作岗位是非常关键的，大学生毕业后进入新的工作领域，学习方法、学习能力和学习态度决定着他们能否胜任新的工作。

②有助于改变大学生的就业观念。

实施个性化教育，开设有针对性的就业指导课程或者讲座等，帮助每个学生认清自己的优势与劣势，指导大学生找到适合自己的就业方向、努力目标，引导他们了解市场对大学毕业生的要求，改变一些不切实际或传统保守的就业观念，促进他们通过自己的努力找到适合自己的工作。

③有助于提高大学生的实践能力。

大学生就业愿望与用人单位招聘要求的错位，源于大学生无法将所学知识作用于具体实践，快速地形成生产力，本质上是因为大学生理论知识与实践能力相统一的缺失。所以高校个性化教育的一个重要任务便是提高大学生的实践能力。通过增加学生的社会实践活动，使一些流于表面的形象工程落到实处。增加学校与企业之间的合作，创造更多的机会让大学生走进企业，提前学习和了解到企业的工作模式、企业对大学毕业生的要求，通过在企业的实践，提高大学生的动手实践能力，也能使大学生了解到自身缺少哪些企业需要的知识技能，便于及时学习、提高，有利于毕业后更快更好地适应新的工作。

④有助于培养大学生的创新能力。

个性化教育把大学生的个性差异放在首位，鼓励学生创新，以学生的兴趣、优势为着眼点，选择适合的课堂形式、考核形式等，使得学生不再拘泥于刻板的、填鸭式的课堂和千篇一律的考试，可以不断发挥自己的创新精神，培养创新意识，不断地提高创新能力，有助于毕业后在工作领域不断开拓发展。

二、"互联网＋"发展对高职思政理论教育的消解及体系创新

当前时代是信息技术的时代，是"互联网＋"高速发展的时代。据中国互联网络信息中心发布的第44次《中国互联网络发展状况统计报告》统计，截至2019年上半年，我国网民规模超过8亿，比2018年底增长了近2600万。互联网普及率更是超过了60%，同样呈逐年上升趋势。另外，据同期报告显示，我国在线教育用户规模超过2.3亿，与2018年底相比增长了3000余万人，占据网民总数的30%。"互联网＋教育"是时代需求，更是大势所趋。如此形势下，高职院校思政理论教育面临重大转折，想要在时代潮流中可持续发展，需要全面把握时代机遇，勇于直面时代挑战。因此，高职思政理论教育要遵循时代发展规律、准确把握时代的特征、紧跟时代发展潮流，将"互联网＋"应用到高职思政理论教育的全过程，以"互联网＋"的优势推进高职思政理论教育的发展。"互联网＋"犹如一把"双刃剑"，高职思政理论教育要让其为己所用，而不被其所伤。"互联网＋"发展下高职思政理论教育的育人环境趋向繁杂，高职院校学生的思想动态起伏跌宕，无疑增加了工作开展的难度。但是，高职思政理论教育工作者要善于透过挑战发现机遇，以越挫越强的决心，不断更新思政理论教育体系，在推动高职思政教育时代化进程中，实现质的飞跃，培育高思想素质的时代新人。

1."互联网＋"发展为高职思政理论教育带来的机遇

（1）高职思政理论教育内容趋向多元发展

"互联网＋"的发展，为高职思政理论教育内容带来更多可能，能够有效解决传统高职思政理论教育内容的种种弊端，使教育内容朝着开放性和多元化发展。传统高职思政理论教育内容受现实情况和特定历史时期的影响，存在相应的局限性，内容上过于单一、固化。在高速发展的时代进程中，面对个性张

扬、喜爱新鲜事物的高职院校学生时，难免表现乏力，难以取得好的效果，无法充分满足培育高思想素养学生的需求。"互联网＋"高速发展的新时代，打破了传统信息资源的壁垒，使高职思政理论教育内容趋向多元发展，完全颠覆以往"信息孤岛"的现象，多样化网络手段成为承载、完善、丰富高职理论教育内容的载体，如微博、微信、移动客户端和云计算应用等。网络的开放性为高职教育提供了更为便捷和多样的共享平台，为高职思政教育提供了全球化信息资源库，为高职思政理论教育内容的更替、更新和完善提供了更为便利的机会。于高职院校来说，"互联网＋"的发展为其思政理论教育提供了时代化发展的机遇，有助于高职思政理论教育符合时代特色、适应当代学生、充分发挥实效；于高职院校学生来说，"互联网＋"的发展拓展了其获取教育资源的路径，使其能够根据自己的需求随时获取思政教育内容。总之，"互联网＋"的发展为高职思政理论教育开辟了新的渠道，能够便捷、快速地获得思政理论教育最新的科研成果和最优质的思政教育资源，使传统理论与现实指导有机结合，促进高职思政理论教育与时俱进，推进高职思政理论教育内容趋向多元发展。

（2）高职思政理论教育方式趋向直观多样

目前，新生代高职院校学生自主意识更为强烈，对于高职思政理论教育方式的认可度大多源于其自身的判断和主观喜好。传统理论灌输式的思政教育方式，已无法激发高职院校学生的学习兴趣，而网络化新型教育方式更能引起他们的共鸣。"互联网＋"不受时间、空间、地域和领域限制的特性，为高职思政理论教育方式趋向直观多样化发展提供了机会，使传统以教师为主的自上而下式转向交流式、互动式、开放式和平台式等教育方式，不仅有助于提升高职思政理论教育的效果，而且有利于激发高职院校学生学习思政理论知识的积极性、主动性和自觉性。课堂上高职教师可以利用多媒体、网络视频等延伸思政教育形式，向学生进行红色文化资源、红色英雄事迹、先进思想榜样等视频或图片展示，使其获得视觉冲击并得到情感共鸣，缓解单纯思政理论教育的枯燥乏味感，通过理论与视频结合的方式提升高职思政理论课的成效。总之，"互联网＋"发展使高职思政理论教育形式多样、手段新颖、平台丰富，逐渐趋向直观发展。

（3）高职思政理论教育更具时代感

随着"互联网＋"发展，高职思政理论教育逐渐呈现出鲜明的时代特点，并为高职思政理论教育提供更为广阔的社会实践机会。首先，有助于高职思政教育及时获取最新信息，能够及时掌握社会思潮的动态发展过程，基于热点问题和社会现象，评估思政教育的不足之处，并及时解决问题和调整教育角度。其次，打破时空局限，提升思政教育效率。不受时空和地域限制是互联网的最大特点，这一优势正好能够弥补传统高职思政理论教育受限于课堂的弊端，善加应用能够显著提升教育效率，既丰富了高职思政教师的教育方式，又拓展了高职院校学生的学习形式。最后，为高职思政理论教育提供更为广阔的社会实践机会。"实践出真知，实践是检验真理的有效途径"，同样，高职思政理论教育的成效也需要通过实践的检验。高职学生通过网络实践获取更多了解社会、处理问题的机会，促进其将所学思政理论知识与现实有机结合，亦能通过互联网络的实践检验使高职院校学生的思想观念和价值理念得以显现。此外，互联网亦能够促进高职思政课师生互动，使思政教师通过网络形式及时为学生答疑解惑；为学生提供更多的发声机会，与思政教师平等地交流。总之，受"互联网＋"各种优势的影响，高职思政理论教育更具时代感，更利于高职院校培育符合社会发展形势的时代新人。

2."互联网＋"发展对高职院校思政理论教育的消解

（1）网络信息冲击下高职思政理论教育者权威受到挑战

受"互联网＋"的影响，高职思政理论教育者的权威受到挑战，相应地降低了高职思政理论教育的说服力与吸引力。传统高职思政理论教育中，思政教师占据教育的主导地位，其知识积累和经验沉淀，是思政教育教材内容之外学生最有效的知识接受范围。因此，思政教师在思政理论方面的知识储备，对社会政治、经济和动态的把握，使其更具话语优势、更易掌握主动权。通过思政教师理论知识储备与社会实际相结合的讲授方式，也能彰显思政教师的渊博知识，增加思政理论教育的说服力和吸引力。而随着"互联网＋"的发展，改变了高职院校师生之间存在的理论与知识信息不对称的格局，高职院校学生获取知识的定式被打破，由被动单一的固化接受形式逐渐转变为主动多向的动态获取方式，思政教师所具有的优势地位被逐步弱化，高职思政理论教育者的权威受到消解。总体来说，"互联网＋"下信息来源的便捷化、多元化使高职学生的主观意识得到空前强化，而高职思政教师的优势地位被削弱。

（2）网络观念异化下高职思政理论教育模式被严重冲击

"互联网＋"时代是一个信息裂变的时代，与传统信息传播时代相比，信息传播的主导权被多主体瓜分，信息传播的范围与方向逐渐失控，对高职教育的影响逐渐严重，高职思政理论教育模式被严重冲击。首先，"互联网＋"时代高职院校学生思想多变，传统理论灌输式思政教育模式，已无法满足"互联网＋"时代日益彰显个性的高职院校学生的学习需求，高职思政理论教育模式必须面向时代化发展，才更有助于持续赢得学生的认可，充分发挥育人功能。其次，"互联网＋"拓宽了学生的视野，僵化的高职思政理论教育模式，无法引起新时代高职学生的情感共鸣。在各种网络信息和观念的覆盖下，当代高职院校学生更热衷于追求"个性化、刺激性和新鲜感"，这种倾向同样被带到学习过程中，尤其是能够与其思想发生碰撞的思政理论教育。如此形势下，传统思政理论教育模式的成效会大打折扣，难以激发高职院校学生的学习兴趣。最后，"互联网＋"下高职思政理论教育模式转型迟缓。时代化发展是高职思政理论教育模式持续保持生命力和作用力的关键，目前有些高职院校教育模式的时代化发展相对缓慢，无法快速适应和满足当代高职院校学生的学习需求。总之，"互联网＋"虽然为高职思政理论教育带来了许多机会，但是有些高职院校尚未充分把握，反而导致高职思政理论教育模式被严重冲击。

（3）网络传播影响下高职思政理论教育实效被消解

受互联网多元价值观念、不良思想理念和多样化文化思潮的影响，高职院校学生的"叛逆性"日益显现，使高职思政理论教育实效受到严重冲击。"互联网＋"普及前，高职院校学生接触外界观念、理念和思潮的渠道相对匮乏，受外界环境的影响也相对有限，其思想理念和价值观念相对稳定，对传统高职思政理论教育的接受度和认可度也相对较高。但是，随着"互联网＋"的迅速普及和网络不良观念的异化影响，高职院校学生的思想观念"网络化"倾向严重，一些个人主义、享乐主义、奢靡主义和佛系论调日渐高涨，被异化的思想观念逐步转移到思政教育领域，导致高职思政理论教育疲态明显，教师与学生间的教育默契亦被逐渐消解。由于高职院校学生的价值观念和思想理念尚不成熟，对网络是非和不良信息的辨识能力不强，在面对铺天盖地的多元价值观念、不良思想理念和多样化文化思潮时，尚不能理性对待，容易造成理想信念迷失、道德意识弱化和价值观混乱。如此一来，由于传统高职思政理论教育与"互联网＋"时代的偏差，就会激起学生的逆反心理，质疑思政理论教育的存在价值。另外，由于"互联网＋"空间丰富多彩的诱惑，没有足够辨别能力的高职院校学生难免产生错误观念，导致自己的思想观念错位，从而弱化其对高职思政理论教育的认同。

3."互联网＋"发展下高职院校思政理论教育体系创新策略

（1）创新高职思政理论教育课程体系，提升教育的权威性

思政理论教育不能只凭空谈，尤其是在"互联网＋"的时代背景下，高职思政理论教育更要从实际出发、于实处下功夫，应当把融入网络特色创新高职思政理论教育课程体系当成重点，提升思政教师的教育权威。有些思政教师虽然思政理论知识丰富，但是相对而言网络应用能力和经验比较匮乏，难以切实发挥教育主体的育人价值，急需提升网络素养，加大思政理论课程的作用，强化对网络教育的认知。一方面，丰富思政理论教育课程的内容，结合高职学生的特点，善用网络优质资源。开展思政理论知识问答、心得体会分享、在线交流论证等网络实践教育，使学生在网络课程中受到思政内涵的熏陶和教育，积极提升自我的思政觉悟。另一方面，增加网络教育形式，发动思政教师离开课堂、走向网络，进行网络实践与学习调研，增强教育的说服力。为此高职院校要构建和完善网络思政理论教育课程体系，在人力、物力和财力方面提供保障、创造条件。总之，传统的思政理论教育在"互联网＋"发展背景下，已很难彰显思政教育主体的权威性，新时代高职思政教育者要提高自身网络素养，面对网络信息的多元化和便捷化的冲击创新课程体系，最大限度地把握教育主动权，使高职思政教师的教育权威性在网络冲击下不失本色。

（2）创新高职思政理论教育载体，优化教育模式

新时代高职思政理论教育要"顺势而为"，杜绝"逆势而行"。在"互联网＋"时代，教师要依托网络和多媒体创新高职思政理论教育模式，借用网络

手段拓宽高职思政理论教育的渠道，促进学生对思政课的认同和接受。具体来说，首先，要借用网络载体创新思政教育手段。全面掌握网络特点、网络语言和网络交流技巧，以此更新高职思政理论教育模式，如利用微信、微博、QQ群等网络载体搭建思政课平台，吸引学生的参与，激发学生的学习兴趣，并以此为契机增进与学生的沟通和交流，实现思政理论教育模式的良性循环。其次，利用网络载体开展个性化高职思政理论教育。网络多元化发展的时代，高职院校学生喜欢追求自我、期望张扬个性，同样更容易在网络浪潮中丧失自我。高职思政理论教育模式要给予学生足够的个性张扬空间，引导学生的思想个性朝着正向发展，而不能通过打压学生个性的方式来减少网络负面影响。开展个性思政理论教育，给高职院校学生个性发展和情感疏通的机会，实现教育者与被教育者的共赢。借用网络手段构建高职网络思政理论教育体系，用学生喜闻乐见的方式，消除网络负面影响，赢得学生更多的理解与支持，最大程度地发挥高职思政理论教育模式的育人价值。

（3）创新高职思政理论教育机制，增强教育的实效性

面对"互联网＋"发展的机遇和挑战，高职思政理论教育想要提质增效，就需要打破陈规，遵循时代发展规律创新高职思政理论教育机制。但是切忌盲目冒进，应该从高职思政教育存在的问题，以及当下高职院校学生的思想动态和真实需求出发，构建适应"互联网＋"时代且极具生命力的思政理论教育机制。为了解决高职思政理论课低效的问题，需要遵循"互联网＋"时代的发展规律，加强对网络的重视、关注和利用，增强思政教育的针对性和亲和力，促进高职思政理论教育提质增效。首先，要借势网络强化高职思政理论教育的影响力，着力构建新型网络化思政教育机制，把思政教育理念、价值和思想融入网络之中，深挖网络价值，提升理论教育的浸润力，并透过网络现象，增加高职思政理论教育的说服力。其次，善用互联网思维模式创建高职思政理论教育制度体系。在"互联网＋"空间下，优化高职思政理论教育设计，融合教育资源，激活网络高职思政理论教育功能机制，实现教育制度的时空跨越。将网络的灵活性、便捷性和关联性，融入高职思政理论教育制度体系，实现思政教育制度的网状关联。最后，创建网络化信息管理模式。为提高高职思政理论教育的网络影响，要直面挑战创建网络化信息管理模式，加强与学生的互动交流，

及时掌握学生动态，以及收集学生对思政理论教育的反馈。

三、"三全育人"引领下创新高职院校思政教育模式

高校思想政治工作要将立德树人作为教育活动开展的关键部分，将思想政治教育工作全面渗透到各个教育场景中，实现"三全育人"：全过程育人、全方位育人、全员育人，共同开拓我国高等院校教育事业新局面。教育部发布的多个文件对高职院校如何有效开展思想政治教育工作提出了详细的意见和建议，为高职院校开展思想政治教育改革指明了方向。在现代社会环境下，传统大学生思想政治教育受到了巨大的挑战，高职院校应当要加强思想政治教育改革，积极将"三全育人"思想融入思想政治教育工作中。通过"三全育人"思想的引入，一方面能够激发高职院校老师与学生开展思想政治教育活动的积极性，确保各项思想政治教育活动能够落到实处，让大学生主动规范自身的言行与思想；另一方面"三全育人"思想还能够促进高职院校思想政治教育工作的改革与创新，创建良好的学习环境，培养大学生养成良好的道德品质，为大学生今后发展提供帮助。

1. "三全育人"思想内涵

"三全育人"思想最早起源于20世纪80年代末期，在经过不断研究和整合之后，在现代社会环境下，党的十九大也针对高等教育制定了更加严格的标准，有效促进了"三全育人"教育方式的改革与发展。总的来说，"三全育人"为全过程育人、全方位育人、全员育人。"三全育人"教育思想有着自身独特的优势，所包含的范围更加广泛，参与人员更加庞大，能够促使思想政治教育真正融入大学生内心世界，调动大学生主动学习思想政治教育知识的积极性，为高职院校实现立德树人提供帮助。

2. "三全育人"对高职思政教育的必要性

首先，当今时代的发展对人才的需求和培养人才的方法都产生了影响。我国经济的飞速发展和复兴使命的完成需要由有坚定理想信念、扎实理论知识、高远志向以及创新精神的优秀的接班人来实现，因此，加强高职院校学生的思

政教育对于中国未来的发展是非常必要且重要的任务。同时，新时代也带来了新的技术，互联网、云计算、大数据等给高职院校学生的日常管理带来了机遇和挑战，只有依据时代技术的变化积极转变教学管理方式才能够落实思政教育。

其次，实现全面的发展是学生成长的内在需求。大学阶段是学生由学校向社会过渡的重要阶段，这一阶段学生将会遇到很多困难和挑战，社会上多种多样的信息还会冲击学生的价值观，对学生的成长产生影响，高职院校需要意识到学生面临的变化，引导学生在大学阶段学习专业知识和技能、增长见识、培养优秀的品质及坚定的理想信念，从而使学生成长为德才兼备、全面发展的合格的社会主义接班人。

3. "三全育人"视角下高职思政教育工作的现状

（1）高职院校思政教育工作新路径的探索

"三全育人"理念一经提出就被用于高职院校思政教育工作新路径的探索，对于思政教育具有重要的指导意义，为了加快探究进程，国家连续出台多项政策，建立"三全育人"改革试点，多项政策的颁布为"三全育人"理念的实施提供了一些指导和便利，在此情况下，改革试点中确实也出现了一些具有特色的、有成效的思政教育工作模式，切实将"三全育人"的理念和思政教育相结合，取得了显著的效果。

（2）全员育人参与度不足

高职院校中非思政教师多数并没有主动承担起育人的责任或责任落实不到位，同时，校园的风气也会影响学生的思想观念，学校相关部门在构建良好的校园风气工作上还有所欠缺，因此，高职院校的所有教职工都要积极主动承担立德树人的责任，将"全员育人"落到实处。对于家长而言，高职院校的学生虽然不像小学生那样需要父母在衣食住行等各个方面无微不至的关怀，但也并非可以放任不管，很多家长在孩子进入大学之后就疏于对学生的管教，除了提供一些物质上的支持，并没有关注学生在不同阶段思想上的变化，这是家庭教育的缺失。对于社会而言，在时代飞速发展的今天，互联网上充斥着各种各样的信息，涉世不深的学生有时难以辨别信息的真伪和正误，极容易被错误思想影响，这也给高职院校思政教育工作带来了很多困难。因此，高职思政教育工

作的实施需要学校、家庭和社会三方面的共同努力，共同探究新的路径。

（3）全过程育人机制不完善

全过程育人要求高职院校在学生的成长阶段对学生进行科学的、系统的思想政治教育。相对于中小学生，高职院校的学生有更多自由支配的时间，思政教育课程和课程思政两者可以实现课上的育人目标，但是大多数高职院校难以对学生的课余时间进行有效管理，没有系统的机制在课余时间开展思政工作，因此，搭建课内外一体化的思政教育体系非常必要。此外，学生在不同的成长阶段，其思想、生活和学习等都是不相同的。例如，刚入校的大学生需要能够尽快适应大学生活，能够合理安排自己的课余时间进行自我提升等，而即将毕业的学生则会面临步入社会找工作，或者考研深造，在此过程中，不同选择的学生又会承担不同的压力，还有许多在外实习的学生，学校也暂时没有有效方案对这部分学生进行思想政治教育，构建针对不同阶段学生实际需求的育人机制至关重要。

（4）全方位育人体系不健全

全方位育人是指高职思政教育要从不同的角度、运用不同的方式进行思政教育，也就是要将思政教育融入教学、科研和管理等各个方面。但现阶段高校全方位育人体系还不够健全，仍然存在一些问题，例如，在思政教学中部分高职院校依旧采用灌输式的教学方式，将教学内容以理论知识的形式灌输给学生，教学方式单一，教学内容以理论为主，这使得学生对思政教育的兴趣不足，并且课上学习的理论知识难以在实际生活中运用，学生没有体会到思政教育对生活学习的指导意义，从而对思政理论学习的兴趣不高。这对于大学生身心健康发展是不利的，当然不只是思政课程，在网络平台的建设、校园文化的营造等方面也都是不足的，没有形成健全的全方位育人体系。

4.基于"三全育人"视角的高职思政教育创新与路径

（1）统筹高职思政工作，打造高质量的育人队伍

"三全育人"理念中的"全"不是"雨露均沾"的全，而是统筹规划的、系统的、全面的思政教育，是需要高职院校各个部门通力合作完成的一项任务。高职思政工作理应由高职院校党委统一安排各个部门的思政教育工作。思

想政治教育工作的开展是我党始终保持正确性和先进性的有效方法，高职院校立德树人目标的实现同样需要由高职院校党委掌握思政教育的主导权，根据学校各个学科的设置和特点、师资情况以及其他各项资源等，制定相关规章制度，充分调动各个部门的力量，为大学生思政教育提供资源，使得高职思政教育工作高效、有序进行。

思政课程作为高职院校学生获得专业思想政治教育理论知识的重要渠道，其教学质量的高低和教师的教学能力息息相关，高职院校辅导员思政教育工作能力也决定着思政教育工作效果的好坏，其他的高职院校教职工也分别承担着不同程度的育人工作，实施课程思政，需要教师具备过硬的教学能力。首先，高职院校需要定期组织全体教师参加思政教育工作会议，在会议上明确"三全育人"的重要意义和作用，转变教师的教学观念，帮助教师深入理解"三全育人"理念的含义，引导教师积极主动参与思政教育工作；其次，召开思政教育工作研讨会，依据现实条件和学生成长中的实际需求制订适宜的思政教育工作计划，将全过程、全方位、全员的育人工作进行规范，为教师随后的思政育人工作提供制度依据；最后，召开思政课程和课程思政的教研会议，将思政教育融入教学的各个方面，对一些不符合实际需求的课程进行删减、优化，丰富教学资源的同时提升教学质量，不断探究新的教学方法和教学中的思政元素，培养学生的责任感和优秀品质。总之，高职院校全体教职工都需要在学校组织的各项活动中积极提升自身教学能力，把思政教育融入教学的全过程，共同打造高质量的育人队伍。

（2）结合其他教育主体，实现全员育人

首先，家长作为学生思政教育的主体之一也需要承担思政教育的责任，针对大学生和父母沟通较少的情况，高职院校可以引导家长和子女进行有效沟通，这就需要高校和家长之间建立良好的沟通关系，例如，高职院校可以以班级为单位创建家长微信群或QQ群，在群内及时反馈学生的在校学习情况和学校生活，将各项在校表现及时上传到学校的学生管理网站，家长可以通过网站了解学生的情况。面对不断成长的学生，家长也需要改变和子女沟通的方式，高职院校可以利用线上平台开展家庭讲座，帮助家长解决沟通技巧的问题，形成良好的家校协同育人机制，促进学生成长。

其次，社会作为学生思政教育的另一主体，也要发挥作用。高职院校可以将良好的社会资源充分利用起来，例如，在学生毕业之际可以开展相应的职业规划讲座、优秀企业家讲座等，帮助学生正确认识自己，积极面对未来的生活；还可以通过校企合作设置实习岗位，提升学生的职业技能和职业素养；开展红色文化教育活动加强学生的理想信念和爱国情怀教育，这些都能够帮助学生提升综合素养。

最后，大学生自身也要具备自主学习的能力，需要在学校、家庭和社会的帮助下管理好自己的学习、生活，在大学不同阶段做正确的事，不断尝试和挑战新的任务，提升自身专业技能，找到自己的职业方向，养成良好的学习、生活习惯，能够自我反思，自我教育。

总之，高职院校、家庭、社会和学生自身都要充分发挥各自的作用，立足当下思政教育的状况，采取有效措施提升思政教育工作的效率，实践全员育人的理念。

（3）抓主要节点，实现全过程育人

首先，开展入校适应教育。大学课程不像中小学安排得非常紧密，除了课上的集中学习，更多需要学生充分发挥主观能动性进行自主学习，但很多学生在刚刚迈入大学校园之后，很难适应这样的节奏，高职院校可以在开学的一周或两周后开展入学适应教育，并组织相关的活动，通过组织的力量帮助学生规范自己的学习、生活习惯。例如，可以以班级为单位开设早自习和晚自习；还可以组织搭建互助小组，由高年级的学生针对性地帮助新生学习小组，这样更容易减少新生入学的不良感受，帮助新生快速适应大学生活。

其次，大学生拥有充足的假期时间，育人工作也应该贯穿学生的假期生活。学校可以结合学生假期的实际情况设置返乡社会实践活动，每一个假期都可以设置一个主题，为了落实实践活动，可以在此期间安排线上分享交流会。例如，可以开展"家乡的年味""拜访我的启蒙老师"等活动，鼓励学生参与社会实践活动，可以是参加志愿者活动，也可以是结合自己的专业和特长进行企业实习等。为了激发学生的参与热情，班级在假期之前可以召开主题班会，学校为学生搭建社会实践活动的平台，提供丰富的活动内容，让学生在社会实践活动中找到人生价值。

最后，就业问题是多数高校都面临的问题，就业教育也成为思政教育中重要的部分。学校一方面联系优秀企业在学校举办校园招聘会，另一方面开展职业规划和就业指导相关的课程或讲座，帮助学生正确认识市场形势和职业发展，形成良好的就业观；辅导员和专业课教师要对就业困难的学生进行一对一帮扶，帮助学生找到就业失败的原因，正确面对失败，缓解学生的心理压力；同时在毕业之际，要组织好离校的相关活动，激发学生对母校的感恩之情。

（4）充分利用各个平台实现全方位育人

首先，可以通过搭建社会实践平台为学生提供实践机会，以实现思政教育的目标。社会实践平台可以分为两类：一类是志愿者实践服务，很多学生都有参加志愿者服务的想法，但是缺少相应的机会和报名渠道，学校可以鼓励各个社团以学校为中心拓展志愿者服务活动，活动的主题可以根据具体的志愿服务对象进行设置，在实践活动中，学生的专业素养得以提升，也培养了奉献精神；另一类是岗位实习，可以是多种多样的岗位实习，学生不拘泥于自己所学专业，根据自己的爱好和想法大胆尝试，在实践过程中才能够发现自身的能力所在，才能够对自己的工作能力有更深入的了解，这对未来的择业就业都有积极意义，还能够帮助学生形成正确的择业观、就业观。

其次，搭建文化平台。我国正大力推进文化强国建设，高职院校作为人才培养的基地，需要开展一系列的活动提升学生的文化素养和文化自信。将中华优秀的传统文化、红色文化等精华内容融入思政课程和校园文化建设中，开展一系列的文化活动，提升学生的文化感知力。校园文化对学生的影响是潜移默化的。高职院校可以形成以不同年级为主的系统的全过程育人机制，利用丰富的社会资源，根据学生阶段性的需求和性格特点等，帮助学生形成正确的价值观。例如，可以在大一阶段组织学生进行学业和职业的规划、校史校情的学习了解、心理健康的引导，在传统节日还可以运用优秀的传统文化开展爱国教育等，学校的学生会组织、社团等都可以充分发挥建设校园文化的作用，营造良好的校园文化氛围。

最后，搭建校园网络平台是抵制不良信息的有效措施之一。高职院校可以将微信、微博等多种互联网平台作为网络教育的阵地，利用新颖的教学模式和有趣的教学内容，结合网络流行文化提升学生对思政教育的兴趣。

典型案例：高职院校思想政治教育范式转换——从"文本"到"人本"

在新形势下，我国对高职院校学生的思想政治教育有了更高的要求。随着时代的发展，思政教育理念不断更新，以人为本观念突出。在"文本"教育范式下，高校思想政治教育问题凸显，如人本精神匮乏、外部环境阻碍教育发展、思政教育工作者话语权缺失等。基于此，各高职院校应意识到以人为本的"人本"教育重要性，注重人本教育范式，实现大学生思想政治教育模式的创新，推动高职院校思想政治教育的高效开展。

1. 人本教育范式对思政教育的作用

高职院校思想政治教育课程是实践性很强的课程，它需要与新时代的精神融合，坚持以人为本的教育理念，才能适应时代的发展需要。随着我国经济的不断发展，大学生面临的市场竞争也越来越严峻。基于此，对高职院校学生素质也提出了更高的要求。只有坚持"以学生为本"，培养高职院校学生良好的思想政治素质，才能为其他素质的培养提供动力，促进学生的全方位发展。同时，在信息化高速发展的时代，网络文化将人们引到信息快车道，文化反哺现象明显。面对全新的网络环境，给过去以灌输和背诵等为主的单向的文本思政教育带来了挑战。因此，高职院校思政教育要想适应时代发展，就需要进行范式转换。

2. 当前高职院校思想政治教育的困境

（1）人本精神匮乏

为满足社会的发展，"以人为本"的人本教育范式开始确立，重要性也日渐显著。然而，一方面，大多数高职院校还受限于过去的文本范式教育。过去因为历史和对思想政治工作认知局限，我国在计划经济体制下进行的文本教育，使高职院校在思想政治教育上的人本精神严重缺失。课堂上过于理论和抽象的教学模式，脱离了实际育人的需要，对社会实践缺乏针对性。在开展思政工作时，也大多注重文本教育范式，对学生的主体性并未有准确认知。另一方面，文本范式教学方式较为单一，降低了学生学习自主性。文本范式的教育内容单一，未能体现学生的主体地位，不利于学生自主性与创造性的产生。在实践中，也强调个体对集体的服从，弱化了学生的个体需求，使思想政治教育缺少说服力，降低了学生的认同感。

（2）外部环境阻碍教育发展

随着我国信息化进程的不断推进，科学技术水平提高，计算机网络技术应用越加广泛。这些无不为高职院校学生提供了大量的信息，使其思想更加多元化，自主意识更加强烈。而当前的文本范式教育方法受网络冲击，未尊重学生的主体地位。当下的高职院校学生不具有老一辈的感恩情怀和崇拜感，使用文本范式教育模式，已不适合学生学习了。另外，在市场经济的作用下，部分高职院校在学术和教育上逐渐追寻短期效应。人的观点也受经济制度负面冲击大。外部环境不利于学生的可持续发展，学生对片面化事物很难掌控，对自己人生观的健全产生了阻碍。

（3）思政教育工作者话语权缺失

人本范式更依靠思想政治工作者的人格魅力，高职院校思想政治教育话语权是其思想的表征。因此，在新的政治教育理念实践时，需要更新思想政治教育话语权。然而，当前许多高职院校的思政教育工作者话语权缺失。在开展思想政治教育工作时，相关人员大多依靠权力、纪律等制约方式进行教育。这种做法，对教育者本身的威信造成了影响，不利于之后的教育工作开展。

3. 构建思想政治人本教育范式对策

（1）树立以人为本教育理念

一方面，高职院校须贯彻落实"以人为本"的理念。通过尊重个体、培养个体，发挥学生主体性，完善学生人格，以促进其全面发展。高职院校在开展思政工作时，需遵循学生为本的原则，并在这基础之上，完善和更新思政教育，以符合新时代的需求。另一方面，高职院校需充分尊重学生的主体地位。在教学实践上，发挥高职院校学生的主体作用，尊重学生个性。高职院校教师需尊重学生个体的差异性，关注学生需求。在思想政治教学上，教师也需改变原有的灌输式单一教学形式，通过个性化教学和全面的思想政治教学，帮助学生建立正确的价值观。

（2）丰富教育内容

过去，高职院校过于重视理想主义教育、文本教育，过于强调政治引导，教学内容单一和枯燥，不利于高职院校学生成长。基于此，高职院校在转向人本教育时，优化教学内容。其一，在教育手段上，要将口头教育与内心感受相结合。可以通过交互式教学、感染式教学等教学方式，优化教学内容，使高职院校思想政治教学更符合高职院校学生的发展规律。其二，在教育内容上，要关注学生的全面发展。通过结合时下流行的技术，提高学生接受思想政治教育的积极性，促进高职院校学生全面发展。如校园网站建设、红色文化主题网站传播思想政治教育等。

（3）增强思政教育工作者话语权

首先，教育工作者需具备先进的教育理念。将"学生为本"的人本理念作为自己的思想，并在思想政治教育落实时得到潜移默化的改变。在网络技术发达的当下，教育工作者需重视与高职院校学生的平等沟通，激发其自主性，强化自身话语权。通过网络思政教育方式，帮助学生树立正确的政治思想。其次，教育工作者需提高自身人格魅力。高职院校政治教育是向高职院校学生传递积极的思想观念，以改善学生的思想品行。因此，思政教育工作者就是最好的传播者。教育工作者需以身作则、表里如一，以自己的人格魅力教育学生，话语权自然就会提高。思想政治教育工作者具有典范性，在知识经济的时代，教育工作者除了要有丰富的知识以外，还需提高自身的理论高度，提高自身语言组织能力、分析能力和创造力等，发挥教育传播者的角色影响力，建设品格高尚的思想政治教育队伍。最后，教育工作者需具备反思意识。反思是思政教育工作者提高教育传播能力的方式。具备反思能力的思政教育工作者，能在自身的角色实现上增加理性分析，使教育工作的思路更加清晰，在教育工作中增强自身的话语权。基于此，教育工作者经常反思自身原有观念和工作方式，从而实现"文本"到"人本"范式的转换。

05

高职院校就业指导信息化建设与实践

高职院校就业指导信息化建设

一、"互联网＋"时代背景下高职院校就业指导信息化建设

1."互联网＋"时代高职院校就业指导信息化的定义

高校信息化建设最早是由日本学者在20世纪60年代提出的，后来被世界各国广泛应用。到了20世纪70年代，日本科研团队给信息化做出了明确的定义，指一个国家经济的各行业发展过程中，信息产业得到迅速、长期发展，并占有一定地位的历史进程。随着全球科技发展日新月异，信息化建设的内容也不断得到充实和完善，其建设得到了迅猛的发展。

国内的许多高校通过信息化技术，把就业工作的一整套流程组合起来，对高校毕业生就业信息及社会各行业资源进行了大数据分析，及时为大学生提供就业信息和就业指导，向用人单位提供人力资源，这不仅提升了高校毕业生的就业率，也提高了高校就业管理的高效性、科学性、针对性。

2. "互联网+"时代高职院校就业信息化建设存在的问题

（1）信息的单一性

我国教育水平落后于发达国家，信息化建设起步较晚，未能形成一个完整的体系。在高校中，业务的信息化系统种类极多，如教学管理系统、人力资源管理系统、网络信息管理系统、自动办公管理系统、社会就业信息系统等，每个系统的数据是相对独立的，各系统都是专人维护管理，这样就无法实现数据共享，也就无法进行大数据的分析，这种现象称之为信息的单一性。信息的单一性是就业信息化发展的绊脚石，阻碍了就业信息化的发展，因此是必须先解决的问题。

（2）信息化建设的重视程度低

目前，大部分高职院校对学生开展了就业指导工作，如开设就业课程、专题讲座等，但专业化程度不高，信息化建设仅由一些任课老师代管，没有一支专业的信息化建设团队，对信息化建设缺乏战略目标、结构优化等。同时，不能仅做就业信息发布，要不断地拓宽和细化，而且要进行深层次的挖掘，遇到问题要及时地探讨并研究对策。此外，许多高职院校对就业信息化建设的投入较少，要想把就业信息化这项工作搞好，就要加大资金投入和人力、物力的投入。

（3）信息资源管理水平低

就业信息化系统主要通过信息获取、数据处理、数据分析、储存归档等方式运行。在数据获取方面，许多高校仅对专业完全对口的单位进行登记，忽视了一些与专业相关的用人单位的信息；在数据分析方面，一些高校仅对就业的人员进行简单的统计，没有做深层次的挖掘和研究，对学生所反馈的信息没能及时采集和分析。例如：毕业生就业满意度、用人单位的满意度、就业意向等，仅把毕业生找到用人单位即可完成任务作为最终目标，这些是远远不够的，没能具体分析学生的就业情况，从而未能达到根据分析结果制订下一步的就业计划。此外，对一些特殊专业的毕业生没能进行针对性的指导，因而浪费了信息资源。

（4）就业信息化服务机制有待完善

高职院校就业信息化工作要想长足地发展，必须有相应的保障机制，而目前许多高校缺乏相关机制。首先是缺少审核机制，在就业信息获取中，对于一些岗位的描述的真实性缺乏审核，一些用人部门为了能尽快找到合适的人选，故意夸大岗位的作用与报酬，这对高职院校的毕业生来讲是极其危险的，这就要求国家制定相关的法律条文进行制约。其次，一些毕业生虚夸自己的工作能力，有的甚至伪造证书达到尽快就业的目的，对用人单位而言也是一种危害。因此，高职院校作为毕业生与用人单位之间的桥梁，必须加强信息审核机制，杜绝这一现象的发生。

3.“互联网＋”时代高职院校就业信息化建设对策

（1）加快和完善就业信息化服务机制

就业信息化服务机制建设主要包括两大部分，首先，政府部门必须制定相应的就业信息和网络监管机制，把两者通过法律的方式予以保障，这不仅可以实现高职院校毕业生与用人单位的信息共享，还可以把毕业生就业信息归到公共信息管理系统中，使就业市场更加合理化和规范化。其次，高职院校应该制定就业信息化的相关服务机制，对就业信息化的流程要层层把关，对毕业生进行有效的监管，同时为毕业生的就业提供就业咨询和就业帮助，为高职院校毕业生提供科学、有效的就业途径。

（2）加快就业信息化系统平台的建设

就业信息化系统具有信息量丰富、数据处理快捷、分析精度高等特点，因此必须加快就业信息化平台的建设，建设方式主要有自主研发与委托外包公司研发两种。目前，一些高校已经有早期版本的信息化就业系统，可在原有版本的基础上，进行系统升级和功能扩充。各高校的应用系统之间建立数据接口，实现数据共享。对于没有信息化平台的高校，要尽快进行立项和开发，把适合本校的就业信息化系统开发出来，并尽早投入使用。在网站建设方面，高校可增加“就业信息专栏”的内容，这样毕业生可使用电脑或手机进入该平台浏览，了解当前的市场状况及就业信息，为后续工作做充分准备。

（3）加强信息沟通

高职院校毕业生除了通过网站获取相应的信息，还可以在电脑或手机上建立一些交流的信息群，如QQ群、微信群，也可以通过浏览微博或论坛的方式，获取相关就业信息。高校还可以通过开设就业指导、就业讲座的方式对学生进行就业指导，也可以与其他高校进行交流，实现信息资源的共享。

（4）加强就业信息化专业队伍建设

高职院校就业信息化队伍的建设，要以市场为导向、专业性为根本、制度为保障的原则进行。首先，专业人员要有过硬的专业能力、丰富的知识和实践能力，对业务流程要熟悉。其次，要根据市场的需求进行调整和优化，把适应学校的发展与社会需求有机结合起来。在数据处理分析方面要不断改进与优化，以精准的数据为全校广大师生服务。最后，加强信息化人才培养，强化信息化专业队伍建设，这是就业信息化建设的根本保证。高职院校要善于发掘信息化专业人才，重视信息化专业人才培养。

二、高职院校就业创业指导课程信息化资源建设

1. 信息化课程资源建设的必要性

（1）新时代"互联网＋教育"发展的需要

新时代"互联网＋教育"倡导的理念是任何人都可以通过信息化技术平台获得最优质教育资源的服务。教师从幕前转变到幕后，主要任务从简单的知识传授变成了正确引导学生从"知之者"转变为"好之者"，继而成为"乐之者"；学生可以结合自身兴趣、能力水平、职业选择和职业发展需求，有目的地利用云平台汲取养分，充分满足学生个性化、兴趣化、系统化探索知识海洋和汲取知识养分的需求，使信息化课程资源更好地服务学生自主学习、创新思维、团队意识、分析判断和解决问题等方面能力的提升。

（2）中国特色高水平高职学校建设的需要

"双高"项目对产教融合和校企合作成效、教学资源优势互补、信息技术融入教育教学水平、线上线下课程资源丰富程度和学生更高质量和更充分就业

等均提出了具体要求。即"双高"项目围绕课程教育教学改革制定了新的目标。

（3）均衡提升教师教育教学能力的需要

高职院校信息化课程专职教师和通过国家职业指导师培训的教师数量均为有限，大量课程教育教学活动都由负责学生管理的学管办公室主任、辅导员等兼职完成。他们受限于大学期间所学专业和每天大量学生管理方面工作的压力，对课程教育教学研究、对行业和企业对大学生职业素养需求等方面的认知存在一定局限性。通过共享型信息化课程资源建设，均衡提升教师教育教学能力，使得全体教师都能精准把握课程教育教学内容，全面提升教育教学效果。

（4）教育学生科学规划职业生涯的需要

课程教育教学设计都是从自我认知、唤醒职业理想和职业生涯规划开始起步的，期末考核内容也都是要求学生完成个人职业生涯规划，但是多数学生对职业生涯规划内涵理解不到位。通过对毕业班的1052名学生问卷调查结果可以看出，只有13.02%的学生生涯规划是结合自我认知认真完成的，毕业时也只有8.27%的学生对一年级完成的生涯规划有清晰认识，大部分缺乏清晰的职业目标，使教育教学效果大打折扣。通过设计信息化大学生职业生涯规划手册，学生非片面地完成课程考核，而是从自身职业兴趣、职业能力、职业性格和职业价值观测评过程等方面进行自我剖析，帮助学生唤醒职业理想，科学规划职业生涯。

（5）引导学生树立正确就业择业观的需要

随着国家专升本扩招等政策的出台，学生就业选择更加多元化，毕业后读本科、应征入伍服兵役、自主创业学生占比逐年递增，但选择基层就业、西部就业、贫困地区就业学生比重呈现一定下降趋势，"不就业、懒就业"现象仍未能从根本上解决。同时，随着高职院校百万扩招的政策实施，2022年以后，高职院校每年毕业生总数将会接近500万大关。因此，引导毕业生树立正确的就业观、择业观依旧任重道远。

2.信息化课程资源建设方案

结合企业行业高素质、复合型技术技能人才需求实际，不断整合优化全体校内外专兼职教师资源，深入探索建设基于智慧职教云平台"大学生就业与创业指导"课程高质量信息化资源体系。通过精细统筹、科学规划、系统管理、应用推广、使用反馈和持续改进等具体措施，帮助教师提升教育教学能力，帮助学生主动树立职业理想，积极提升职业适应能力和就业竞争力，达到教师和学生从信息化资源建设中普遍受益的最终目标。

（1）课前

①组建教学团队。充分整合校内外专兼职教师资源，结合师资队伍各自专业和特长，分为五个模块（即职业生涯规划、职业素养培养、求职技能提升、创新创业实务、正确走出校园第一步）组建教学团队，深入开展信息化课程资源探索和建设活动。

②优化课程资源。结合院校和行业需求实际，课程教学内容、特点和学生个性化需求，充分优化课程资源，将每学时教案、PPT等课件、微课视频、教学案例、情境设计、题库等提前3天上传至智慧职教云平台，通过手机提前向学生发布课程教学内容，引导学生提前对教育教学知识点、技能点进行预习。

③完善教学设计。紧扣两学年四学期40学时的课程教学大纲，按照第一学期职业生涯规划（唤醒职业理想2学时、自我认知和探索4学时、大学生职业生涯规划2学时、正确规划大学生活2学时），第二学期职业素养养成（企业文化2学时、大学生仪容仪表仪态礼仪2学时、优秀毕业生侧记2学时、大学生职业发展4学时），第三学期求职技能提升（就业政策形势分析2学时、就业信息获取评估2学时、求职简历制作2学时、面试流程2学时、全方位提升就业竞争力2学时），第四学期创新创业和正确走出校园第一步（就业创业法律法规2学时、创新创业实务2学时、就业与顶岗实习2学时、正确走出校园第一步4学时）的课程内容，不断完善教学设计，开展针对课程重点内容的微课视频、教学情境的预先设计，组织教师开展精品课程教学观摩、教师教育教学组织能力培训等活动，使教学设计不断趋于完善。

（2）课中

①精准教学。围绕明确的教学目标，规范课程教学内容和教学进度，开展基于智慧职教云平台的大数据教学组织。通过"传统教学＋数据云教学""班级整体教学＋小组PK""整体性需求＋个性化需求""课前预习＋课堂精讲

＋课后自学""课堂考核＋课后作业""课程教学＋企业HR和优秀职教生讲坛"等形式，让教学与管理从模糊走向精准，为高效的课堂教学保驾护航。

②以学生为主体。智慧职教云平台的"头脑风暴""课堂讨论""随机提问""问题抢答""测验""小组PK""投票"等功能在课程教学过程中的科学组织和合理运用，可以有效激发学生参与教学活动的积极性、主动性和求知兴趣，引导学生成为教育教学过程中的主体，有效提升课堂的教学效果。

（3）课后

①激励主动求知。充分利用智慧职教云平台随机生成作业任务类型的特点，加大课程题库资源建设，设计校本个人职业生涯规划、校本生涯人物访谈任务，让每一位学生都有不同的课后学习任务，使其无法照搬别人的任务答案，转而通过网络查询、生涯人物访谈、教师问询、翻阅教材、自我测评、自我思考等学习手段来完成，使之经常性处于思考过程中，有助于学生养成主动求知和持续学习的良好习惯。

②重反馈，促改进。课后，学生对课堂任务和效果进行评价，再结合日常学生问卷调查、毕业生跟踪调查、第三方评价等手段，及时掌握最新的学生诉求、用人单位人力资源需求和行业发展动态，课程团队据此进行深入剖析，持续对课程资源进行改进，以不断适应课程教育教学改革的需求。

依托智慧职教云平台的信息化课程资源建设，通过一学年应用推广，特别是在新冠肺炎疫情期间网课教学的实时反馈，线上线下混合式教学和"以学生为中心、教师为引导"的教育教学模式逐步形成。首先是课程教学团队根据课堂评价、问卷调查、毕业生跟踪调查结果，不断调整优化课程资源；其次是师资队伍在资源建设中逐步完善自身知识结构，精准把握授课内容，提升信息化应用水平；最后是学生结合自身实际，随时随地利用资源进行知识探索与考核，信息化课程资源使其经常处于思考、分析和解决问题的过程中，激励先进、鞭策后进，达到促进学生终身学习和终身受益的教育目的，助力"全过程、全方位、全员"三全育人改革落到实处。

高职院校信息化课程资源建设是新时代"互联网＋教育"发展的必然趋势，也是优质教育教学资源整合的必然结果。通过兴趣引导、任务驱动将学生从网络聊天、网络游戏中解放出来，实现教育教学资源应用与育人成效最优化，真正推动学生主动求知和自主学习能力的提升。同时，教育教学资源建设一定要结合院校和行业实际，"边建设边使用，边使用边评价，边评价边改进"，再与教师教育教学能力合理匹配，从根本上实现资源建设的先进性和不可替代性，切实推进我国职业教育的高质量发展。

三、大数据时代下高职院校毕业生就业信息化平台建设

1. 高职院校就业信息化工作的现状和意义

党的十九大报告中明确指出：就业是最大的民生。李克强总理指出：2020年高职院校再扩招200万。由此可见，国家对高职院校毕业生就业已越来越重视。随着高校的逐年扩招，高校毕业生的数量也逐年增加，据统计，2022年我国高校毕业生人数达1076万人，其中高职院校毕业生达516万人，再创历史新高。目前，纵观各高职院校毕业生就业信息化建设情况，虽陆续开展并得到了一定的发展，但因起步晚，基础性工作不完善，发展相对单一闭塞，数据的真实性和时效性也有待进一步加强。如何破解高职院校毕业生就业难题，一方面需要依托国家相关利好政策，另一方面需要采取高效合理的技术手段，其中毕业生信息化体系建设是促进毕业生就业工作的重要技术手段之一，对高职院校毕业生就业具有重要意义。

（1）加强就业信息化建设是国家政策导向

党的十九大报告也明确提出："增强改革创新本领，保持锐意进取的精神风貌，善于结合实际创造性推动工作，善于运用互联网技术和信息化手段开展工作。"通过建立完善的信息化毕业生就业与服务平台，实现就业与服务工作的信息化，有效促进高校毕业生的就业管理工作，极大地加强和拓展高职院校就业与服务工作的深度和广度。

（2）有利于促进就业政策的高效宣传和落实

就业信息化平台将高职院校、就业单位和毕业生有机结合，通过信息化平台，高职院校可发布就业政策、制度、技巧等就业信息；就业单位可如实展示单位信息、人才需求等招聘信息；毕业生在平台上可以获取就业政策法规和人

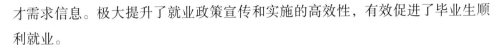

才需求信息。极大提升了就业政策宣传和实施的高效性，有效促进了毕业生顺利就业。

（3）进一步促使就业与服务机制各项功能更加健全

传统就业与服务机制功能简单，效率低下，诸多功能无法实现。通过建设基于信息化技术的就业与服务平台，能为高职院校、毕业生和用人单位提供一个网络"交流"平台，三者可以通过线上咨询、远程视频等多种信息化方式进行沟通。也可实现如远程视频面试、电子简历投递、就业文件下载等诸多功能，从而进一步推动毕业生就业的可持续性发展。

（4）有利于提高高职院校就业工作管理水平

毕业生人数的增加，给高校就业工作带来了巨大的压力和挑战。传统就业工作方式方法已无法满足现实需求，推进就业信息化建设，有利于将工作人员从低端的数据收集工作中解脱出来，减轻工作压力、提高工作效率。利用先进的信息化管理平台，使得数据在各个系统之间有效传输，各个端口使用人员、学生可以根据需求实现数据的实时传递，提高数据时效性。针对管理人员，还可以利用计算机后台程序进行处理，实时得出所需要的各类数据结果。同时，推进就业信息化建设，还有利于实现无纸化办公，不同的管理人员和学生群体，可以根据自己管理权限和使用权限迅速、便捷地查找到自己所需要的信息，真正提高就业工作的层次和管理水平。

（5）有利于实现精准就业

信息化建设为使用大数据技术提供了充足的数据来源，以便进行科学预测分析，更好地开展就业指导工作，加强就业针对性。从市场分析来看，各类用人单位可以通过信息化平台端口输入需求信息，综合各行各业的人才的需求信息，学校可以了解各个地区人才需求情况，以便合理调整人才培养方案；从学生群体来看，可以通过信息化平台建设，实现对学生的全程化信息跟踪管理，学生从入校报到开始，就为他们建立个人信息库，全校各个部门均可利用信息化平台跟踪学生在校期间参与社团活动情况、获奖情况、社会实践情况等，从而为每个学生生成一套完整的个人综合评价表，为用人单位提供选人用人的参考，提高人岗匹配度，实现精准就业。

（6）有利于促进供需双方的深度合作

开展就业信息化建设，建设就业信息化平台，可以为学校、用人单位和学生提供沟通交流的平台。学校可以动态掌握学生真实就业情况，避免学生"被就业"；用人单位可以实时发布就业需求，并通过就业平台查看学生情况、查收学生简历并进行反馈；学生可以通过平台轻松获取招聘信息、了解招聘动态、投递简历，从而实现用人单位和学生之间有效交流沟通。

2. 高职院校毕业生就业信息化建设的问题

高职院校毕业生就业创业信息化服务体系的建设从20世纪90年代末至今，已有20多年。我国大多数高职院校在此方面发展得比较快，已经具备了较高的就业信息化水平。但从实际情况来看，对大量就业信息数据的处理分析、挖掘整合等方面仍然存在不足：

（1）信息化管理水平较低，人才队伍和软硬件设备匮乏

一是就业信息量不够，更新较慢，信息面窄。二是就业网站信息缺乏完善的审核机制，信息的真实性、准确性不高。三是缺乏既能熟悉运用信息化技术，又能掌握大学生就业工作相关知识的综合性人才。四是软硬件设备滞后，达不到快速发展的信息化技术要求。因此，高职院校在就业信息化建设中，管理水平的提高需要常态化，人才队伍的建设需要专业化，软硬件的配置需要系统化。

（2）信息化的交互性不强，平台功能单一

大部分高职院校的就业平台设置简单，模块功能单一，往往只设置了公告通知、就业指导、招聘信息等几大模块，仅限于信息发布功能，缺乏诸如远程视频面试、网上招聘、在线指导、职业测评等实用功能。信息发布较为混乱，招聘信息只是简单的复制、粘贴，信息更新缓慢，不利于各参与者进行实时信息查询。有的没有设置互动区域，各参与者之间也缺乏必要的互动和交流，导致毕业生的就业受限，不能适应就业形势的发展。

（3）信息化建设目的不明确，应用意识不强

当前高职院校就业工作压力大，加之日益严峻的就业形势，很多高职院校对于信息化建设的目的尚不明确，忽视就业信息化建设的作用，往往把大部分

的人力物力财力投入到开拓就业市场、教授就业指导课程等方面，而对就业数据深层次的挖掘置之不理，缺乏对数据信息的统计分类和处理分析，致使就业信息缺乏方向性和价值性，难以反映更深层次的、更有效的实时就业信息，严重影响就业工作的顺利开展。

（4）就业数据整合程度不高，毕业生缺乏积极性

毕业生的就业信息来源具有多元化、多样性的特点，从国家级到省部级，从国企到外企，从行政事业单位到私企，都已建成各自的就业信息化平台，各个平台都拥有大量的就业信息，但平台之间的交互功能不强，数据共享和融合程度不高，信息分布松散，信息交流不足，导致毕业生及用人单位获取信息存在局限性，降低就业平台对毕业生就业的促进作用，也很难满足毕业生求职的个性化需求；加之高职院校毕业生本身的自主能动性相对薄弱，导致很多毕业生使用就业与服务平台的积极性不高，平台的使用效率也不尽如人意。

（5）就业信息传递不及时，时效性较差

近年来，各高职院校就业工作开始引入新的技术手段，高职院校就业信息化平台相继建立并得到了一定的发展，但由于高职院校人力、物力、财力的有限性，高职院校就业信息化建设普遍滞后，发展较为单一、闭塞，信息化仅仅停留在信息的展示上，信息不能及时传送到学生手中，信息真实性、时效性较差，重点表现在就业信息网站建设上，网站往往只有主页，不分专业，网站信息量少，内容针对性不强，高职院校毕业生不能够从中获取自身就业所需要的相关信息，学生对网站的关注度不高，就业信息传递不及时。另外，高职院校在就业信息化建设管理上，缺乏规范性和严密性，在就业岗位质量上，缺少评价机制，高职院校把就业工作的重点放在就业率上，忽视了数据的真实可靠性、有效性以及对学生专业的适合度，部分低质量就业岗位通过正规渠道进入校园，甚至有的高职院校遭遇传销。

3. 高职院校就业信息化建设存在主要问题的成因

（1）重视度不够，信息化建设滞后

当前，高职院校生存压力依然较大，面对招生和就业，高职院校往往把更多人力、物力、财力投放在招生工作上，在就业工作上投入不足。与这相对，

国家层面，将大学生就业工作列入民生范畴，将大学生就业工作提高到空前高度，也对高职院校的就业信息化建设工作提出了更高的要求，传统的高职院校就业模式已无法适应新形势发展的要求，信息化建设的滞后，满足不了学生就业的个性化需求。

（2）就业信息化体系建设不完善

当前，高职院校就业信息化平台仅仅停留在对就业信息收集、发布上，缺乏系统性和个性化，忽略了对就业工作深层次地挖掘，信息平台之间各自为政，信息资源不能有效共享，利用率低，对数据缺乏有效分析，无法对就业管理工作提供有效反馈与支持。这种缺乏系统性的信息化平台容易产生大量的信息孤岛，大大增加了业务系统数据的管理难度。

4. 大数据时代下就业信息化建设的要求和途径

2012年，联合国发布《大数据促发展：挑战与机遇》，指出大数据的出现将对社会的各个领域产生深刻的影响。为此，世界各国均出台相关措施加快大数据在国民经济中的应用。我国也正在尝试通过大数据技术解决教育行业面临的各方面问题，毕业生的就业问题就是其中之一，大数据时代下网络信息化的快速飞跃必然促使就业信息化建设的蓬勃发展。那么，如何在大数据背景下建设高效完善的信息化就业体系，可采用以下几个途径：

（1）数据共享挖掘，信息创新应用

大数据技术最核心的技术就是对于海量数据进行存储、处理、分析和挖掘从而获取有价值的信息。数据共享是将现有各平台之间的就业数据实现互联互通，如本学校内部就业相关数据、外部兄弟院校就业情况的数据、上级主管部门发布的就业信息、各地人才市场的招聘信息、各用人单位的相关数据等。但有时从各平台上共享的就业数据不能直接使用，可以先存入大数据HDFS（Hadoop Distributed Files System）后进行数据清洗，对数据进行规范化处理，删除残缺无效的数据。实现有效数据共享后，不仅可以实现就业信息的高效传播，还可以利用大数据Mahout算法对整合后的海量就业信息进行动态化的分析和挖掘。科学分析就业数据信息，应从两个维度进行分析：一是毕业生维度，包括：精准分析毕业生就业需求、就业能力、就业意向、就业所需的技

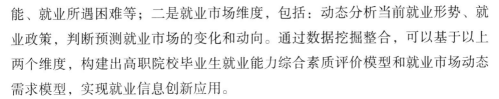

能、就业所遇困难等；二是就业市场维度，包括：动态分析当前就业形势、就业政策，判断预测就业市场的变化和动向。通过数据挖掘整合，可以基于以上两个维度，构建出高职院校毕业生就业能力综合素质评价模型和就业市场动态需求模型，实现就业信息创新应用。

（2）注重数据信息安全，提升队伍信息化专业水平

任何事物都有利弊，大数据时代给我们的生活带来了很多便利，同时也导致人们的个人信息存在泄露的风险。在大数据环境中，各个就业平台的数据库中存储着大量的就业信息，如不重视信息的安全防范工作，这些信息很容易被破坏和窃取，产生无法预估的后果。因此，大数据时代下，不仅需要政府部门出台有关网络信息安全的法规和制度，还需要建立一支专业化的综合型信息队伍，一方面能够掌握如信息安全防范技术、数据处理挖掘技术等相关信息化知识，另一方面，也要熟悉毕业生就业政策、就业流程等相关业务知识，为大数据时代下的高职院校就业信息化建设保驾护航。

（3）以大数据为基础，完善就业信息化的预警和反馈机制

预警和反馈机制是高职院校就业工作的直接驱动力，对促进毕业生就业工作的可持续性发展起着至关重要作用。一是以大数据为基础，推动就业信息化平台实现网上信息的核验、上报以及对毕业生就业情况、用人单位招聘情况的掌握和调查等功能。通过海量数据，客观分析当前社会就业需求的趋势，并及时反馈给高职院校相关教学部门，指导学校教学部门进行人才培养模式的改进，从而对毕业生顺利就业起到预警和促进的良好效果。二是以往就业信息反馈仅限于函件、问卷调查、实地走访等线下形式。随着大数据的快速发展，可以尝试充分利用大数据信息的多元化、实时性和互动性等特点，以就业信息化平台为桥梁，建立信息化的反馈机制，将各类信息及时有效地反馈给高职院校、用人单位和毕业生。形成统一、高效、有序的就业信息化预警和反馈机制，进一步促进毕业生就业信息化的建设。

（4）建立一支就业工作专业队伍

高职院校毕业生就业信息化建设不仅需要硬件的投入，更需要有一支专业化的就业工作队伍做保障。对一名高职院校就业工作者来讲，在加强自身综合素质的同时，要积极适应新技术带来的工作方式方法的变化，尤其是处于大数

据时代，要能做到对数据的充分挖掘和有效利用，并利用信息化手段处理就业中遇到的问题，不断提高和丰富新技术的应用技能和开发经验，为就业信息化建设提供更加有力的保障。

（5）打造系统完善的就业信息化平台

一个功能完善的就业信息化平台是做好就业信息化建设的前提和保障。一是建设好校园就业与服务网站，将校园就业网与学校整体信息化建设有效对接，实现就业网与学生处学籍库、教务处教务管理平台的链接，学生可通过就业网查询就业岗位信息、投递简历、发表自己求职心得等；建立企业客户端口，为用人单位提供岗位信息发布、查阅简历、开展网上面试、信息反馈、网上签约等；为管理人员提供用人单位资格审查、毕业生去向管理等管理权限。二是开通校园就业微信服务平台。针对当前微信使用的方便性，引导学生关注就业微信官方号，为学生提供岗位查询、岗位信息自动匹配推送、查询招聘会信息、求职登记、毕业生去向登记等服务功能。三是建立校园就业App手机客户端。客户端包括职位搜索、个人中心、招聘会、通知公告、简历投放等功能。通过上述三种渠道，为学生提供全方面信息化服务。

四、高职院校就业指导课程的信息化建设与实践

1. 信息化建设背景

就业指导课程是教育部要求列入高职院校各专业教学计划的课程；就业率高低是衡量学校教育教学质量的重要标准之一；而学生进入学校学习，最终解决的是就业问题，"能就业，就好业"。因此，就业指导课程具有不容忽视的地位。

然而，常规的就业类课程教学面临重重困难：法规、政策的宣讲，形式单一，无法培养学生的学习兴趣；虽然课程对学生很有用，但直观性较差，作用不能立竿见影，无法调动学生的主观能动性；讲解过程中，往往重理论轻实践，无法给学生带来实际的体验。

所以，对《就业指导》课程进行信息化建设势在必行。进行信息化建设，

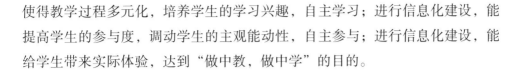

使得教学过程多元化，培养学生的学习兴趣，自主学习；进行信息化建设，能提高学生的参与度，调动学生的主观能动性，自主参与；进行信息化建设，能给学生带来实际体验，达到"做中教，做中学"的目的。

2. 指导思想

《就业指导》课程的目的是让学生具备将自己成功推向社会的能力，实现三个具备：具备良好的就业心态、具备丰富的就业知识、具备熟练的就业技能。

为了实现三个具备，课程建设中需要打通一条主线。首先，确定前导课程：职业生涯规划、心理健康教育等等；其次，结合辅导员＋导师＋系部＋招生就业办，紧密联系第三方企业，打造就业指导团队，扮演好引导与组织学生就业的角色；最后，开发"毕业生信息库"，对毕业后的学生进行信息统计和反馈。

3. 就业指导课程的信息化总体设计

以某职业院校计算机相关专业为例，进行《就业指导》的信息化总体设计，该课程为第三学年学生的必修课，总学时为24学时。

四大教学模块从学生到准毕业生再到成功就业，完成学生生涯到职业生涯的完美转换。

根据课程的总体设计，采用的教学方法有：

①知识讲座与人物访谈相结合，大大改善传统的宣讲模式，培养学生的学习兴趣。

②在讲解应聘技巧时，加入互联网检索，多种计算机应用软件的使用，能够培养学生的动手能力，体现"学中做，做中学"。

③视频演示、案例分析、小组讨论，能提高学生的参与度，调动学生的主观能动性。

④网络面试与电话面试相辅相成，能给学生带来实际体验。

4. 以"应聘面试"单元为例，实施信息化过程

（1）信息化手段的总体设计

"应聘面试"单元通过多种方式的模拟面试，让同学们身临其境地感受面试，掌握面试技巧，同时调动同学们的积极性和提高应聘参与度，做好就业准备。

教学的重难点：使学生清楚地了解应聘程序及内容，参与面试所需做的准备、面试礼仪及面试过程的注意事项等。

（2）信息化手段的教学设计

"应聘面试"单元实践性强，学生需要充分认识自己、了解企业、认清就业形势，从面试前、面试中以及面试后等方面进行准备，在教学过程中，需要多元化教学，给学生带来实际体验，达到"做中教，做中学"的目的，提高真正的面试效果。

"应聘面试"单元通过采用多种渠道，让学生掌握扎实的面试技巧，做好真正面试的心理准备，这就需要学生注意以下方面：

"学与用"的转换：面试时的技巧通过多媒体讲解后，需要学生能够学以致用，用在具体的环境中。

"自主参与"情景活动：在创设的情景活动中，要学以致用，自由发挥。

分析归纳：对于视频，特别是在模拟面试中的视频，要学会分析总结，评价反思。

（3）信息化手段的实施

"应聘面试"单元共8学时（每学时45分钟），是一个非常强调培养实践能力的环节，分4次课完成（每次课2学时）。在教学过程中需要注重互动、交流，调动学生参与的积极性、主动性。

5. 就业指导课程的信息化教学拓展

为了进一步提高学生的面试能力，通过电话面试达到目的，需做到以下几点：

①联系参与电话面试的企业。

②为企业随机提供电话面试学生名单。

③与企业协商电话面试评分要点。

④获得并整理学生电话面试成绩。

⑤使用网络邮件，对学生的面试过程提出建议。

6.就业工作的信息化反馈

为了更好地服务就业工作，除了课程建设本身，额外开发毕业生信息库，对毕业生信息进行调查和统计。

7.特色与创新

①就业准备：邀请已经成功就业的学生和在校学生一起，以"现身说法"的方式座谈，激发学生们的就业热情，以实际行动迎接就业。

②特色作品制作：通过信息化、网络化方式，制作自己的特色作品、就业创业博客（论坛）、电子简历等。

③模拟面试：邀请相关企业的人力资源负责人进行面试演习，包括现场面试以及电话面试，提升同学们的面试技巧。

④就业信息反馈：构建毕业生信息库，通过数据挖掘的方法，将信息反馈给就业部门、教务部门及学生。

在就业指导课程中，学生的就业心理以及就业现状，采用直观教学和活动探究的教学方法，以"教师为主导，学生为主体"，放手让学生自主探索，主动参与到面试过程中，力求使学生在积极、愉快的课堂氛围中提高自己的面试水平，从而达到预期的教学效果。

高职院校数字化课程建设

一、高职院校《大学生就业指导与职业发展》数字化课程建设

随着我国经济的快速发展，我国高校学生数量不断增多，使得高职院校学生的就业竞争不断增大，因此高职院校教师要做好学生的就业指导和职业发展教学工作，通过开展课程教学来引导学生树立正确的就业观，帮助学生提高就业能力，帮助学生实现稳定的高质量就业。

1. 当前高职院校《大学生就业指导与职业发展》教学存在的问题

（1）缺乏对大学生就业的指导

开展大学生就业指导教学，对于帮助学生树立正确的就业观和择业观有着重要的影响作用，但是在教学中，部分高职院校依旧存在许多问题。当前许多高职院校在开展《大学生就业指导与职业发展》课程教学时，缺乏较强的师资力量。在高职院校中，超过百分之五十的大学生就业指导课程教师都是由其他课程老师兼职的，比如思想政治教师。这些教师缺乏对大学生就业指导的认识，专业水平不高，所以在开展教学中，无法引导学生进行深入的研究和探讨。由于缺乏专业的就业指导知识，在进行课程设置上缺乏深入的研究，导致教学专业化水平不高，进而影响教学质量。

（2）就业指导教学过于形式化，缺乏创新

在开展大学生就业指导课程教学时，教师所采用的教学方法比较简单，不利于提高教学质量。大学生的就业指导课程属于一门实践性的课程，如果教师依旧采用传统的理论教学方式，不仅无法提高学生的学习兴趣，甚至还会引起学生对该门课程的反感。而且由于教师的专业水平不高，所使用的教学方法也过于简单，教师依旧是采用传统讲课方式，这样使得学生的学习过于被动，不利于引起学生的主动思考。许多高职院校并没有正确认识到大学生就业指导教学的重要性，导致就业指导教学过于形式化，无法提升教学质量，无法实现就业指导教学的目标。所以在这种情况下，教师在开展教学活动的过程中，必须要结合我国新时代社会发展对教师的基本要求，创新自己的教学方式，将学生们培养成创新型、复合型的高素质人才。

2. "互联网＋创新教育"在高职就业教育中的应用分析

（1）可行性分析

众所周知，创新创业是我国时代进步和发展的源泉和动力，所以在这种情况下我国根据新时期社会发展的基本要求，着重开展了创新创业教育，同时，创新创业教育也成为高职院校教师在开展教学过程中的重点教学目标。创新创业教育最为显著的教学特点就是通过引导学生树立正确的就业观，帮助学生结合自身的优点以及特征开展创业活动。高职院校的教师必须要对学生进行正确的引导和教育，将创新创业教育与对学生的思想政治教育两者相互融合。通过开展混合式教学的模式，重点推进高职院校学生创新创业教育与思想道德修养的培养。

（2）必要性分析

社会要想发展，国家要想进步，那么就必须要认识到创新的重要性。创新是推动大学生就业最为关键的方式，同时也是引导大学生正确就业的重要方法。高职院校教师在开展教学活动的过程中，需要紧紧抓住创新教学的方式，不断进行优化，反思自己在指导大学生就业过程中存在的缺点和不足，从而积极倡导全新的创业就业教学原则。高职院校的教育在我国的教育体系中发挥着十分重要的作用和价值，同时高职院校的教育也承担着为国家、为社会、为企业培养专业技术人才的重任，因此，通过将创新创业教育融入高职院校的课堂教学中，可以有效地陶冶学生的思想道德情操，帮助学生提高分析问题、处理问题、解决问题的能力。

3. 数字化教学资源在"大学生就业指导与职业发展"课程中的应用原则

（1）就业学习原则

高职院校的教师在开展教学活动时，通过将数字化教学资源应用到高职大学生就业指导中，可以有效提高课堂教学的效率，引导大学生认识到创新创业教育的重要性。高职院校的教师在开展教学活动时，还可以结合数字化的教学原则，根据我国互联网技术快速发展的背景，调整自己的教育教学目标，优化和丰富学生对就业的基本认知，确保高职院校的教学资源有效地应用到学生们的就业学习中。

（2）共同规范原则

创新是时代进步和发展的源泉与动力，对于高职院校的教学来讲，也不例外。高职院校的教师在开展教学活动的过程中，必须严格遵守共同规范的教学制度，有效优化和创新教学资源，根据国家人才的培养发展目标，为学生们找出适合学生发展的课程资源，坚持引导学生的创新型发展，挖掘学生的课程学习思维，为学生综合素养的提高奠定坚实的基础。在应用数字化教学资源时，高职院校教师必须遵守共同规范原则。只有确保数字化教学资源的统一规范性，才能保证资源的可操作性，才能发挥出资源的最大作用。目前高职院校大学生就业指导课程的数字化资源大部分都是网络信息资源，不同信息资源的层次和属性不同，不利于教师的管理，因此教师要使用统一的规范标准来对这些信息资源进行管理，加强学生对信息的使用，将学生培养成创新型人才。

（3）层次性原则

众所周知，每个学生都是独立的个体，因此高职院校的教师在开展教学活动过程中，要想为国家、为社会培养创新型的人才，那么就必须根据学生的学习基础，找出适合不同学生的教学方式，结合我国新时代经济发展的基本要求，严格遵循教育教学原则，做到因材施教，推动学生的创新发展。不同学生由于学习水平和喜好不同，所以学习需求也存在较大的差异，因此在运用数字化教学资源时，教师要遵守层次性原则，满足不同学生的需求。此外，在应用数字化教学资源时，教师应当使用模块化的管理方式，通过引导学生对不同的资源进行重新组合，从而形成自己需要的学习资源。

（4）经济性原则

高职院校的教学研发资金有限，所以在运用数字化教学资源时，必须遵守经济性原则，结合当前学校的资金情况，尽量采用最少的投入来产出高质量的数字化教学资源，提高资金使用效果。高职院校必须要为教师配备完善的教育教学设施，充分引进国家的教育教学资源，满足学生的身心发展需求。高职院校的教师在促进学生发展过程中，要严格遵循经济性的教育教学原则，合理妥善地应用学校的资金，切莫造成学校资金的不合理利用及浪费。为了更好地将学校的教学资金应用到合适的位置，高职院校需要为教师的教学设置有效的教学目标和教学任务，确保高职院校资金的合理使用。

4. 创新创业教育提高大学生就业质量的措施分析

（1）教育理念的优化

高职院校的教师在开展教学活动过程中，通过优化和创新自己的教育教学理念，可以改善大学生对就业的认知。所谓的教育理念，也可以理解为教育文化，承载着一所高校校风校训的建设，同时也承载了这所高校的发展历史。高校的教学理念体现了高校的办学宗旨与办学目的。高职院校的教师在开展教学活动过程中，通过强化创新教育，增强创新文化，有效带动创新创业理念的发展，可以有效影响大学生的思想，推动大学生改善自己原先传统的就业认知。

（2）机制建设

高职院校的教师要想全面推动创新创业教育的发展，那么就必须加强机制建设，利用制度约束和规范大学生的就业行为。双创教育工程是高校教育发展的一把手工程，得到了越来越多高职院校领导的关注和重视，要想真正地将创新创业工程发挥真正的价值，那么就必须确保高职院校内部的教育教学资源、教育教学人员、教育教学经费以及教育教学机构全面到位。只有解决了上述资源问题，才能促使高职院校的各个教学部门有条不紊地开展创新创业教学活动，进而有效提升大学生的就业质量。

（3）高职院校师资队伍的建设

众所周知，由于我国的高职院校发展起步比较晚，所以在这种情况下，一部分的高职院校内部缺少强劲有力的师资队伍，严重阻碍了高职院校的办学和发展。一流的师资队伍是高校最为宝贵的财富，所以在这种情况下，高职院校要想有效提升大学生的创新创业质量，那么就必须积极引入优秀教师，以此来促进高职院校教育事业的发展。高职院校可以尽可能地引进一些充满朝气与活力，可塑性比较强，同时敢于突破自我、敢于突破制度约束的青年教师，让这些青年教师引领高职院校教育工作的发展。高职院校可以给青年教师提供成长的平台，给予青年教师足够的信任，促使这些青年教师将自己的专业知识与创新创业教育相融合，以此来推动大学生就业质量的提高。

5. 高职院校"大学生就业指导与职业发展"数字化课程建设理念

（1）制定科学的专业培养目标

高职院校在进行人才培养的过程中，必须结合我国新时代社会发展对人才的培养要求，改革目标进行整体的优化和创新，改变一些高职院校专业办学规模小、人才培养方向模糊的情况。高职院校及其内部的各个院系以及学科组织是一个有机联系的完整体系，因此高职院校及其各院系学科专业，必须具有发展层次，坚持人才培养的规格与特色，努力在制度与政治层面建立灵活的反应机制，从而提高人才对社会的适应能力。

（2）坚持校企联合的人才培养模式

就目前来看，虽然有许多学校为学生增添了实验课以及实践课程，但是学校在为学生设置实验课程的过程中，仍然以学校内部原有的实训基地为基础，所以导致学校很难在专业教育中为学生提供实际的操作机会。在这种情况下，就明显出现了学生专业与岗位不适应的情况。在进行人才培养的过程中，采用校企联合，产学研一体化的办学模式，是有效提升人才培养质量的重要措施。高职院校必须结合国内外优秀的办学经验，严格坚持依托行业创办专业，积极推进合作办学的模式，不断提升社会对人才的需求量，以及学生对社会岗位的适应能力。

（3）要与现有的课程资源错位

高职院校要加强"大学生就业指导与职业发展"数字化课程建设，首先要与现有的课程资源错位，从而丰富课程资源。在实际教学中，学校以及教师都可以借助互联网的作用来对课程教学资源进行整合，学生可以随时借助互联网技术来浏览教材内容以及其他教学内容。在进行数字化课程建设时，教师不需要再将原有的课程资源重新数字化，而是要和现有的课程错位，从而产生增量。在形成新的课程资源时，教师可以采用片段的形式来进行网络展示，从而更好地丰富大学生就业指导教学资源。

（4）借助便捷的网络形式呈现内容

随着数字化技术的发展和应用，教师在进行数字化课程建设中，应当以更加便捷的网络形式来呈现大学生就业指导课程内容。在互联网时代背景下，不仅人与人之间的沟通变得更加方便快捷，信息之间的传递也更加快捷，所以教师要充分借助互联网的作用，从而更好地进行数字化课程建设。数字化课程平台的建设对教学资源的共享要求更高，因此在进行平台构建时，工作人员必须认真做好网络的建设工作，发挥网站的作用来完善数字化资源平台。在进行大学生就业指导数字化课程建设时，教师应当认识到网络技术的重要性，加强对网络技术的运用，以更加快捷的网络形式来呈现教学资源。

目前，我国高职院校"大学生就业指导与职业发展"课程教学依然存在较多问题，通过借助大数据技术，可以有效提升教学效率，因此高职院校教师要重视对大数据技术的运用，结合相关的应用原则来加强数字化技术在就业指导教学中的应用，加强数字化课程体系的构建。

二、信息化背景下就业指导课精准化施教

就业指导课作为一门思想政治教育课程，在2003年和2007年的教育部文件中都被专门提及（2003年《关于进一步深化教育改革，促进高校毕业生就业工作的若干意见》；2007年12月，教育部办公厅印发了《大学生职业发展与就业指导课程教学要求》），成为各高职院校必须开设的课程之一。从就业指导课程的发展趋势可见，更加精细化的就业指导课程是符合时代发展和社会发展需求的，信息化为这一发展带来了机遇和挑战。

1. 信息化背景下精准化就业指导需求

（1）就业主体的就业认知变化

信息化技术的发展，逐渐解决了求职信息对称问题，满足了学生对求职的要求。从2019年安徽省普通高校毕业生就业状况报告可知，长三角经济圈是安徽省内大部分人的理想工作地区。长三角区域的产业升级和转移，对外开放程度的提高，逐步发挥带动沿江、辐射南北的效应。在信息化发达的社会环境下，学生对政策的认识影响了学生的就业选择。一方面体现出国家政策信息变动逐渐转化为学生内在认知的变化，另一方面大学生就业中求职信息对称问题逐渐解决。

但是，我们也应看到，安徽省高校的毕业生在省内就业的比例明显高于苏浙沪，人力资源的开发跟不上产业转型的步伐。解决这一问题，高校应主动发挥桥梁作用，通过精准化就业指导，使人才开发与长三角发展战略互动共进。深入了解高校毕业生的就业需求是开展就业指导的前提。在2019年安徽省普通高校毕业生就业状况报告中，对于高校就业指导，学生最想获得的信息选项中，用人单位信息占21.66%，应聘技巧占20.85%，职业规划辅导占20.03%，专业出路占18.51%，就业政策和法律指导占12.30%，求职心理辅导占6.65%。除了希望得到对就业政策、就业价值观的深入解读外，更期望基于本专业既往数据和未来行业发展的各种数据的精准解读，帮助自己明确就业方向。

大学生就业信息需求呈现出从大数据向小数据、微数据的需求变化，就业

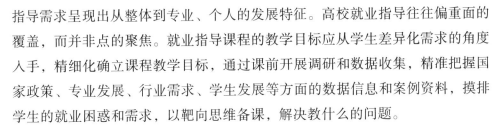

指导需求呈现出从整体到专业、个人的发展特征。高校就业指导往往偏重面的覆盖，而并非点的聚焦。就业指导课程的教学目标应从学生差异化需求的角度入手，精细化确立课程教学目标，通过课前开展调研和数据收集，精准把握国家政策、专业发展、行业需求、学生发展等方面的数据信息和案例资料，摸排学生的就业困惑和需求，以靶向思维备课，解决教什么的问题。

（2）课程教学的信息超载问题

对信息化的双刃剑作用要有明确认知。一方面，信息化技术的发展缩短了信息收集时间、增加了信息接收数量，有利于解决信息对称问题。另一方面，信息技术带来了信息泛化问题，各种信息引入课堂，导致信息超载，学生面对海量知识选择困难，难以消化，同时也增加了学生接触多元多样多变社会思潮的机会，并冲击着学生的思想。因此，就业指导课程要坚持以习近平新时代中国特色社会主义思想为指导，对各类信息进行去粗取精，去伪存真。课程教学目标确定为"解疑＋纠错＋定位"，让学生少走弯路，少绕远路，少钻牛角尖。

以2020年76项职业资格取消这一信息为例，该消息的确引发了在校生和毕业生的热烈讨论，就业指导课程应发挥其思想政治教育功能，正面引导学生的认识，随着国家监管政策越来越完善，对职业素养的要求不再简单以"证"取人，通过勤奋学习、刻苦钻研练就真本领才是解决问题的根本。针对学生在这一事件中关注的行业发展、求职准备等关键点，开展针对性的讲解，实现教与学的供需平衡。

2. 信息化环境下就业指导课精准化教学实施

（1）"一对多"向"多对一"的教学方式变革

大学生的认知能力是有差别的，带有鲜明的个性化特征。一方面，大学生通过信息的获取，学习能力得到提升，对课堂知识的传授有了自觉比对能力。另一方面，也有大学生面对信息超载，存在懒于思考的回避心理，反而造成厌学心理。从学生个性化特征出发，就业指导课教学应针对学生的不同需求，区分不同就业领域、就业方向，分层次、分群体、分类别设计教学内容，通过信息化技术的融入，开展数据分析，增进师生互动，精准把握教学主体——学生

的个性化特征，实施精准分类式教学。

信息交互是人与人、人与社会的联结过程，例如校友的现身说法有利于加深学生对就业的认知，邀请毕业生以录制短视频、在线互动的方式定向为大学生答疑解惑，以在各类平台如抖音、B站等直播工作日常的间接影响方式，分享工作感悟，带领大学生走入职场现场。淡化教学主客体界线，让学生既是教学主体又是客体，在信息交互中激活同理心，激发学生的课堂参与活力。

还原和分析求职案例时，要注意其求职经历受到当时的社会政策、行业发展、家庭环境等多重因素的影响。在每个案例中，都可以分析出多重因素，就业指导课程对案例的应用，要注意适用、活用。杜绝形式化、表面化，要实现案例的深度分析，正向引导教育大学生志存高远，脚踏实地，不畏艰难险阻，勇担时代使命。

（2）理论到实践再到理论的教学目标深化

知识的应用是伴随着知识的产生而进行的。人职匹配是就业指导课的主要教学内容之一，但应注重对理论的提升，通过开展教学研究，增强人职匹配理论在不同专业不同学生身上的适用性。"六稳""六保"寻求更好地回归社会公共价值的力量、信心、协调机制，人职匹配应以回归社会公共价值为使命。要实现这一使命，要让学生回归到真实情境中去解决问题，在实践中寻找协调机制。

信息化教学手段的发展，实现了课程的时空延伸，学生参加第二课堂中的就业创业活动、招聘会等，可以通过信息化手段与就业指导课堂衔接，学生在第二课堂、参加招聘等实践环节的表现，通过数据分享和信息收集及时反馈到就业指导课教师面前。结合对这些信息的深度分析，对课堂教学进行反思调整，并升华到理论高度，为学科发展提供借鉴。

3. 信息化趋势下精准教学能力提升

（1）学习型教师的培养

"蒙以养正，圣功也。"对于课程教师，应以培养社会主义合格接班人为己任，认清责任，勇担使命。就业指导的教育不应止步于就业，要延伸到敬业、创新、奉献的高度。信息化带来的多元价值观冲击着大学生的思想，在教学中融入思想政治教育、价值观教育、责任感教育、大局观教育和四个自信教育。守正创新是对高职院校教师的要求，就业指导课程是一门融合了多学科知识的课程，提升教学质量需要教师贯彻终身学习的理念，不断提高自身的跨学科运用综合知识授课的创新能力，争做专家型教师。

教师评价体系应围绕考核和提升两个方向，以考核促发展，最终目标是不断提升教师素养，立足于学生全面发展，以就业为目标，提升学生的科学文化水平，提高课程含金量。因此教师评价体系应通过信息化手段，实现对教师教学能力的精准考核，同时根据考核结果，制定教师能力提升方案。

（2）实践型教师的培养

从近几年单位招聘的形式来看，笔试、面试环节呈现出信息化特点。疫情防控工作的开展，导致由传统多元招聘模式被迫转为单一的网络招聘形式。这就要求课程教学要增加对这一新型面试方式的应对教学。例如，案例教学需要融入网络面试成功案例，同时还要加入相关信息技术和面试技巧的解读与模拟。这对任课教师多学科能力的提升提出了更高要求，所以任课教师要主动学习，提升自身的教学能力，要多实践，多调研，必要时学校可以邀请专业教师给予支持，发挥校友资源的高级智囊功能，运用项链式教学法等其他高职院校行之有效的教学经验，实现专业课与思政课的无缝衔接，不断改革教学方式，以学生为本，把课程讲成说得清、看得明、用得上的精品课程，提升课程的教学实效。

4. 信息化环境下课程教学的育人导向

就业指导课程作为"三全育人"的内容，需要激活学生的三种角色，第一种角色是学习者，第二种角色是模仿者，第三种角色是求职者，这三种角色体现出学生从认知自我、走出自我到拥抱社会的过程。大学生参与社会分工的过程，是实现人与社会连接的过程，是自发自愿的过程，因为其自身局限性，难以上升到追求情怀和担当的公共价值层面。从这个角度来说，就业指导课教学的目的是将无序的联结转化为有序的团结，正视大学生在认知、能力或者人品上的局限性和狭隘性，并将各种社会资源团结起来，通过政治性引导，实现大学生高水平、高质量就业。

提升就业指导课程的实效性，需要实现人与人、人与社会的有效连接，从课程定位、教学内容和教学方式的精准化入手，在人才培养实践中精心反思，在产出导向中精细布局，让数据资料活起来，让案例教学动起来，让思想政治教育有温度起来，通过理论到实践再到理论的反复检验，探索就业指导课程的教学规律，提升课程教学效果。

高职院校就业指导与服务体系建设

一、"互联网＋"时代高职就业指导与服务体系建设

随着"互联网＋"时代的来临，高职院校就业指导服务工作面临新的挑战，需要院校结合时代背景元素与优势，积极建设和完善就业指导与服务体系，保证院校就业指导工作的与时俱进，满足学生就业需求，促进院校符合时代对教育提出的发展要求，有利于高职院校就业指导与服务体系建设趋向特色化。

1. "互联网＋"时代高职院校就业指导与服务面临的新要求

在"互联网＋"时代，我国高职院校为学生提供的就业指导服务，面临建设新型就业指导服务体系的要求。由于高职院校中的就业指导服务包括多项教育内容，如帮扶困难学生、就业管理、就业跟踪、就业招聘服务、职业生涯教育等，因此，高职院校需要重视时代对就业指导提出的新要求，在实际服务体系建设过程中，积极分析自身就业指导教育与本科高校相关教育之间的差距，清楚高职学生与本科生相比，存在文化基础薄弱、自主学习积极性不够等问题。对此，高职院校应采取措施提升学生理论学习的积极性，以及激发学生参加实践学习的兴趣。由于高职学生需要在校外实践学习，在校期间接触就业指导教育的机会并不多，因此，院校很难做到精准地为全体学生提供就业指导服务，从而增加了高职院校建设就业指导服务体系的重难点。在现代社会，互联网信息技术发达，学生与手机等新媒体接触的时间较多，高职院校要充分利用这一点来解决现阶段所面临的就业指导服务问题。如何对现代移动工具进行充分利用，使其成为推动就业指导服务体系建设的重要手段，这一问题需要引起高职院校的重视，需要其积极利用时代特点与优势，做到与时俱进，充分利用移动工具的便捷性与灵活性，使就业指导服务形式丰富化，提升学生与未来工作岗位的匹配度。

2. "互联网＋"时代高职就业指导服务体系建设的作用

（1）发挥大数据价值

高职院校基于"互联网＋"时代背景建设就业指导服务体系，需要以就业与服务平台建设为基础，在建设平台的过程中充分利用大数据，整合就业市场中的企业人才需求信息、学生求职意向信息、毕业生基本情况以及学校基本信息，利用云计算对这些信息进行识别、分析与储存，实现统一管理的同时，提升就业指导服务体系的精准度。基于"互联网＋"时代背景，高职院校积极利用大数据，能够有效加快就业指导服务体系建设进程，提升就业指导服务体系针对性，加强院校培养学生、指导学生就业与未来招生之间的联动，有利于院校就业指导服务体系具备健全的就业预警与联动机制。

（2）满足时代发展需求

现代社会信息技术迅速发展，使我国教育界能够提供的教育服务形式得以不断更新，尤其是高职院校的就业指导服务，利用"互联网＋"时代的信息技术，能完善就业指导服务体系的建设。高职院校就业指导可以充分利用"互联网＋"时代的新媒体途径，如微信公众号与就业App等，建设供需精准对接的院校就业指导服务平台，以当代学生乐于接收的信息接收与消化方式，为其提供新型就业指导服务，实现就业指导与服务体系的有效建设。院校可以根据学生不同阶段的个性化求职意愿与需求，为其精准地提供岗位信息、就业政策等

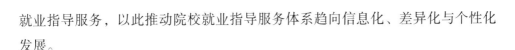

就业指导服务，以此推动院校就业指导服务体系趋向信息化、差异化与个性化发展。

（3）实现指导服务全覆盖

在"互联网＋"时代，我国高职院校积极采取措施，建设就业指导服务体系，以求就业指导服务实现更大范围覆盖。互联网时代的信息技术与大数据技术能够提升院校就业指导服务的针对性与实效性。由于院校部分毕业生家庭经济困难、就业定位存在偏差、心理有障碍等问题，造成这部分学生难以做到精准就业，影响其未来职业生涯发展。因此，高职院校需要积极借助"互联网＋"时代背景与技术，建设具备较高精准性的就业指导服务体系，在教育过程中实施政策宣传、经济帮扶、个别辅导等服务措施，以此实现就业指导服务在全体毕业生中的全面覆盖。

3. "互联网＋"时代高职就业指导服务体系建设瓶颈

（1）就业指导教育被忽视

高职院校在"互联网＋"时代针对就业指导工作建设服务体系，面临院校忽视就业指导教育的瓶颈问题，院校忽视就业指导服务表现在课程实施形式单一、师资力量不足等方面。大多数高职院校针对就业指导开设的课程包括职业规划课程与就业指导课程，这些课程能够为学生未来职业生涯提供很大帮助，但是课程实施形式以讲座与授课为主，并不能有效吸引学生的学习兴趣，影响课程实际教育效果。同时，这些课程的课时受限，课程开展大多以专业形式或合班授课形式进行，使就业指导服务在教育层面缺少针对性，造成并不是每个学生都能获得精准就业指导服务的结果。院校建设就业指导服务体系也需要重视院校就业指导师资力量不足的问题，不稳定的师资队伍主要源于院校为就业指导教育匹配的教师大多是教辅类与行政类工作人员，这些人员缺少专业性，同时不能以教师的角色与学生进行良好的沟通，难以基于学生角度出发，实际思考学生就业问题，影响院校就业指导服务体系发挥正确引导学生就业的作用。

（2）就业指导形式落后

大部分院校已经能够顺应时代需求，积极利用"互联网＋"时代的技术与新媒体，革新院校自身的就业指导服务工作，但是这些院校在建设就业指导服务体系的过程中，面临就业指导服务形式落后的问题。现阶段，我国多数高职院校在就业指导工作中，开设了微博、微信公众号、校园App等新媒体，借助新媒体为学生提供资讯、推送服务，使学生通过移动终端获取就业指导信息与相关服务，提升就业指导服务的工作效率。但是，大部分院校的新媒体平台过于趋同，并且存在信息更新不及时、信息传递互动不足等问题，造成学生难以对学校提供的就业指导服务予以足够的重视，无法在实际工作中提升学生的自觉性与积极性，限制院校建设就业指导服务体系，并影响服务体系发挥自身辅助作用。

（3）服务覆盖面积不足

在"互联网＋"时代，高职院校建设就业指导服务体系面临服务面积覆盖不足的问题。现阶段，我国各地就业管理部门均要求我国高职院校对经济困难学生就业予以重视，下发文件中要求高职院校采取措施促进经济困难学生就业并保证其就业的优质性。但是，我国大部分高职院校开展此项工作面临瓶颈。如在求职环节，经济困难学生与身体残疾学生可能会受自身条件限制，出现难就业、慢就业甚至不就业等问题。高职院校虽然能够做到重点关注此类学生，但实际情况是学生处负责这些学生的管理工作，在工作开展中经常出现沟通不畅、信息传递不及时等问题，降低了高职院校就业帮扶工作的质量。

4．"互联网＋"时代高职就业指导服务体系建设路径

（1）完善就业指导服务课程

高职院校在"互联网＋"时代建设就业指导服务体系，需要加强院校对就业指导服务的重视，在课程教育层面完善就业指导服务课程，更新课程开展形式，为就业指导服务体系建设提供有利基础条件。例如，高职院校可以在传统职业规划教育课程与就业指导课程基础上，借助"互联网＋"时代优势，积极开发与增设网络课程，将线上网络课程与线下课程有机融合，以混合式教学模式提升高职院校就业指导教育质量。同时，高职院校开设的线上网络课程需要具备一定的针对性，可以针对不同专业学生为其提供个性化的线上与线下结合教育课程，使学生得到精准的就业指导服务，提升就业指导服务体系建设的有

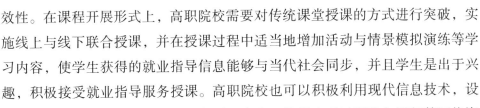

效性。在课程开展形式上，高职院校需要对传统课堂授课的方式进行突破，实施线上与线下联合授课，并在授课过程中适当地增加活动与情景模拟演练等学习内容，使学生获得的就业指导信息能够与当代社会同步，并且学生是出于兴趣，积极接受就业指导服务授课。高职院校也可以积极利用现代信息技术，设计生动化与具体化的就业指导教育课程内容，使学生通过图片与视频等网络资源信息，对就业信息与市场需求进行充分理解，提升课程教育的指导效果，实现高职院校就业指导服务体系的有效构建与辅助作用的充分发挥。

（2）充实就业指导师资力量

在"互联网＋"时代，高职院校建设就业指导服务体系需要在注重就业指导服务工作的基础上，充实就业指导师资力量，以此推动高职院校建设就业指导服务体系的进程。"互联网＋"时代，信息技术高速发展，需要高职院校为就业指导工作匹配专门的就业指导教师，并要求这些教师具备丰富的专业知识与较高的就业指导能力。因此，高职院校需要对现有就业指导教师队伍结构进行调整改革，培训并引进与就业指导服务相关的优质教育人才，避免行政类教师与教学辅助类教师在就业指导教师队伍中占据较大比重。同时，高职院校还需要增强教师队伍的互联网运用意识，培训其对"互联网＋"时代的各种新媒体与信息技术进行高效利用，提升教师队伍的整体信息化教学能力，从而有效提升教师就业指导服务能力。高职院校"互联网＋"时代建设就业指导服务体系，不仅能够为学生就业提供有效保障，也能借助服务体系的不断更新与完善，提升高职院校就业指导教师队伍的整体教学水平与信息化教学能力，满足高职院校就业指导服务工作的开展需求。

（3）就业指导服务信息化

高职院校需要按照自身实际情况本土化设置自身就业指导服务体系，以传统定点服务为基础，借助微信公众号与App等线上服务平台，实现高职院校线上与线下就业与服务提供的全面展开。同时，高职院校需要在建设就业指导服务体系的过程中，重视对线上服务平台板块内容进行丰富，加强信息更新的及时性与针对性，真正做到关心学生，对学生就业困难问题进行有效解决。高职院校也需要联合政府与企业，以送岗位、送指导、送政策等具体服务提升服务层次，利用现代信息技术对接企业需求信息，强化学生就业指导服务的实效性，促进高职院校就业指导服务体系实现高质量构建。

（4）强化指导服务的针对性

在"互联网＋"时代，高职院校建设就业指导服务体系，需要考虑高职院校特定学生群体，强化指导服务的针对性，以专项服务提升高职院校就业指导服务体系建设的质量。例如，高职院校可在学生入学时就联合学工部与招生部建立专项微信工作群，为身体残疾或经济困难的学生提供专项服务，并联合多部门，加强学生心理教育与职业规划指导，使学生能够健康发展，促进学生更好地认知自我，提升学生就业自信心，使学生具备较强抗压能力，有利于学生在高职院校就业指导服务体系中，逐渐完善自身职业素养。这种方式建设的服务体系能够有效加强特定学生群体的就业优势，引导学生合理规划自身未来职业，以学生正确就业观的树立，体现高职院校就业指导服务体系建设的成功。

二、大数据时代高职院校精准就业指导与服务的基本要求与发展策略

随着就业市场的演变，高职院校就业指导环节越来越受到重视，而大数据助力高职院校精准就业指导与服务成为必然趋势。大数据技术促进高职院校就业指导与服务深刻变革，对精准就业与服务提出就业与服务平台智慧化、就业与服务人员专业化、就业与服务方式多样化的要求。因此，高职院校要构建精准管理服务体系，准确掌握供需双方需求，找准就业指导与服务着力点；构建精准信息服务体系，充分运用大数据技术，实现人力资源的精准配置；构建精准指导与服务体系，广泛开展个性化教育，提升学生就业满意度。

1. 大数据技术促进高职院校就业指导与服务深刻变革

（1）大数据时代为精准就业指导与服务带来发展机遇

精准化是大数据时代高职院校开展就业工作的指导思路。大数据技术为高职院校精准就业带来了新机遇，指明了大学生的就业方向，为就业指导提供了科学依据。大数据时代，用数据观察、描述和表达，成为工作创新的源泉，也推动着工作模式的改变。随着就业市场的演变，高职院校开展就业指导环节越来越受到重视。高职院校就业工作信息化建设，就业工作人员通过信息平台挖

据学生的学习经历、就业预期、求职途径等特点，进行数据化处理，形成了就业大数据。大数据技术运用到学生在校学习生活的行为研究上，可以呈现大学生的思想状况、个性特点、成长需求，从而判断他们的职业生涯发展走向。统计分析大学生的求职信息来源、应聘单位区域分布，以及应聘次数、应聘成功率等数据，可以呈现大学生的求职意向和求职成效，从而提供精准的信息推送服务以及针对性的帮扶措施。大数据技术实现了就业信息的收集存储、定向分析、针对性处理以及创新应用，就业工作人员通过开展用人单位岗位需求分析，可以精准了解他们的用人标准，反馈到专业人才培养环节，使得高职院校人才培养的方向和目标更加符合社会需要和市场需求。因此，加强就业数据获取过程中的精确性、规范性，能够为精准就业提供有理有据的实证支持，推动就业工作决策从经验判断转为理性分析，推动就业与服务平台实现精准化对接和个性化推荐，推动就业指导从普适性教育变为针对性帮扶。

（2）大数据技术为精准就业指导与服务装上智慧引擎

依托于大数据技术，高职院校就业指导与服务中心开启"智慧就业与服务"工作模式，在建立完备的毕业生求职数据库和用人单位招聘数据库的基础上，将就业工作的传统优势与新的信息技术手段有机融合，用线上报名审核促进线下招聘管理，用线上就业教育支持线下招聘服务，通过智能推送、精准对接提高毕业生求职成功率，通过过程管理把握毕业生就业节奏，掌控不同专业毕业生求职状态，有方向、有目标地提供就业指导，通过慕课在线学习丰富就业教育方式，通过就业App等新媒体拓宽就业与服务途径。智慧就业与服务平台突破了传统的、单向传导的高职院校就业与服务模式，网络交流即时、便捷，师生互动增加，问题能够及时解决，参与度和服务效果均明显提升。

（3）大数据分析为提升就业指导与服务质量提供有力保障

高职院校借助大数据、云计算、物联网统计分析毕业生的择业意愿、求职过程、就业方向，通过智慧化管理，更加精准地掌握学生的就业预期、岗位期待，从而有针对性地做好岗位推荐和一对一帮扶。就业与信息技术的紧密结合，优化了就业流程，创新了就业指导方式方法，改变了就业指导与服务模式。随着大数据技术在就业工作中的应用，高职院校的就业管理服务理念、就业信息化建设、就业教育形式能够与时俱进，根据经济结构优化升级、人才市场需求变化、学生就业选择趋势进行同步调整。尤其是就业指导与服务工作过程中，能够运用精准就业、智慧就业新思路，发挥就业大数据的分析功能，实现招聘信息精准推送，让学生就业预期与招聘岗位精准匹配；教育环节因材施教、精准对接，满足学生需要和市场需求，从而拓宽高职院校毕业生就业路径，有效实现高职院校毕业生的充分高质量就业。

2. 大数据背景下高职院校精准就业指导与服务的基本要求

精准就业指导与服务是就业过程中的"因材施教"，主要目标是帮助学生做出适合自己的正确职业选择。大数据时代，高职院校就业困难群体帮扶主体单一，以面为主，精度不高，尚未形成相对科学的帮扶体系。但是，依托大数据技术，高职院校通过构建就业精准与服务体系，可以提升毕业生就业岗位与社会经济发展、学校培养目标、个人兴趣与志向等因素的匹配度，有效解决毕业生就业质量不高的问题，使毕业生就业满足社会人才需求、学校专业定位和个人成长愿望，实现人力资源的高效合理精准配置。大数据时代高职院校精准就业指导与服务工作包括精准把握工作方向、精准开展就业工作、精准掌握信息、精准对接平台、精准推送信息和开展帮扶工作等，基本要求是实现就业与服务平台智慧化、就业与服务人员专业化、就业与服务方式多样化等，以着力丰富大数据时代精准就业与服务工作的内涵和方式。

（1）就业指导与服务平台智慧化

智慧就业平台、个性化就业指导网站是实现高职院校精准就业的重要途径和手段。高职院校就业指导与服务工作人员要充分发挥智慧就业平台交互性、高效性等优势，将传统教育与新媒体相结合，线上与线下相结合，根据学生的切实需要设定个性化就业指导内容，从用户特性出发选择与之适宜的服务方式，在实现就业市场与高等院校人才供给之间信息互联互通的基础上，对信息进行整合和优化，实现有效共享。智慧就业平台能够快速、及时、精准推送职业介绍、岗位需求情况等，让学生了解到用人单位的真实情况及行业形势。智慧就业平台可以提供在线就业指导课程学习、在线职业测评、职业咨询等自助式服务，学生自主选择项目内容和所需服务，这有助于提高就业指导与生涯规划的针对性和有效性。

（2）就业指导与服务人员专业化

精准就业指导与服务是在科学分析个性心理和职业特点的基础上，对学生未来的职业活动进行规划和设计，在调查毕业生就业预期的基础上，通过个性化推荐系统，为学生开展定制化信息推送与就业指导，借助网络技术追踪学生求职信息，分析就业数据，以更加智慧的方式提高学生就业的专业匹配度和职业适应度，是影响大学生自身发展和职业生涯的重要指导活动。大数据时代，面对严峻的就业形势和毕业生多元化的就业趋势，高职院校要推进就业指导与服务的精准化、科学化、专业化，全面提升就业指导与服务工作水平，需要健全的组织机构和专业的队伍。精准就业指导与服务专业性极强，涉及面较广，就业指导与服务人员在掌握专业知识和就业政策的同时，还需要具备丰富的实践经验和娴熟的人际沟通技能。因此，高职院校要系统规划队伍建设和师资培训，从加强信息化建设、开展差异化教学、提供精准化服务等方面提升就业指导的有效性。

（3）就业指导与服务方式多样化

精准化就业指导与服务是共性和个性的统一。管理服务方面，要在广泛调查毕业生就业预期和就业能力的基础上，精准识别学生的个性需求，根据学生的求职意愿，按照地域、行业、单位性质等维度分类管理，提供针对性服务。就业教学方面，要在开展普适性课程教学的基础上，进一步细化工作内容，丰富工作形式，如课堂教学与讲座相结合等。生涯辅导与就业咨询方面，高职院校要建立就业心理咨询室、职业生涯规划工作室，掌握大学生的求职需求，采取一对一、面对面的交流形式，为其提供个性化的辅导和帮助。个性化就业咨询还可以线上形式进行，突破区域限制，采取灵活方式，激发学生的参与积极性，以实现更好的工作成效。

3. 大数据时代高职院校精准就业指导与服务的发展策略

要破解毕业生就业难题，高职院校就业管理部门必须精准提供就业指导与服务。

（1）构建精准管理服务体系，多措并举提升工作实效

①精准调研供需双方需求，找准就业与服务着力点。

人才市场需求和毕业生就业观念在不断变化，准确掌握供需双方信息是搭

建精准对接服务平台、实现毕业生资源合理高效配置的基础。就业工作人员要通过调研和数据统计分析，切实掌握现象背后的本质问题，从而找到工作的努力方向。调研与反馈机制的建立，需要通过多种渠道：一是开展问卷调查，了解用人单位的用人标准、岗位职责、招聘数量以及职业发展方向，了解学生对就业形势的判断、择业方向的把握、求职形式的了解以及未来岗位的预期等，从而有的放矢地开展工作；二是走访用人单位，适时发送学校生源信息、专业建设方案、人才培养目标，听取用人单位的反馈，从而有针对性地调整和改进，对毕业生就业工作有着深刻及长远的效用；三是进行毕业生跟踪调查，毕业生的职业发展状况能够反映高职院校人才培养质量与专业培养目标的可行性，要通过智慧平台加强与往届毕业生的沟通和交流，一方面了解各专业对应行业的用人需求，为应届毕业生拓宽就业渠道，另一方面根据毕业生的成长发展轨迹调整高职院校的专业设置和培养目标；四是建立网络互动平台，强化即时交流或者留言功能，及时了解学生遇到的困惑，帮助他们分析、判断，提出可行方案。

②精准搭建智慧就业平台，满足学生个性化需求。

根据工作匹配理论，一个人能够在劳动力市场获取满意的工作和较高的收入，是由于个体特征与岗位要求相匹配，即供需双方的精准对接。这就要求高职院校提升就业与服务的精准度，通过个性化指导与针对性服务提升学生的就业岗位满意度。高职院校智慧就业平台要以学生为中心，以信息化为支撑，以精准化服务为目标，以职业生涯咨询与就业指导服务为工作重点来构建，包括精准就业指引、精准就业考核、精准就业帮扶、精准就业支持、精准就业跟踪五大体系，涵盖就业创业教育、就业管理、招聘服务、就业分析和校友管理五个模块。精准就业不仅仅表现在服务形式和服务过程上，更重要的是体现在服务成果上。在服务过程中，要确保管理流程的规范、明确和优化，确保就业指导的个性化、差异化和多样化，确保信息服务的及时性、针对性和专业化。在服务成果上，要确保信息推送的及时性、就业岗位的匹配度、学生对就业与服务的满意度等，使得高职院校既实现较高的就业率，又达到充分的高质量就业效果。

③精准运用信息技术，增强就业人员服务技能。

智慧就业平台建设，不仅需要顶层设计、制度建立、设施到位、资源充足，还需要业务精湛、素质良好的工作人员。智慧就业平台的设计和使用者以就业工作者和学生工作者为主，目前这个群体虽然具备丰富的工作经验，但没有能力进行系统设计。智慧就业平台建设过程中，一方面要听取就业工作者的实际需求，根据他们的工作思路设计体系；另一方面要加强就业工作者的培训，提高他们的信息化应用水平和数据分析能力。智慧就业平台的使用主体是院系工作人员，要倾听他们对信息化体系的建议和要求，特别是学生群体反馈到院系的意见。只有站在使用者的角度去考虑问题，才能真正实现智慧平台的便捷与高效。而要提高就业人员的信息化水平，一是要转变观念，打破习惯性思维和熟悉的工作方式，尝试用信息系统化平台处理问题；二是要不断学习，只有充分了解和掌握智慧就业平台的先进性、智能性、高效性，才能激发工作人员的使用积极性；三是要强化培训和交流，真理越辩越明，技术也在讨论和争议中提高，培训要形成常态并逐步系统化，培训形式要灵活，集中与分散相结合，线上与线下相结合，多渠道、多形式开展，充分提高就业工作人员的工作技能。

（2）构建精准信息服务体系，人职匹配提升就业质量

①精准收集就业信息，全面掌握就业大数据。

精准就业必须建立在完备的毕业生求职数据库和充分的用人单位招聘数据库之上。就业信息的收集是开展精准就业与服务的基础工作，对提升就业工作针对性和实效性具有重要价值。高职院校就业信息主要分为三部分：第一是就业政策信息，包括国家经济形势分析、高职院校毕业生就业政策解读，以及各地人才引进的文件精神、创业扶持政策等。第二是人才市场需求信息，包括行业发展状况、趋势研究、前景预测报告，用人单位需求信息等。第三是学生信息，包括在校生、应届毕业生、往届毕业生数据。往届毕业生的就业状况信息对应届生的职业选择、岗位适合能力培养有重要意义；在校生的学业情况、奖惩情况为个性化就业指导提供方向；掌握应届毕业生的就业预期和求职方向等情况，可以为精准就业与服务奠定基础。就业大数据不能局限于简单的收集、整理、发布层面，要结合近年来校园招聘用人单位需求专业、职位数量、薪酬待遇等信息，以及毕业生的签约情况进行多维度分析，为应届毕业生就业工作提供精准信息支持，从而提高就业工作部门预测研判能力，精准施策，对接供

需意愿，并应用于毕业生个性化教育与指导，提升就业与服务水准，提高毕业生求职成功率。

②精准推送就业信息，全力提升就业满意度。

智慧就业平台构建的目标是通过精准对接供求信息，促进毕业生充分和高质量就业。高质量就业不仅仅体现为高薪，更在于高满意度。毕业生对工作的满意度表现在拥有适合自己的岗位，拥有良好的发展空间，实现这一目标必须建立在高度的供需匹配基础上。智慧就业平台要通过对学生特质的网上测试、就业预期的调查分析、就业信息的智能推送、就业困难学生的精准帮扶等，实现供需精准对接。要根据毕业生就业预期调研结果，通过个性化推荐系统，建立学生求职意愿数据库，与用人单位岗位需求进行比对、匹配，精准推送满足学生个性化需求的招聘信息。要根据学生的专业特点和就业方向，举行分类别、分行业、分区域的专场招聘会。例如，河南工学院按照专业特色组织召开了机电类专业专场招聘会、食品机械类专业专场招聘会、商科类专业专场招聘会，按照地域要求组织了浙江金华百家名企专场招聘会等。招聘会的岗位要求与参会学生专业技能更加契合，供需双方的对接更加精准，现场签约与达成意向的毕业生比例远远超过校园大型招聘会。

③精准分析就业信息，全方位支持智慧决策。

高职院校学生就业相关的数据存储于不同的职能部门，从入学到毕业，招生处、学生处、教务处、院系、就业办公室等部门分别记录和储存着学生成长的各类数据。高职院校需要提取、汇总、分析、共享，将传统单机储存的独立数据转变成大数据，由分散变为集中，从单一价值变为多功能，从数据记载变为决策依据。高职院校就业大数据建设中，除统计省大中专毕业生就业信息管理系统信息、协议书相关信息、用人单位反馈信息等外，还要加强对学业培养、社会实践、校园活动、日常管理、心理状态、思想动向等数据的收集和分析，从多个层面、多个角度反映学生的成长轨迹和发展动态。从毕业生求职的实际需求出发，逐步整合形成较大规模的求职过程数据，通过对过程数据的挖掘、分析及科学合理的使用，准确定位学生需求，预测规律，发现价值。伴随智慧就业与服务体系的建构，逐渐将求职过程数据整合成就业大数据，推动就业与服务的精准化、科学化、专业化，从而实现智慧决策。高职院校还应全面了解行业动态，利用大数据等技术，找准精准就业与服务工作的着力点和价值增长点，满足学生对就业与服务的更高需求，缩小高职院校目前的就业与服务和学生日益增长的实际需要之间的差距，促进就业与服务质量的有效提升。

（3）构建精准指导与服务体系，因材施教提升学生满意度

①精准把握市场变化，明确就业指导方向。

高职院校就业工作要以市场需求为导向，深入分析毕业生就业结构性矛盾产生的原因，掌握就业市场评价标准的变化。目前，劳动力市场出现企业"用工荒"的同时，毕业生却遭遇"求职难"问题。究其原因，一方面是专业供需的失衡，另一方面是用人单位岗位需求能力与学生专业技能的不匹配。目前的行业细分趋势使市场用人需求日益细分，更加专业化，高职院校根据市场需求调整专业设置、人才培养目标的同时，就业与服务中心的毕业生推介工作也要随之专业化。要准确掌握用人单位岗位需求，加强用人标准研究，精准对接市场需要，开展信息推送和人才推荐。大数据时代，广泛开展校企合作已经成为当前我国高职院校开放办学的重要形式之一，也是企业获得理想人才的有效途径，因此要充分关注校企合作的企业用人动向。要加强对往届毕业生就业状态的调研，掌握毕业生就业渠道、就业流向、行业分布的变化，掌握毕业生职业发展轨迹，从而明确专业技能和职业素养的培养路径，为应届毕业生就业决策提供有效帮助。要加强对应届毕业生的就业教育，帮助他们准确、客观定位专业的就业方向，避免产生不合理期待，从而提高求职效率和岗位满意度。

②精准识别就业困难学生信息，开展个性化帮扶。

实施精准帮扶的基础工作是精准识别就业困难学生，就业工作人员要深入调查，建立学生就业信息库。根据学生的综合情况确定就业困难群体，并根据困难类型进行甄别分类。就业困难学生类型不同，问题来源不同，职业选择不同，采取的帮扶措施也会有差别，要制订切实可行的个性化帮扶方案。对于因学业成绩差而自卑、怯于参加招聘和面试的学生，加强心理疏导，帮助其寻找个人优势，建立自信，鼓励其与用人单位招聘人员交流，清晰岗位要求，确定求职方向；对于依赖心理严重、缺乏独立意识、没有职业生涯规划的学生，要加强社会实践锻炼，提高他们解决实际问题的能力，帮助他们梳理成长路径，明确当前任务，落实行动方案；对于个别因经济困难导致的就业困难学生，要

扶贫与扶志相结合，除了帮助其申请助学金、求职补贴之外，还要提供校内外勤工助学岗位，一方面解决经济困难，另一方面通过职业能力的培养，为学生顺利就业奠定坚实基础；针对通过帮扶实现就业的学生，要加强实习期的跟踪调查，了解他们的工作情况和心理动向，帮助其尽快适应岗位。

③精准开展差异化服务，提升就业教育实效。

毕业生的就业单位延续了多元化趋势，事业单位岗位依然是最主要的就业选择，企业就业比例上升，政府部门就业比例下降，毕业生就业呈现属地就业、东部聚集和区域集中的区域特征，这就要求高职院校精准开展差异化服务，提升就业教育实效。精准就业思想将改善就业教育课堂教学、课外辅导效果，在普适教育的基础上丰富形式，调整内容，增加实践机会，满足学生多样化、个性化需求，根据不同类型学生的就业期望，开展差异化教育，有针对性地实现指导目标。第一，高职院校要根据自己的类型和专业特点开展精准化就业指导。第二，精准化就业指导必须考虑学生的人格、专业、学历层次等差异。第三，学生面临的问题、困惑不同，相应地要进行差异化的就业指导。

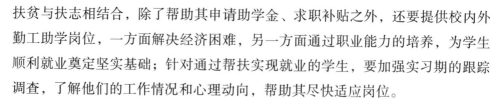

典型案例：地方高职院校校园信息化建设模式创新实践

教育信息化是信息化社会对高等教育的迫切要求，也是高等教育走向现代化的必然选择。高职院校教学管理信息化建设正面临着机遇和挑战。一般地方院校在建设发展之初，因资金短缺，信息化建设大多选择和运营商合作，存在缺乏统筹规划、网络重复建设、自主权限受限、系统建设滞后、支撑平台缺乏等问题，从而延缓了学校的信息化发展进程。

一、统筹规划、模式探索

（1）注重实用、整体规划

2012年起，广安职业技术学院启动了教育信息化建设项目规划。规划方案以"建设统一认证为基础的基础网络，建设统一数据中心为支撑的应用平台"为目标，以"结合实际、满足需求、分步实施"为基本原则，规划建设"综合布线系统、中心机房工程系统、校园网骨干网络交换设备、无线网络系统、网络接入与运维系统、信息安全系统、服务云和存储平台及校园应用软件"八大系统。旨在建成完整统一、覆盖全面、应用深入、安全可靠的信息化校园，消除信息孤岛和应用孤岛，建立校级统一信息系统，实现校园的各项服务管理工作信息化。

（2）模式对比、分析探索

当前，校园教育信息化的实现，主要有以下几种建设模式。

①学校自主建设

通过政府招标，自主建设网络及软件平台、自主管理和维护。需要学校前期或分期大量投资，分步实施，建设周期长，运营维护成本较高。

②运营商合作建设

学校选择具有网络运营资格的商家合作，运营商投资建设校园信息化项目。可能存在运营商排他或重复建设的问题，学校租用商家平台，因无资产支配权和网络管理权限，因此同期建设的校内应用软件使用体验、维护自主性差。

③购买服务

企业或运营商出资建设，学校租用基础设施平台。学校可以节约建设投入资金，但是学校无资产及管理的自主权，并长期分摊信息化设施租赁费用。

④PPP模式

"公私混合经营模式"［Public（公共）、Private（私有）、Partnership（伙伴关系），简称PPP模式］，能减轻学校一次性投入的压力，保证学校信息化建设的进度，同时也能做到一次性规划、全面建设、集中管理，避免分散实施带来的资源浪费。因此在未来一段时间，PPP模式会成为地方高校信息化建设中解决资金问题的一种方式。

学校提出需求、企业出资建设，平台出租给运营商。建设期短，节约资金，可快速推进信息化建设，满足学校需求；学校节约运行维护的人力与费用成本。

综上所述，学校、企业、网络接入运营商因自身立场不同，关注焦点不同。学校主要关注校园教育教学信息化实现和校园网络与信息安全管理；企业关注投资规模和收益；运营商关注网络接入与运营。学校如何充分考虑各方的关注焦点，实现合作共赢，从而实现信息化发展，是地方高校在建设发展之初探讨的热点。

（3）创新模式、引资建设

学校探索基于PPP模式的"CO—DB—FO建设模式"，实施了校园信息化一期建设。CO—DB—FO模式是PPP模式的其中一种，是合资模式和DB-FO模式的组合，具体实施为学校以现有网络资源与企业共同组建合资公司（CO-Cooperation），共同设计（D-Design）、建设（B-Build）信息化校园平台，实现融资（F-Finance）建设，以有限期运营的形式运行和维护（O-Operation），网络接入平台租赁给接入运营商。当租约到期时，合资公司将所有设备资产转交给学校。该模式解决了学校建设和运维资金短缺的问题，统筹推进学校教育教学信息化的进程，解决了不同运营商和学校合作重复建设的问题，解决了运营商建设学校无管控权限的问题。基于该模式，学校实施了学校校园信息化的一期规划方案。

学校同时与银行开展"银校合作"，以银行投资的模式改造学校一卡通系统。一张卡片实现资金储蓄、身份认证、门禁考勤、图书借阅、校园消费、信息查询等校内生活、学习、管理功能，实现"校园一卡通"。

通过以上两种模式引资建设，学校极大地节约了建设成本，同时让学校的信息化水平得到跨越式的提高。

二、建设效果

通过项目建设，学校系统构建了"硬件整合＋两个体系＋三大支撑＋N个系统"的校园信息化平台。经过一段时间的运行和不断地优化、调试，系统功能逐渐完善，资源建设越来越丰富，满足了学校的教学、科研和人才培养对信息化校园的需求。

（1）统一网络、可管可控

项目实施了信息化校园综合布线系统、中心机房工程系统、校园网骨干网络交换设备、无线网络系统、网络接入与运维系统建设；实现了全校有线、无线网络全覆盖、万兆主干、千兆桌面；构建了一个出口统一、结构稳定、运行可靠、服务齐全的网络基础平台，为信息化校园各类上层应用提供了网络基础保障。

（2）数据融通、信息共享

根据高等学校管理信息标准框架，同时结合学校实际，建立和完善了学校的信息标准规范体系，为校园网信息统一、数据集成奠定了基础。同时共享数据中心有效保证了数据的一致性；进行了公共应用平台集成，实现了全校师生的统一身份认证和权限管理，突出了信息化系统直观、高效的特点，提高了系统的实用性。

（3）网络服务、方便快捷

项目建立完善了各部门业务管理子系统，实现了学生迎新、报到、注册、教学管理、图书借阅、门禁控制、生活服务等从进校到毕业的全过程信息化和数字化管理。通过建设，整合"招生、教务、就业、人事、科研、一卡通、图书"等管理系统数据，建设移动校园App平台、移动OA的App平台、移动学习通App平台，基本实现了"一个账号上网，一个平台查询，一台手机办事，一卡走遍校园"。学校新生报到采用新建的"校园迎新平台"和"网络缴费平台"，大部分同学通过以上平台实现网上自助缴费，不再排长队漫长等待人工缴费，简化了报到流程。学校新生报到、缴费、注册数据统计实时更新、一目了然。

地方高职院校大多数是由以前的中职学校合并或独立升格而建。在教育信息化建设方面存在起点低、资金不足、规划不足等诸多问题。学校教育信息化建设通过探索"CO—DB—FO建设模式"和"银校合作模式"，从低起点快速发展，为同类高等职业院校建设提供了新思路。校园网运行两年以来，已先后接待相关高职院校参观学习10余次，同时也进行了相关的对外交流。学校通过教育信息化建设，扩大了影响，提升了形象，发挥了示范高职院校的辐射引领作用。

信息化建设永远在路上，随着新型信息技术的广泛应用，高职院校信息化即将步入一个崭新的阶段。以校园网、物联网和移动网等网络融合为基础，探索信息感知、聚集信息资源；以大数据、云技术、人工智能为基础，探索推进教育教学融合，服务师生、彰显特色，是地方高职院校信息化建设的努力方向。

06

第六章

高职院校就业指导与服务体系指导团队建设

高职院校班主任团队建设

一、高职院校班主任的角色定位及工作内容

中国的高职院校不同于欧美高校，欧美高校实行的是书院制，而中国则实行"院—系—班级"三级体制，同时，中国的高校特别强调学校的教书育人职责。因此，一般而言，各高等学校都按照中央的规定配备有足量的思想政治教育辅导员（简称"辅导员"）。与此同时，各学校都根据学生工作的需要，建立以班级为基本单元，以专业、年级、系部（或二级学院）为主要归口的管理组织形式。在加强班主任队伍建设中，把握班主任的角色定位，对于新时期高职学生的班级管理具有十分重要的现实意义。高职班主任具备以下五种角色。

1. 班级工作的组织管理者

班主任作为班级事务的第一责任人和主要管理者，全面负责所带班级的日常管理工作。从学生入学至毕业的几年间，无数大大小小的事情都是在班主任的指导下，师生相互配合协作完成的。班主任如同掌舵手，在把学生输往顺利毕业和优质成长成才彼岸的过程中，在确保学生安全稳定的基础上，既要把握好班级的前进方向，又要善于处理协调班级工作的具体事宜。学生的思想政治教育、班风班纪教育、评奖评优、学生干部队伍建设等各项工作都与班主任的日常工作密切相关，因此，班主任的重要任务之一是担当好班级工作的组织管理者，从宏观上掌控，从全局上把握，从细微处着手班级的各种事务，充分调动学生的主动性和积极性，营造积极向上的班风学风，营造良好的学习成长环境。

2.学生成长路上的指导者

高等职业教育是一种以培养适应未来社会的具有较高思想道德素质和科学文化素质的准职业人的教育，其在人才培养目标、办学理念、教育模式、教学方式等各个方面都与中学教育存在着较大的区别。高职新生由于缺乏对大学的正确认识和深入了解，面对全新的高职院校生活往往表现出对新环境的不适应与对个人发展方向的迷茫困惑。部分学生存在着不自信心理和对目前所学专业茫然与不认可的心态。同时，处在不同阶段和不同专业的学生会面临各自不同的问题，这些问题与学生的日常生活、学习发展以及自身利益息息相关，若不能及时有效地处理将会对学生的成长成才带来或多或少的影响。因此，班主任对于学生成长过程中遇到的种种困惑给予指导和帮助就显得尤为重要，班主任的重要角色之一便是做好学生成长路上的指导者和引路人。

3.人生观和价值观的引导者

班主任是青年学生道德品质的塑造者和人生观、价值观的引导者。高职三年是学生的道德修养、理想信念、人生观和世界观形成的重要时期，学生的价值取向和道德追求很大程度上取决于其所接受的学校教育和文化熏陶，而班主任是与学生接触最多、联系最紧密的教师，其思想观念和言谈举止会在无形中对学生的思想观念产生潜移默化的影响。因此，班主任要做好学生人生观和价值观的引导者，以日常思想政治教育为契机，引导学生树立正确的世界观、人生观和价值观，教会学生在复杂多变的社会环境中坚定立场、坚持原则、坚守信念、明辨是非。

4.班级活动的主导者

班主任是班级活动的策划者。班级重大活动的开展，离不开班主任的指导以及学生干部的配合执行。一个学期举办什么样的班级活动，如何举办活动，活动要达到的目的和效果是什么，需要班主任审核把关。其中的一些具体活动，还需要班主任提供指导，学生负责具体事务的执行落实，双方相互配合，才能顺利有序地开展下去。例如，主题班会的开展，需要班主任围绕当前的中心工作并结合本班学生的实际特点进行组织策划，并以此逐步教会学生处理问题的思路和方法。

5.学生的良师益友

和谐良好的师生关系应是一种亦师亦友的关系。作为班主任，除了需要以师长的身份引导教育学生，也应该以朋友的身份深入到学生中间，赢得学生的信任与喜爱。班主任既要在学生中树立威信，履行传道授业解惑的职责使命，又要关心关爱学生的成长成才，尽己所能为学生的发展和需要提供指导和帮助。同时，班主任又要与学生打成一片，俯下身子以朋友的身份拉近与学生的距离，增进师生之间的情谊，倾听学生的真实心声，敞开胸襟接受学生提出来的意见和建议。除此之外，班主任还要积极发扬民主精神，抛弃师生之间呈二元对立的管理与被管理的陈旧观念，淡化师长身份，与学生平等对话、亲切交流，形成亦师亦友的良好师生关系。

高职院校承担着为社会主义建设培养优质复合型人才的重任，为此高职学生必须具备较高的思想道德素养，这就要求高职班主任不断地丰富自身的职业道德理论知识，提升自身的德育能力，丰富德育工作的经验，努力提高学生的个人素养，为社会培养出更多高素质的人才。

二、新形势下高职院校班主任团队建设路径

中共中央、国务院《关于进一步加强和改进大学生思想政治教育的意见》（以下简称"中央16号文件"）指出，辅导员和班主任是高等学校教师队伍的重要组成部分，是高等学校开展大学生思想政治教育的骨干力量。班主任负有

在思想、学习和生活等方面指导学生的职责，是大学生健康成长的指导者和引路人。自中央16号文件及教社政〔2005〕2号文件颁布以来，各高职院校相继出台了有关条例措施，反复强调班主任在育人工作中的地位和作用。经过近些年的实践证明，进一步加强高职院校班主任队伍建设，对于新时期加强高职院校学生思想政治教育和提高班级管理水平，充分发挥班主任对学生成长成才的引领指导作用，具有十分重要的现实意义。

1. 高职院校班主任团队建设的现状

（1）高职院校班主任团队建设存在不足

①新人当班主任居多。

许多学校都是依靠刚参加工作的教师当班主任，一方面是学校出于想尽快使新教师融入学生，了解学生情况，以便今后更好地开展工作；另一方面是因为新来的教师刚入校比较听话，对于上级安排的任务都会无条件答应，且其本身也有尽快融入学校和学生、做出一番业绩来证明自己的心理需求。然而，新进校的教师担任班主任多半是从校门到校门，缺乏实际的教学经验与学生管理经验，且由于刚到学校，对学校的整体情况和各项规章制度尚不熟悉，有的新进校教师甚至还没有一些大二、大三的学生熟悉和了解具体情况，因此在实际工作中很难给学生提供有效的帮助。另外，由于许多新教师都要承担较重的上课任务，因此，精力不够、政策不熟、力度不到等问题也会随之产生。与此同时，新教师往往正面临或即将面临恋爱、婚姻、住房、育儿等个人问题，很难有足够心思和精力来做好班主任工作。

②带着任务当班主任。

由于大多数高职院校对于教师职称晋升都有一定学生工作经历的年限要求，许多教师为了晋升职称不得不兼任班主任工作，但其内心往往是不愿意的，因此在实际行动中就表现得较为懈怠。有的班主任长期不与学生联系，经常以各种理由推托参加学生的各类活动，对于学生的思想、学习、生活情况也知之甚少，很少对学生有深入的交流和细心的关怀，带有明显功利色彩和任务观念，在班主任工作中出现了主动性和积极性明显不足的现象。

③对班级工作投入力度有限。

实事求是地说，高职院校班主任的工作是比较辛苦的。他们一般都是身兼数职：作为教师，班主任要寓德于教，充分发挥本学科潜在的德育功能，尽力上好课；作为研究人员，班主任要追踪学科前沿，发表科研成果；作为班集体建设的领导者，班主任要更多地关注每一个学生的发展，尽力满足每一个人不同的发展需要。当一个人身兼几种角色时，当目前职称导向、教学导向明显强过育人导向时，班主任便无法投入更多精力去做好班级工作，甚至有时连投入班级工作的时间也是没有保证的。

（2）完善基本制度和机制

中央16号文件下发后，各高职院校在认真学习贯彻中央文件精神的基础上，结合自身特点，逐步形成了各具特色的高职学生思想政治教育队伍管理体制，通过各种制度保障，就思想政治教育工作队伍建设特别是辅导员、班主任的工作职责、选聘配备、培养培训、政策保障等做出了明确规定。在文件的指导下，各高职院校进一步健全制度，完善机制，有力地推动了队伍建设向科学化、制度化和规范化的方向发展。同时，行之有效的工作机制也是班主任队伍建设的有力抓手和载体。当前，各高职院校班主任队伍工作机制逐步完善。一是在培训机制上，班主任培训均以集中学习、发放自学教材和举办讲座为主要培训方式，有的也选派班主任外出学习，有的运用网络培训手段。二是在管理机制上，对班主任日常管理都采用院（系）直接管理的模式。在班主任工作年限上，绝大多数高职院校要求教师晋升必须从事班主任工作一年及以上。

（3）工作职责分配不到位，理论素养亟须提高

高职院校应明确班主任工作以学生事务管理、思想指导、学业指导、生活指导等为主要内容，有的学校将班主任工作侧重点明确界定为学生思想指导和学业指导。这就导致在具体实践中，因为工作主体和内容的交叉，工作职责并没有足够明确，出现了工作区别不明显，相互扯皮的现象。一方面，从工作定位来看，班主任工作定位不够明确，与专职辅导员的工作侧重点区分不够清晰，因此在具体的工作中往往出现多头管理或工作不够协调的情况，严重影响学生工作多支队伍合力的有效发挥。同时，绝大部分班主任是兼职，以专业教师为主，一般身兼教学的他们教学任务重、科研压力大、工作繁忙、精力分

散，导致班主任无法投入充足的时间做好班级工作，工作难以到位，效率较低。加之一些班主任对自身工作认知不足，仍然存在教书是硬任务，育人是软任务的认识，认为班主任角色次要，地位辅助，存在教学与学生工作相脱节的现象。另一方面，从工作管理上看，班主任应该处于辅导员的协调组织之下，有序开展学生工作，但在实施具体工作时，由于班主任较之辅导员，大多学历高、经验多、资历深，因此常出现辅导员一揽子包办事务，班主任工作职能弱化的现象。同时，各高职院校从事班主任工作的教师主要是青年教师，与老教师比起来，他们接受新事物的能力较强，更容易拉近和学生的距离，有利于学生工作的开展，但也面临着刚刚走上工作岗位，社会经验不足的问题，加之学生教育管理工作本身的专业性特点和教育管理相关理论知识的欠缺，使得学生解决不了的问题老师也解决不了的尴尬局面层出不穷。当前各高职院校已建立了不同程度的班主任培训机制，但仍普遍存在着不够重视、较少根据相关专业理论知识系统培训的情况。这就导致班主任队伍的政治理论素质、思想道德素质、心理素质和基本业务能力普遍不高，一定程度上制约了班主任工作的推进和队伍建设的全面发展。

（4）完善激励机制，待遇较低

高职院校班主任的主要身份是专任教师，对其工作的考核主要是课堂教学和科研竞赛等显性指标，如班级学生考试通过率、考级考证通过率、上课出勤率等，在学生思想动态变化方面缺乏过程性考核手段，且考评结果与职称评定、绩效考核等不挂钩。因此，只要班级不出大问题，即便班主任的工作不够认真积极，也基本能够得到认可。另外，对班主任深入晚自习管理、参与组织学科竞赛、参与指导第二课堂活动、关心问题学生等工作都没有相应的绩效认定和补贴，对优秀班主任的表彰和宣传也不够，导致班主任工作投入较少、热情较低，积极性未得到充分调动。

2.针对高职院校班主任工作问题的改进建议

（1）从指导思想上重视班主任队伍建设

对辅导员队伍建设，中央有明确要求，也有明确考核机制，而班主任工作主要靠学校自觉，相对难以引起主要党政领导和全校上下的重视。正因为这样，我们认为各校党委必须从加强和改进大学生思想政治工作，从切实推进全过程、全方位、全员育人的高度认识问题，从培养社会主义现代化建设优秀接班人和合格接班人的角度认识问题，从学校校友队伍建设、品牌建设和可持续发展的高度认识问题。

从教师角度来看，应该认识到，育人是人民教师的崇高职责，承担班主任工作是教师应尽的义务，做班主任工作也是一种锻炼、一种经历，是人生的宝贵财富，也是教师特有的人生体验，意义重大。

（2）拓展途径，强化培训，精心打造学习型班主任队伍

高职院校班主任培训均以集中学习、发放自学教材和举办讲座等形式为主，仅有少数学校运用网络培训手段。就培训内容而言，培训均以学生事务管理相关知识和实践经验交流为主，教育学、管理学、心理学等相关学科知识的涉猎已不能满足班主任工作的实践需求。因此，笔者建议拓展途径，强化培训，精心打造学习型班主任队伍。一方面，建立健全岗前培训制度，从学校实际工作出发，以人为本，制定培养规划，有计划、有步骤地组织和安排新任班主任、辅导员，尤其是组织经验不足的年轻班主任参加系统业务培训；建立分层次、多形式的培训体系，不断提高思想政治素质和业务素质。另一方面，构建学生工作的主体化交流学习空间。定期召开纵向班主任工作经验交流会，积极搭建整个高职学生思想政治教育工作系统横向的经验交流平台，并有计划地分批组织班主任外出考察学习，参与学生的社会实践活动，培养先进，树立典型，在最广泛的全体学生工作队伍范围内，多角度、多层次交流班级管理的好经验、好做法。同时，为改变兼职班主任时间和精力不足的现状，建议积极利用网络培训平台，为班主任提供充足的条件，在自己便利的时候随时学习，随处学习，不断提高班主任队伍的思想政治素质、业务素质、理论水平和工作能力。

（3）明确岗位，深化角色，履行四项工作职责

加强班主任队伍建设，重要前提是明确班主任队伍的角色定位、工作职责和基本要求。正确处理班主任多重身份之间的关系，必须合理划分与辅导员的工作关系。首先，从工作内容来看，辅导员主要从宏观的角度统筹和兼顾学生的文化、社会活动的组织开展，集中开展学生政治理论学习活动，加强学生的

理想信念教育；班主任则注重于更加细致和深入地教育管理学生，对个别学生的思想问题进行引导和疏通，特别是从学业上对学生给予指导。其次，从工作对象来看，辅导员一般负责一个年级或者几个年级的学生工作，是从宏观上把握与引导；班主任一般只负责一个班级的学生工作，是微观层面上的教育和指导，也就是说，辅导员和班主任工作是点和面的关系。因此，班主任要确立五种角色定位，即学生人生发展的导航人、学生学习成才的指导者、学生心理健康的辅导员、学生生活的领路人和学生班级工作与活动的组织者；履行四项工作职责，即开展学生思想政治教育、实施学生成才规划、对学生进行心理指导和管理学生班级事务，充分利用和学生接触最多、走得最近的优势，成为学生的良师益友。

（4）以人为本，目标明晰，运用高效化激励机制

班主任工作应坚持"以人为本"的原则，为保证管理目标的有效实现，主要从目标、责任、情感、物质等方面运用高效化的激励机制。一是通过制定工作目标来引导、激励和规范班主任工作行为，用具有时代性、社会性的目标强化班主任工作的使命感，用规范化、系统化的目标激发班主任的工作动力，确保班主任出色地完成教育、教学及班集体建设任务。二是根据教师职业特点，从责任上激励班主任，创造一种竞争奉献的氛围，强化班主任的角色意识和对工作职责的认识，鞭策班主任敬业乐业。三是挖掘班主任队伍建设中情感激励的作用，在领导的感召力、师生情感的融洽力作用下，让班主任从心底产生工作动力，爱岗敬业，无私奉献，在任何困难面前都毫不退缩。四是加大物质保障力度，把物质激励和目标、责任、情感等精神激励有效地结合起来，以有力保证最大限度地发挥激励机制作用。

（5）开辟思路，创新模式，建立健全大学生学业导师制度

为了保障班主任和辅导员既明确分工，又密切配合，有效形成合力，共同做好学生工作，建议将班主任角色侧重定位于学业导师，借鉴国外社区学院导师的丰富经验，在国内多所知名大学的前期探索下，建立健全高职学生学业导师制，确保班主任各项优势的充分发挥。特别值得提出的是，当前部分高职院校评价机制和高职院校教师的评价机制是以科研为主导的，甚至有的教学改革也科研化、学术化，学校并没有切实将教学放在核心地位，导致教师不能将主

要精力投入到教育活动之中，很大程度上影响了学校教师的积极性。

班主任作为高职院校育人工作的骨干力量，应充分发挥自身的优势，努力积极地开展思想政治教育工作，使自己的工作贴近实际、贴近生活、贴近学生，在思想、学习、生活上指导学生，为高职院校工作做出贡献。

三、充分利用班主任优势以健全高职院校就业指导体系

高职院校的职业指导是一项复杂而极其重要的系统工程，以就业为导向实施学生全过程职业指导教育，是切实提高高职院校职业指导的有力措施。班主任是高职院校职业指导队伍的重要组成部分，班主任处在高职院校学生管理工作和思想政治工作的前沿，在参与学生职业指导工作方面拥有诸多的便利条件。各高职院校的班主任如果能高水平地做好职业指导工作，就可以有效地促进学生就业。因此研究高职院校班主任如何参与职业指导工作是实现更高质量职业指导的重要课题，对今后做好高职院校大学生就业工作有着重要的意义。

1.班主任在职业指导方面的优势

（1）全过程的优势

高职院校的班主任一般任职三年，学生从大一入学到大三毕业，班主任能全过程关注班级学生的发展变化，为班主任对学生进行职业指导创造有利的条件。高职学生大一入学后，学生根据自己所学专业及兴趣爱好，需要开始制订个人职业生涯规划，开始为将来的职业发展做准备。学生的职业发展规划在不同阶段需解决不同的问题，是个动态过程，需要职业指导人员在不同时期给予不同的指导，做到全过程的关心和帮助。这样势必需要职业指导人员花费较多的时间和精力，而班主任的工作特性决定了其比其他职业指导人员更有优势，能起到其他职业指导人员所无法替代的作用。

（2）熟悉个体的优势

每位班主任一般只带一个班级，学生人数较少。例如在广东工程职业技术学院，一位教师只能担任一个班的班主任，班级人数大多在50人左右。学校要求班主任了解每个学生个体的喜好、能力、家庭情况等信息。班主任经常与学

生进行一对一的交流，有条件掌握学生就业准备情况，能更好地进行针对性的个体指导。

（3）感情深厚的优势

班主任由于其工作本身的特点和要求，与其他职业指导人员相比，其与学生接触的机会和时间比较多，班主任深入学生的学习和生活，学生与班主任较易建立感情，学生和班主任之间的关系不局限为师生关系，常常表现为朋友关系，学生遇事乐于向班主任倾诉和求助。因此，对学生在编写职业生涯规划和实施过程中遇到的各种问题，班主任提出的有关意见和建议容易被学生所接受。

2.职业指导与班主任工作的结合

贴近学生是班主任工作的基础，教育学生、关心学生、服务学生是班主任的职责。为了保证班主任工作的开展，各高职院校制定了相关的工作细则。例如湖南铁路科技职业技术学院具体规定了"五个一"的班主任工作标准，即每周至少与学生谈心谈话一次（月平均），每两周至少到学生宿舍走访一次，每月至少组织或参与一次主题班会或活动，每月至少随班听课一次，每学期至少帮扶一名困难学生，并按此标准量化考核。这些具体规定为职业指导在班主任工作中的渗透创造了非常有利的条件。

（1）在入学教育中进行职业指导

这是班主任进行职业指导的基础阶段，主要集中在第一学期。学生进入高职院校后，大多数学生感到无所适从。虽已选定了专业，但并不一定了解它、热爱它。对于所学专业相对应职业群的素质要求，更是一片茫然。因此，职业指导应从学生一进校就抓起，使学生端正学习态度，明确学习方向，巩固专业思想，树立正确的职业理想和正确的职业观，不断提高自己适应未来社会和职业发展要求的能力和素质，做好职业准备。

①引导学生尽快完成从接受基础教育到接受职业教育的角色转换。

要为自己即将开始的职业生涯做好具体而实在的准备，这是人生道路上的一次重大变化。高职院校部分学生提不起学习兴趣是共性，连专业知识和专业技能都是教师"强行"灌输的，学生是被动地接受教育。所以，在学生的头脑中根本没有"读书为了就业"的这个基本观念，到了该就业的时候便显得不知所措。因此必须帮助学生了解社会、了解职业、了解自己，使学生珍惜在校生活，挖掘潜能、完善自我、设计未来，主动适应未来从事的职业。

②引导学生根据个人兴趣、能力进行专业选择。

目前教育部已经开始推行弹性选课，使高职院校能适应社会经济对人才的需求变化，满足学生的个性差异和不同的发展需求，大多数专业都有许多专门化方向，一个专业往往对应多种职业，甚至是一个宽广的职业群。

还有一部分学生来校读书的主要原因是因为好奇而读书。他们只是对某个专业产生好奇，而不是为了获取职业，对未来职业的认识是朦胧的、浅薄的，对自己的职业兴趣、职业气质、职业能力都缺乏了解。因此，班主任在入学教育阶段应耐心细致地讲解各专业特点及发展前景。

（2）在学习过程中进行职业指导

这是班主任职业指导的第二阶段，主要在第二至第四学期进行，是班主任进行职业指导的关键阶段，学生就业和其今后的可持续发展基本取决于这个阶段。提高学生职业素质是时代发展的要求，是学生在激烈市场经济大潮中求生存、求发展的必然。然而，由于当前我们的学生大部分是独生子女，从小受到磨炼的机会较少，对于今后就业，更多的是想得到父母、亲戚、学校的帮助，对社会缺乏清醒的认识。因此，进行职业指导十分必要。主要工作应为引导学生提高自身的道德素质、人文素质，提高学生适应社会的能力、继续学习的能力、创新精神和实践能力；引导学生树立职业理想，并以此形成持久稳定、奋发向上的动力。

①加强道德素质的培养。

良好道德素质的养成，就是要培养适应社会主义社会发展的道德观念。国内外有关调查显示，一个人专业能力只占成功诸因素的15%—20%，其余80%—85%取决于良好的人际关系。人际关系的好坏，大部分取决于个人的道德素质的高低。道德素质较高的人，能自然地与他人建立良好的人际关系，并使之加深与发展。所以学校在进行职业指导的过程中，首先应注重对学生道德素质的培养。要让学生认识到这种素质在事业成败中起着决定性作用，把它作为一种在未来社会中谋求生存与发展的本领，促使学生主动地去研究、探索、实践，并在短时间内产生明显的效果。

②加强人文素质的培养。

在多年的班主任工作中发现，部分工科类学生在日常学习生活中连写张请假条格式都不对，而且还错别字连篇。如果企业来校招聘，要填个简历表，写封求职信，学生写的字潦草，或是很多错别字，学生就业成功的概率会很低。

我国自古就有重视人文教育的传统，有"观乎天文，以察时变；观乎人文，以化成天下"的说法。如今，各行各业对人文精神特别推崇，理工类学生更要多学文科知识。而这在职业学校似乎仍没有引起足够的重视，其实，加强人文素质教育实际上是素质教育的主要内容，我们所提倡的素质教育包括思想道德素质、文化科学素质、身体素质、审美素质、技能素质、心理素质。目前，职业学校还只是重视技能训练与专业理论教学，对人文素质教育没有引起足够的重视。从目前的教育改革实际情况看，绝大多数学校主要停留在如何提高专业技能的智育素质教育改革上，至少可以说在适合高职生特点的德育、体育、美育方面进展不大。

教师应通过学校开展的第二课堂活动，组织学生苦练基本功。如通过练字、演讲和朗读等活动，使学生写一手漂亮的钢笔字，说一口流利的普通话，具备一定的文化素质，为今后求职应聘奠定良好的基础，同时也使学生的不良习惯得到一定程度上的克服，个人综合素质得到提高。

③注重社会实践活动，提高学生综合素质。

未来社会对劳动者综合素质的要求越来越高，企业与企业之间、人与人之间的交往和合作也将变得更加重要。高职学生一部分来自农村，胆量较小，与社会接触少，不敢承担重任。教师应经常鼓励学生们走向社会，积极参加社会实践活动，锻炼自己的能力和胆量。利用实习机会，深入调查研究，了解自己所学的专业，认识自身的不足；还应利用假期要求学生参加勤工俭学活动，使学生们熟悉并热爱自己今后所从事的职业。通过活动进一步明确学习目标，形成学习的内在动力。另外要组织学生利用节假日进入人才市场，了解就业行情，明确社会需求，认清就业形势。通过市场信息反馈，增强学生们的竞争意识，根据社会需求不断调整自身的知识结构，促使学生更加勤学专业知识和勤练技能基本功；并且利用自学考试、对口升学考试、第二课堂、各类培训班等多种途径来提高自身的综合素质，力争全面发展，增强市场竞争力，促使学生成为受现代社会欢迎的"一专多能"的复合型人才，为将来的就业做好准备，这样学生的学习也就有了外在的压力。通过这些训练，学生的素质得到了很大的提高，很多学生在实习期间就有厂家与其达成签约意向。

（3）在顶岗实习前进行职业指导

这是班主任职业指导的第三阶段，主要在第五学期进行。这一阶段的目标是引导学生以积极向上的态度面对即将从校园人到企业人的转型。在这一阶段，学生既有对职业生活的向往，又有对社会复杂的担忧。班主任职业指导的重心是帮助学生调整心态，让学生既实事求是地面对现实，又对自己充满信心。从职业发展理论来看，学生的职业选择不是个人生活中面临择业时的单一事件，而是一个过程。随着学生的年龄、经历和教育等因素的变化，职业心理也会发生变化。因此学生有必要对自己的职业生涯规划进行补充调整。通过各种形式的班会活动，给学生补充礼仪知识，提高书写能力，巩固计算机办公软件的操作，掌握应聘技巧，以提高求职能力。培养学生的基层意识、吃苦意识，增强学生的自主性，提高耐挫能力。此外，班主任通过各种渠道搜集最新的相关就业信息和就业政策提供给学生。在学生应聘技巧方面，首先在校内举行模拟招聘会，然后组织学生参加社会上举办的人才招聘会。重要的是事后对招聘实践进行点评指导，及时纠正学生不足之处。做好学生的参谋，促进学生按时、顺利就业。

（4）在顶岗实习中和就业后进行职业指导

这是班主任职业指导工作的第四阶段，主要在第六学期和学生毕业后进行。班主任可通过现场指导和借助网络等现代信息工具，根据学生实习期的特点和困惑，进行政策、技巧、心理测试等方面指导。利用电话、网络等工具及时传递就业信息，包括资料提供、建立网络化的就业信息资料库等。有效地给学生进行就业形势分析，帮助学生从个人实际出发，结合社会需求和长远发展目标，树立正确的择业观与就业观，激励学生先就业、再择业，大胆进入新的行业，有些学生甚至可以实现由就业到创业的过程。学生毕业后，班主任还应与学生保持密切联系，跟踪了解学生的就业情况，从职业指导师的角度帮助学生解决遇到的困难。通过与毕业生的联系，可以捕获更多的就业信息，了解学生在工作中需要什么样的知识和技能，从而促进职业指导工作质量的提高，为承担下一届班主任的职业指导工作创造宝贵的资源。

3. 强化班主任职业指导能力

（1）注重班主任职业指导的培训

高职院校应该科学地分析当前我国毕业生就业的形式，实现院校就业指导服务体系的完善和更新。高职院校要保证毕业班班主任能够系统地掌握经济学、教育学、社会学、管理学、人力资源管理、心理学等基础知识，以及咨询方法和技巧，具有较强的协调能力、应变能力、语言表达能力、分析和研究能力等，这样的毕业班班主任才能真正做到对当前市场动态的正确分析，才能真正全身心地投入到学生就业指导工作中，更好地为毕业生就业指导工作服务。高职院校也要保证毕业班班主任能够适时进行就业指导知识的专业培训。在当前社会经济不断发展的环境下，就业形势也在不断发生改变，所以高职院校班主任必须通过专业的职业指导培训，及时分析当前的就业情况，有效展开对高职毕业生的就业指导。

（2）建立科学有效的班主任职业指导考核激励机制

建立科学有效的考核激励机制，是班主任职业指导工作能够持续有效进行的关键，是调动班主任积极参与学生职业指导工作的有力保障。考核激励机制的建立一定要切合实际，可量化，操作性强。例如，由班主任建立"学生职业指导手册"，详细记录每个学生的个体特质、家庭影响、职业兴趣，不同阶段所达到的专业能力水平，以及班主任在哪些时间对学生进行了哪些内容的职业指导。学校定期和不定期对职业指导工作进行检查指导，及时发现问题并给予纠正和解决。学校还要结合学生最终的就业率、岗位稳定率等从业情况指数，综合对班主任的工作业绩进行考评，从物质和精神上奖励在职业指导工作中表现优秀的班主任，营造一个全员参与职业指导的校园氛围，充分调动班主任参与学生职业指导工作的主动性和创造性，不断提高班主任的职业指导水平。

高职院校的职业指导是一个涉及教育学、心理学、经济学、社会学及信息学等多种学科的综合体。班主任作为学生工作的基层力量，在学生职业指导工作中起着非常重要的作用。班主任贴近学生，了解学生，深受学生信赖。班主任从学生入学开始就要把职业指导渗透到工作中，帮助指导学生树立正确的职业观，鼓励学生为实现职业目标而努力学习专业知识，系统全面地掌握择业、就业的技巧，最终使学生顺利就业，这是每一个高职院校班主任努力的方向。要将职业指导工作有效地融入高职院校班主任工作中，必须加强班主任队伍的建设，组织班主任进行培训学习，全面提高班主任职业指导工作的水平，摸索出班主任进行职业指导工作的有效方法，从而实现更高质量的职业指导。

高职院校辅导员团队建设

一、高职院校辅导员的角色定位与具体职务

高职院校辅导员作为学生教育管理的重要力量，在学校的教育体系中起着非常重要的作用，中共中央、国务院《关于进一步加强和改进大学生思想政治教育的意见》专门就辅导员队伍的发展做出了具体要求，教育部专门出台了《关于加强高等学校辅导员班主任队伍建设的意见》，辅导员的发展迎来了新的春天，辅导员应抓住机遇，认清自身定位，提高综合素质，为学校的发展和学生的成长做出更大的贡献。

1. 高职院校辅导员的角色定位

随着我国社会和经济的快速发展，为高职教育的发展带来了前所未有的发展机遇，与此同时，高职教育也面临诸多新的挑战。由于受各种因素的影响，大学生的性情也发生了较大的变化，如心理挫折感强、人文素质较低、不良行为习惯多等问题尤为突出。而青年人独立的思想、敏捷的思维和互联网特质又是其突出的特点。当前，人才是国家的核心竞争力，如何培养合格的社会主义建设者和接班人，是各高职院校的重要工作和基本职责，关系到民族的希望和祖国的未来。辅导员是高职院校开展大学生思想政治教育与日常管理、服务工作的骨干和核心力量。面对新形势，应对辅导员角色进行准确、合理的定位，这对辅导员工作的顺利开展，将思想政治教育做实、做准，更好地开展学生教育、管理与服务具有指导意义。同时，对学生未来的成长成才也具有重要而深远的意义。

由于时代的发展，经济和社会背景的影响，不同高职院校、不同的辅导员对于其角色认识存在差异，因此我们应对辅导员角色进行定位，以适应新时期职业教育发展的需要。

（1）教育者

作为高职院校辅导员，其首要任务应该是开展学生思想政治教育。高职院校学生是社会主义的建设者和接班人，高职院校培养的学生应坚持社会主义，拥护党的领导，因此要对学生进行政治引领，把握好学生的政治、思想方向，这是前提和基础。当今高职学生思维活跃，经历过小学、初高中的教育，具备一定的政治理论基础，但在认识层面还处于懵懂阶段，易受到外来思想和文化的侵蚀与影响。高职阶段是人生最重要的阶段之一，也是思想、认识走向成熟的重要阶段，正确的教育和引导，对于大学生的成长成才至关重要，这是党和人民赋予高职院校的重要职责，也是人才培养的内容。因此，作为对高职学生影响较大的辅导员来说，其作为思想政治教育者的角色得以凸显。

辅导员要对学生加强马列主义、毛泽东思想、邓小平理论、"三个代表"重要思想、科学发展观和习近平新时代中国特色社会主义思想，爱国主义，党的路线、方针、政策教育；加强社会主义核心价值观的教育；加强对世界观、人生观、价值观等理想信念的教育。辅导员要结合时代特点和工作实际，开展形式多样、趣味性强、学生喜闻乐见的教育活动，要坚持理论和实践教育的结合，重视实践教育，力图达到春风化雨、润物无声的效果。

（2）管理者

管理是同别人或通过别人使活动完成得更有效的过程，这一过程体现在计划、组织、领导与控制的职能和基本活动中。学生辅导员也同样扮演着管理者的角色，管理对象是学生，管理目标是维持学校的正常秩序并促进学生的全面发展。与其他管理不同，作为管理学生的辅导员，首先是制订不同的计划。辅导员在各个阶段都要根据学生工作的现状、资源以及外部环境制订本阶段学生工作计划，包括党团发展计划、学风建设计划、文明教育计划等。其次是组织协调。由于辅导员面对的是成百的学生，凭个人的力量是很难充分完成学生工作目标任务的。再次是实施领导。由于学生干部本身也有一个逐渐成长的过程，辅导员作为这支学生工作队伍的领导者，适当的指挥、监督和激励是必不可少的。比如及时和学生干部交流工作经验，检查工作效果，督促和指导工作，观察年级风气，关注学生的思想动态等。因而，辅导员需要善于发现和总结学生工作的规律，明确工作思路和目标，主动驾驭各种复杂局面，灵活地提出各种应对措施，协调各种关系，实现管理效益最大化。

（3）引导者

在社会转型发展的关键时期，高职院校人才培养还应认识到学生思想水平、道德素养将给行业发展带来深远影响。而受招生体制和社会环境的双重影响，近年来高职院校生源质量有所下降，许多学生出现了不关心国家大事、缺乏社会责任意识等问题，平时只追求感官刺激和个人感受。辅导员首先拥有"教师"的身份，应落实立德树人的根本任务，将自身定位为学生思想引导者，在学生人生观、价值观形成的关键阶段积极开展思想教育、引导工作。为此，辅导员需要关注学生思想动态，从学生遇到的问题出发，做好思想教育工作安排，引领学生创建团支部、班委会等组织，讨论与学生息息相关的时事话题，帮助学生正确解读各种新形势。将政策教育作为基础，辅导员需要明确表明自身立场，在学生当中宣扬党的指导思想，引领学生深刻理解民族伟大复兴梦想，为祖国强大贡献力量。在学生管理、就业指导、日常事务处理等各个方面，辅导员还要融入思政工作，通过打通各个环节完成"大思政"氛围营造，使各种教育资源得到整合协调，为高职院校全过程、全方位、全员育人目标的实现提供保障。

（4）服务者

为学生营造良好校园环境，能够使学生受到较好熏陶，形成优良的社会品质。为此，高职院校辅导员还应成为服务者，将学生当成主体，通过引导、约束学生的行为，避免学生出现夜不归宿、言行不当等问题，使学生适应学习环境变化，能够自觉遵守规章制度，形成健康文明生活方式，确保学生能够感受大学生活的美好。结合这一目标，辅导员还要加强学生课堂、晚自习等学习环境的管理，给予正确的行为导向，强化学生自我约束能力培养，避免学生因沉溺网络等原因出现旷课等问题。借助微信公众号等途径，辅导员还应对表现优异的学生进行表扬，为学生树立良好榜样，并通过观看宣传片等方式宣扬健康理念，培养学生公民意识，为和谐校园建设提供助力。从服务学生角度出发，辅导员还要加强读书会、技能竞赛等各类校园活动组织，借助校园网等平台发布与学生密切相关的活动信息，宣传学院文化，通过激发学生兴趣吸引学生参与，使学生享受美好校园时光。在积极的文化氛围中，学生可以形成良好人际关系，为今后适应社会奠定扎实的基础。

2. 高职院校辅导员的具体职务

在学生的成长过程中，辅导员作为教育者、管理者、引导者、服务者，如何才能扮演好自己的角色？这些角色背后又有哪些职业背景呢？

（1）两课教师

"两课"指我国现阶段在普通高校开设的马克思主义理论课和思想政治教育课。辅导员作为高职院校思想政治工作的骨干力量，其核心职责就是对高职学生进行思想政治教育。目前，随着辅导员学历和能力的不断提升，以及高职学生人数的增加，不少高职院校尝试使用辅导员担任思想政治理论课兼职教师。辅导员兼任"两课"教师，在理论课教学中取得了良好的效果，其在实践教学中的优势也日益凸显。

很多"两课"实践教学的内容本身就是辅导员平时的工作内容，由辅导员来负责，可避免重复工作。辅导员特有的亲和力和号召力，以及丰富的活动组织经验，也使得各种活动容易落到实处。辅导员与学生朝夕相处，充分了解学生的特点及需求，更能够使实践教学得以深入开展。

（2）心理辅导师

从人的发展阶段来看，大学生正处于形成固定心理结构之前的不稳定期，如何正确面对诸如自我感知、社会适应、情感、人际关系、情绪调控等心理发展的不同状况，是大学生成长的必修课。辅导员作为学生工作的一线工作者，他们能够全面关注和掌握学生的学习与生活，而大学生的心理变化最先体现在生活上，作为辅导员则能够通过不断地接触了解学生的生活状况，并能够通过学生生活上的变化及时发现其心理的变化，并采取适当的方式及时开展针对性的心理健康教育。

辅导员的重要任务是帮助学生树立正确的心理健康意识，首先要能够帮助学生控制自己的行为和情绪。对于有自卑感、人际交往恐惧等心理问题的学生而言，首先要引导其学会自我情绪的疏导和缓解，其次是要引导学生树立正确的世界观、人生观、价值观，帮助学生顺利完成人生的发展和过渡。在这个过程中，引导学生树立正确的人生目标，建立向目标努力的健康心态。

（3）就业的指导者

对于高职学生而言，选择比努力更重要。这就意味着，高职院校辅导员应该对学生的性格、知识背景以及就业倾向等方面进行必要的了解。在此基础上，帮助高职院校大学生在就业中科学地做好方向的选择。所以，高职院校辅导员是高职院校大学生就业方向的指导者。

（4）就业的支持者

在大学生就业过程中，无论是在心理方面、经济方面以及选择方面都会面临着各种客观因素及主观因素的挑战，高职院校辅导员应该发挥出自身在就业资源以及相关领域的优势，支持大学生实现就业。

（5）职业规划者

对于很多高职院校大学生而言，职业选择需要建立在心理需求以及人生追求的基础上。这就意味着，高职院校辅导员应该帮助大学生做好必要的职业规划，结合自身的兴趣以及人生的价值追求，科学地做好选择。

辅导员工作需要有强烈的责任感，这关系到大学生的成长成才。随着高等教育大众化，社会对人才素质要求的综合化，大学生价值观念的多元化和行为选择的多元化，高职院校学生工作的内涵越来越丰富，要求也越来越高，高职院校学生工作在整个学校育人工作中的重要作用也不断为人们所认同。整个国家对辅导员队伍的建设和发展也越来越重视，这为辅导员的发展提供了大好机会，客观上要求辅导员坚定专业理想和信念，把辅导员工作做深、做透，另外

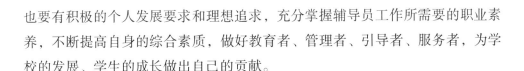
也要有积极的个人发展要求和理想追求，充分掌握辅导员工作所需要的职业素养，不断提高自身的综合素质，做好教育者、管理者、引导者、服务者，为学校的发展、学生的成长做出自己的贡献。

二、高职院校辅导员团队的建设机制

社会的发展变化，使得人们的生活方式、社会组织形式、就业岗位和就业形势变得多样化。而大学生是一个独特的群体，他们思想活动具有独立的多变性，也存在着个体间的差异性；同时，随着高职教育教学改革的不断深入，工学结合、校企合作进一步推进，迫切要求高职院校根据实际情况，加强学生学习、生活和技术实践的教育管理工作。这项艰巨的任务自然就落到辅导员的肩上，但高职教育发展历史不久远，目前也还没有形成较为完善的高职高专学生的思政工作机制和体系。面对错综复杂的新形势，加强辅导员队伍的建设势在必行，也是十分必要的。

1. 高职院校辅导员团队建设的不足

（1）职业认同感低

在当前高职院校辅导员中，存在辅导员岗位人员工作较为被动的现象。许多高职院校辅导员的职业选择不够积极，在工作中缺乏一定的积极性，仅仅将其工作当作自身适应社会的桥梁，未想过要长期发展，缺乏职业认同感。造成这种问题的原因是多方面的，首先，大多辅导员一般是大学毕业后直接上岗，缺乏一定的社会经验，对职业的认知性不足。其次，高职院校辅导员的入职要求不高，对专业也没有具体要求，许多大学生在上岗教学中会逐渐显现出其专业水平不足的现象，工作较为吃力，无法准确引导学生的政治思想，逐渐对高职辅导员工作失去信心。

（2）相关机制不完善

目前国内高职院校的建立还处于不成熟阶段，相比于本科大学，其各方面能力不足，校内的管理制度以及人员分配还未妥当，资金相对较少。由于以上因素，导致对教师的保障机制不完善，主要体现在以下方面。

①考核评价机制不完善。

当前，一些高职院校虽然针对辅导员设立了考核评价机制，但考核的方面还不充分，缺少对相对教学专业的针对性。一些院校的考核人员将对辅导员的考核与校内其他方面的考核纳入一处，未能针对辅导员的教学专业特点等进行系统的考核，使辅导员考核机制的设立从根本上失去了意义。甚至有部分高职院校未对辅导员设立合理的考核机制，对其的考核仅是通过校内学生以及上级领导进行单一评价，并将其评价的结果作为考核的最终成绩，这种评价方式使辅导员始终处于被动方，导致其工作效率得不到有效提升。在实际教学工作中，高职院校对辅导员的评价机制不够重视，考核方式不够合理，这对辅导员的心理建设造成一定的打击，对工作逐渐失去热情。

②晋级体系不完善。

当前高职院校的晋升机制缺乏公平性，辅导员对其认同感不足。首先，辅导员属于教学的前线，主要负责教导学生、带领班级，与校内其他部门的职务相比，其工作任务量较大，但工资却相对较低。其次，一些院校对辅导员的能力不够认可，具有一定的偏见，甚至有些校内管理人员认为，能力差的人才会担任辅导员职务。受这样不平等观念的影响，许多高职院校逐渐忽视了对辅导员的鼓励，对晋升机制的建设也不够积极。

（3）队伍结构不合理

许多高职院校对辅导员的职业还未能进行准确定位，无法认识到其对教育事业发展的重要性。在晋升与薪资待遇方面缺失，逐渐使辅导员失去职业归属感，师资力量逐渐匮乏。教育机构规定，高职院校辅导教师的岗位数量不能低于校内学生数量的20%，但目前高职院校教师比例不协调，辅导员的工作任务较重，使得效率难以提高。

（4）岗位职责错位，工作压力大

在很多高职院校中，都没有对辅导员的工作范围、内容等进行明确的界定，这就在一定程度上导致了部分辅导员对于自身的岗位没有清晰的认识。当辅导员自身定位不明确的时候，就会出现该校每一个职能部门都可以为辅导员下派任务的局面。大多数的校领导、教师都错误地认为，在学校里，凡是和学生有关的事情就与辅导员有直接的关系。在方方面面因素的综合作用之下，很多辅导员面对这种局面的时候，都不会甚至不敢说"不"，许多原本不属于辅导员职责范围之内的事情，都被辅导员大包大揽。承担了过多过重的工作，导致辅导员工作效率低、工作效果不明显。

比如，学科教师在进行教学活动的时候，无论出现何种情况，该教师都会在第一时间通知辅导员；再比如，当教务处进行成绩录入的时候，也可能请辅导员将本班学生的成绩情况一一列出。这样一来一去，辅导员本来就冗繁的工作则变得更加庞杂，也就没有空余时间将心思用于学生管理的思考且不能顾及学生的心理、思想等，也就不能完成辅导员作为政治引导者的责任，辅导员责任就会出现严重的空位、错位。

2.辅导员团队建设的深层次要求

在新形势下，来自多元化文化、网络、就业、社会、家庭、经济等影响和压力的共同作用，一方面有利于大学生树立自强意识、创新意识、成才意识、创业意识，另一方面也使辅导员不同程度地存在政治信仰迷茫、理想信念模糊、价值取向扭曲、诚信意识淡薄、社会责任感缺乏、团结协作观念较差、心理素质欠佳等问题，新形势导致的学生工作的新变化要求辅导员队伍建设要适应这种变化。

（1）信息化发展对辅导员工作提出了新要求

信息化使高职院校辅导员开展快速、高效的管理工作变为可能，传统的管理方式被迅速打破的同时，学生管理工作显然有了更高的要求和标准。信息化管理工作理念要做到与时俱进，充分学习借鉴利用国内外最新的信息化管理创新成果进行管理实践。在大数据时代，互联网信息化大潮不可避免地覆盖到高职院校，依托于网络论坛、微博、微信等网络媒介的信息化管理手段和方法层出不穷，令人耳目一新。高职院校辅导员必须重视信息化的重要性，正确认识和运用这些信息化管理创新出来的新事物和新方法，紧跟信息化发展潮流，准确把握信息化建设的发展形势，坚决摒弃传统过时的管理理念，积极融入信息化管理创新中，在学生教育管理工作中占得先机。

因此，高职院校辅导员必须转变管理思维，将辅导员工作由单纯的管理向管理与服务并举转变，将高职院校各类网络平台整合打造成融合管理学生与服务学生于一体的大数据信息化平台，充分利用互联网技术，进行信息资源共享，推动实现管理效率、管理质量、管理效果的三项质的飞跃。

（2）学生的"三观"变化对辅导员工作提出了新要求

当前，随着我国改革和经济转型的不断深入，在一定程度下，人们的人生观在发生着微妙的变化，加上独生子女在家庭教育中的影响，学生自我意识成为主流意识，使得团结协作的精神严重缺失；同时在社会主义市场经济的冲击下，"普适价值"观念里优胜劣汰的竞争体制，就业形势的严峻，增强了当代学生的竞争意识和竞争中的功利性，却缺少了传统文化的奉献精神；学生的实用主义意识增强，在学习和生活上表现出强烈的实用性和实效性，也在不同程度上导致学生理想精神的缺失。面对这种扭曲的人生价值观，辅导员就要本着与时俱进的精神有的放矢地做思想工作，在工作过程中必须强化"以人为本"的教育理念，倾听学生心声，尊重学生，理解学生的观念和需求，找好教育引导的切入点，使学生在多元复杂的价值取向选择中，把握自己，追求崇高。

（3）教育改革对辅导员工作提出了新要求

高职教育是20世纪90年代新兴的教学模式。在就业形势十分严峻、市场竞争格外激烈的环境下，高职教育面临着新的挑战。在诸多的教育工作中，就业与创业教育必然成为学生教育的重要内容。如果专职辅导员对社会发展十分关心，势必影响学生的就业和思想政治工作。因此，新形势下要求辅导员时刻了解国情，加强职业素质与职业道德教育，使学生树立牢固的职业道德准则，规范职业行为，同时结合人才培养模式，紧紧抓住教育教学每一个环节，适时对学生进行相应的思想政治教育，调动和整合有关育人方面积极的资源优势，实现综合育人的功能。

3. 健全机制，助力辅导员团队可持续发展

"双高计划"的实施让职业教育迎来春天，但这也给辅导员队伍建设带来了机遇和挑战。"双高"建设作为高等职业教育深入贯彻党的十九大精神和全国教育大会精神的重要部署，翻开了新时代高职教育发展的新篇章，意义重大。高职院校辅导员是培养技术技能型人才的中坚力量，要充分认识"双高"建设的时代意义，主动找出个人能力短板，查缺补漏，提升个人能力。要进一

步将个人的职业生涯规划、职业发展道路与"双高"建设紧密联系在一起，敢为人先，勇挑重担。积极发挥辅导员在思想政治教育及学生职业素养教育等方面的作用，不断挖掘个人潜力，竭尽所能，在"双高"建设中贡献个人力量。同时高职辅导员要继续坚定不移地用习近平新时代中国特色社会主义思想武装头脑，强化理想信念教育和社会主义核心价值观教育，为党育人，为国育才。

（1）完善辅导员团队的选聘机制

首先，按照"双高"计划对辅导员能力素质的要求和"双师型"教师队伍建设的要求，设定明确、具体、针对性强的选聘条件，除了以往选聘中明确的学历、年龄、政治面貌、担任班干部经历等内容外，在招聘专业上可以明确以思政大类为主，要求有志愿者服务经历等。其次，在笔试、结构化面试相结合的前提下，设置更具开放性的笔试题目，或者开展无领导小组面试、核心能力测试，着重考察逻辑思维能力、学习能力、管理能力和创新能力，还可以对辅导员进行心理测试。再次，推进高职院校辅导员人才引进机制。立足各高职院校实际，对有相关专业背景的优秀人才，比照本校办学优势学科及特色，简化招聘流程，免去笔试环节，直接进行有针对性的面试；不拘一格，招贤纳士，让具有专业能力和学科背景的人才为学校发展贡献力量。最后，要建立专兼职结合的辅导员队伍，实现专职教师与专职辅导员之间能力互补，同时解决辅导员数量配备不足的问题。要广纳贤才，一方面，在校内选聘兼职辅导员；另一方面，面向社会吸纳各级劳动模范或技术能手等担任兼职辅导员。通过定期开展专兼职辅导员沙龙、主题研讨、课题项目研究等方式，更好地发挥专兼职辅导员在学生思政教育、技术技能培养、职业素养教育等方面的作用，进一步提高专兼职辅导员队伍教育能力。

（2）重视辅导员的能力培养

辅导员是"双高"建设中的重要师资力量。目前，高职院校也越来越重视培养辅导员。高职院校要在建立完善的辅导员岗前培训体系的前提下做到以下几点：一是建立辅导员职业能力培训制度，引导辅导员积极参与辅导员素质能力大赛等各项比赛，以赛代训，提高辅导员工作能力。二是围绕"双高"建设要求，制定辅导员思想政治教育及职业能力、教育能力提升方案。在明确辅导员职业生涯规划的前提下，与第三方培训机构合作，打造辅导员职业能力提升平台，定期组织提质培优培训。同时，邀请校内外专家或优秀辅导员，开展辅导员沟通交流和专项能力培养。三是结合辅导员所学专业，建设"双师"型辅导员队伍。当前，我国职业教育已进入高质量发展阶段，国家对高质量技术技能型人才的需求逐渐增大，"双师型"辅导员队伍建设必是大势所趋。要一步一步提高辅导员教育教学实践能力，不断提高辅导员能力素质，发挥专业所长，打造优质辅导员"双师"队伍。

（3）建立科学的职业能力评价制度

围绕辅导员工作内容，建立职业能力评价制度。其内容包括思想理论教育和价值引领、党团和班级建设、学风建设、学生日常事务管理、心理健康教育与咨询、校园危机事件应对、理论和实践等。辅导员的工作对象主要是学生，开展学生满意度测评显得尤为重要。学生满意度测评内容主要包括辅导员政治理论水平、学生党员发展情况、解决学生思想困惑及时有效性情况、指导学生创新创业与就业等情况；同时，要结合"双高"建设的进度，将阶段性重要工作列入测评范畴，将学生满意度评价作为辅导员职业能力工作成效评价的助推器。

（4）完善辅导员团队工作激励机制和激励措施

运用马斯洛需要层次论提出辅导员激励机制和激励措施。高职院校一方面要调动辅导员工作的主观能动性，不仅要注意辅导员的生理需求、安全需求，更要满足归属需求、尊重需求和自我实现需求，这样才能确保辅导员在日常管理中被激励。因此，学校要不断提高辅导员地位，给辅导员应有的重视。另一方面，当前辅导员的工作在社会上缺乏职业认同，职业幸福度不高。在高职院校日常管理工作中，笔者发现学生对专职教师的认可度往往比辅导员高，甚至有的学生认为辅导员是生活老师。因此，学校要重视辅导员工作，从工作、生活、心理等方面给予辅导员更多关心和关怀。最后，辅导员自身更要不断提升自己的能力，提升辅导员的职业影响力和社会价值。把立德树人作为中心，将思想政治教育工作融入日常工作中，培养社会主义建设者和合格接班人。

三、充分利用辅导员优势以健全高职院校就业指导体系

辅导员作为高职院校学生管理、思想政治教育和就业指导工作的一线力量，在日常工作过程中与学生建立了相当深厚的感情，对不同学生的家庭、学习、生活情况都较为熟悉。因此，充分发挥辅导员队伍在就业指导工作中的积极作用，对于改善大学生就业指导工作整体效果将起到相当积极的促进作用。

1. 辅导员对高职学生进行就业指导的优势

（1）距离优势

辅导员处在学生教育管理工作的第一线，工作直接面对学生，工作范围涉及学生日常教育管理的方方面面，最能较全面地了解学生。在就业指导工作中，能充分考虑到每个学生的家庭背景、性格、特点、专业能力、综合素质等，开展个性化的就业指导，帮助学生及时分析自身存在的优势与不足，转变就业观念，实现顺利就业，以提高就业指导工作的针对性。因此可以综合考虑学生的不同情况，制定更加个性化的就业指导计划，提高学生就业的竞争力。

（2）年龄优势

辅导员的年轻化使得他们的年龄、知识背景、生活阅历等和大学生很接近，不存在代沟问题，容易产生共鸣。辅导员经常深入学生寝室，更使得年轻的辅导员能与学生朝夕相处，从而让师生之间更多地以朋友的身份交往，辅导员工作也就较容易走进大学生的内心深处，深得大学生的信任。辅导员容易凭借年龄优势，与学生本人进行沟通，帮助其进行客观分析，克服困难、走出误区。

2. 高职院校辅导员团队在就业指导中发挥的作用

（1）将日常管理与就业指导工作紧密结合，培养学生的忧患意识

高职院校辅导员要伴随学生度过整个大学时期，如果在学生管理过程中对学生就业指导制定一个合理的规划，相信必将在学生毕业时形成良好的就业观念。

首先，要明确目标，制定科学合理的就业规划。新生进校时，可以适时举办一些有关就业或考研的专题讲座，邀请往届的毕业生与新生广泛交流，对考研、找工作等热点问题展开讨论，让大家充分感受就业形势的严峻，明确奋斗目标，合理规划大学生活。其次，要围绕目标不断加强学生综合能力建设。在随后的几年时间里，辅导员需要对学生进行进一步的引导，借助一些软件或测试开展就业能力测评，帮助学生分析自身性格特点以及择业取向，确定目标后要积极鼓励学生不断完善自身综合素质，强化专业技能，丰富人生阅历，培养人际沟通能力，为今后就业做好充分准备。与此同时，辅导员还要积极组织开展各种活动，如组建各种学生活动团体，培养学生的人际交往和社会适应能力；鼓励学生参加各种社会兼职活动，丰富人生阅历，了解社会百态；搭建各种平台，为学生综合能力的提高打下坚实基础。最后，要巩固提高，实战模拟。学生毕业前一年，辅导员要深入与学生交流，掌握学生在学习、生活中的各种情况，要确定学生的目标是否能够持续，对于需要调整目标的学生，辅导员要根据具体情况积极做好疏导工作。在这个阶段，要通过开展模拟招聘会、模拟职场、就业指导专题讲座等活动让学生尽早适应，提高就业竞争力。

（2）将各类渠道的就业信息传递给学生

辅导员直接掌握学生的信息和性格特点以及就业需求，用人单位的用人信息也会通过各类渠道到达辅导员手中，以最便捷、最迅速、最准确的方式确保全员知情，并对信息进行筛选。辅导员会根据用人单位的用人标准推荐优秀的毕业生直接获取信息，学生也可以根据自身的意愿，把求职信息告知辅导员，有针对性地做工作，提高就业的成功率。

（3）充分疏导学生情绪，缓解学生就业压力

近年来，应届毕业生规模和增量均创历史新高，在这种就业形势下，毕业生就业问题越显突出，就业压力明显增大，其心理压力也自然不断增大。为贯彻落实党中央、国务院"稳就业，保就业"决策部署，辅导员要积极作为，帮助毕业生缓解压力，顺利就业。作为高职院校辅导员，要不断更新观念，及时给毕业生提供就业指导和招聘信息，当学生出现就业心理问题时，及时给予心理辅导，当然也需要高职生自我面对，通过多方面的调节来解决就业心理问题。不断总结高职院校辅导员解决大学生就业心理问题的思路，为大学生的就

业奠定良好的基础。

（4）完善毕业生追踪调查工作系统

毕业生就业追踪调查可以详细呈现毕业生的职业生涯，为高职院校发展提供强有力的数据。在全国范围内构建由教育部就业主管部门、专业高等教育研究机构以及各高职院校多元主体共同参与的毕业生追踪调查网络是现实需要。希望在毕业生就业跟踪调查网络的支持下，通过对全国范围内毕业生多时点、纵贯性地跟踪调查，可以使教育管理部门准确把握高职院校毕业生就业状况，为国家制定各项经济政策、开展高等教育改革提供数据支持。同时，辅导员通过追踪调查及分析可以及时反馈社会需求，健全专业预警、退出和动态调整机制，使高职院校学科专业设置与社会需求相匹配，增强毕业生就业创业和职业发展能力。

3. 辅导员在就业指导中充分发挥其作用的路径

（1）构建健全的辅导员就业激励机制

辅导员职业能力的提升是一项长期工程，既可以通过自己的思考提升自身能力水平，又可以为高职院校学生工作夯实基础。角色理解上，高职辅导员是"保姆"。从工作内容上，专科辅导员是发放通知、解释通知，再进行整理汇总。在辅导员工作考核时，高职院校要将高职学生就业指导工作融入考核范围，从日常咨询和谈话方面做出规范，并提出合理性的要求，鼓励辅导员开展高职学生就业指导课程，有效规划高职学生未来职业生涯，并丰富自身的专业知识和经验，有利于给学生提供最正确的建议。学校还要采取现场走访的方式，进一步对辅导员的就业指导能力进行评价，并将调查结果作为辅导员等级考核的标准，构建健全的激励机制，激发辅导员的工作热情。同时学校还要对表现优秀的辅导员进行表扬，有效提高辅导员对就业指导工作的重视，让他们能够主动融入高职学生就业当中，将就业指导思想彻底贯彻下去。

（2）提高辅导员就业指导能力

高职院校在招聘辅导员时，要将目光放在综合能力方面，要全面了解学生创业和就业方面的知识。同时每个月定期对辅导员进行培训，丰富和提高辅导员的职业经验和能力，促其自身树立良好的职业意识，激发对工作岗位的积极性，引导他们逐渐融入高职学生的生活和学习当中，用自己全部的心血完成学生管理工作和就业教育工作。在信息化时代背景下，就业形势发生翻天覆地的变化，高职学生在就业指导方面同样要遵循与时俱进的原则。同时高职院校要通过职业指导师讲座、就业专家、就业信息甄别等方式提升辅导员就业指导技能，要求辅导员能够根据社会需求和高职院校学生的实际情况，制定出具有针对性的就业指导方案，培养学生职业意识和职业道德。

（3）辅导员要积极投入到高职学生就业指导工作中，不断提升自身就业指导能力

在信息化时代背景下，对辅导员的要求越来越高，不仅要具备专业的就业指导技能，还要占用大量的时间和精力。因此，辅导员要认识到就业指导对学生的重要性，提高自我学习意识，积极学习有关就业的知识和政策，具备完善的专业知识，培养良好的心理素质，从而达到提高自身就业指导能力的目的。同时采用合理的方式对高职学生有关数据进行分析，准确把握高职学生的心理和思维方式，掌握高职毕业生的就业方向，从入学时就帮助学生做好职业生涯规划，主动到人才市场进行调研工作，让自己的就业指导工作逐渐向专业方向发展，提高高职学生就业指导工作的准确性。

在高职院校中，辅导员担负着学生思政教育和日常学习生活管理等工作，发挥着极其重要的作用，同时也是高职学生在学习、就业、生活中联系最多的人。然而现阶段的高职院校辅导员队伍建设情况不容乐观。实践证明，从找准定位明确职业发展方向、增强职业认同感提升发展动力、加强学习向专业化职业化发展这三个方面能够有效提升高职院校辅导员的职业能力。

高职院校学生干部团队建设

一、高职院校学生干部角色定位及作用

高职院校学生工作是一项复杂综合的工程，需要学校党、政、团统一认识，齐抓共管。具体落实时，就是发挥广大学生干部的作用。如果没有学生干部的积极参与，就无法增强学生的主人翁意识、使命感；如果没有学生干部队伍的骨干带头作用，许多具体工作就很难落到实处。

1. 学生角色

学生干部的本质是学生，是一批甘于牺牲、奉献的学生，学生是其最基本、最重要的角色，不管是校级、院级还是班级的学生干部，大家最本质的任务就是学习，不仅要自身学习好，还要带动一个宿舍、一个班的同学完成学习任务；既要扎实学好专业知识，还要博采众长，树立终身学习理念，成为适应现代社会要求的一专多能的复合型人才。另外，还要注意自身综合素质的锻炼提高，通过组织、参与学校各种活动，大力提升自身的组织管理能力、人际交往能力、语言表达能力等综合能力，为走出校园、适应社会做好充足准备。作为学生干部，只有先扮演好"学生"这个角色，才能成为一个称职的学生干部。并且作为学生干部必须更加优秀地完成"学生"角色的扮演，树立正确的学习目标，端正学习态度，圆满完成既定的学习任务，积极参加各种学科竞赛活动，这样才能起到模范带头作用。

2. 伙伴角色

高职学生干部出自学生团体，和其他学生是青春的伙伴。伙伴角色意味着学生干部比老师更接近学生群体，更能理解普通学生的意愿和需要，能够更好地服务学生群体，搭建起老师和普通同学之间的桥梁纽带。

（1）桥梁纽带作用

学生干部，上对学校老师负责，下对同学们负责，是老师与同学之间的桥梁纽带。首先，学生干部也是学生，因此更了解广大同学的想法与需求；其次，相比其他同学，他们有更多的机会与老师相处，更了解学校的相关政策，能分别站在学生与老师的位置上考虑问题。因此，就能充当一个很好的沟通者的角色：一方面，可以将同学们的诉求反映给老师；另一方面，也可以用同学更乐于接受的方式将老师的要求传达给同学。就以大学课堂为例：现在的学生对大学课堂有较大的抵触情绪，大部分原因就在于与老师的沟通不够，而且班级学生干部在这个过程中没有发挥出相应的作用。班级学生干部，尤其是学习委员应当与任课老师保持密切的联系，每次上课之前，进行点到，然后将到课情况告知任课老师。身为学习委员，也要时刻关注同学们的学习进展，将学生学习过程中遇到的困难以及课堂感受及时反映给任课老师，任课老师可以根据学习委员反映的情况，相应调整教学方法，有针对性地进行补充。在这个交流过程中，班级学生干部就起到了很重要的作用。

（2）服务作用

身为学生干部就有为同学服务，为大家服务的责任。就要增强服务意识，树立以服务为荣的思想，有吃苦耐劳精神，急同学之所急，帮同学之所需。时时为大家着想，力所能及地为同学排忧解难，满腔热情地为班集体服务。假若学生干部能起到上述作用，就能优化学生群体，形成良好的学风、班风；同时，也能促使学生干部自身不断进步，不断提高。

3.干部角色

学生干部与普通学生相比，在学习之外，还承担着一定的职责和义务，是各项活动的决策者、领导者、参与者，还是班级成员的主心骨和服务者、引导者，同时也是社团组织的缔造者和传承者，是实现教师和学生之间良好沟通的有力枢纽。

作为高职院校学生干部，一方面与中、小学的学生干部有很大区别，体现出更多的特殊性、实践性、独立性和专业性，要参与活动、组织活动甚至发起活动，活动中更多地体现了专业性和创造性，不同学校、不同学院甚至不同专业所开展的活动都大不一样，需要充分发挥自身的积极性、主动性；另一方面学生干部的"权力"与社会上干部的"权力"有所不同，缺少一定的震慑性和威慑力，这也是导致学生干部在组织活动过程中遇到普通学生的阻力时，因为缺少相应的措施和制度保障，更多的只是加以说服和引导，其"权力"有一定的"软弱性"。但是与老师相比，学生干部又有天然的优势，身处学生中间，能深入了解学生中存在的问题、学校管理中存在的漏洞等，及时反馈学生心声，化解各种矛盾，所以必须充分发挥其"干部"角色作用，才能更好地完成学生工作的组织、开展。

承担或扮演一定的角色就是表明个人对他人、集体、社会要尽相应的义务和责任，高职院校学生干部作为学生工作的重要补充力量，其角色的解读就是为学生做干部。为学生做干部可做两层解释：第一层是为（wéi）学生做干部。即要做一个成绩优异、自尊自信、自立自强的学生，做一个有责任心、爱心和热心的干部；第二层就是为（wèi）学生做干部。即做工作在顾全大局的前提下，要以全体学生为出发点，服务好学生的需求，反映好学生的问题，做学生心中的好带头人。这就是学生干部所要完成的两种最重要的角色扮演。

（1）模范者

学生干部在学生中可以起到明显的模范带头作用，并且对其他学生的学习和生活等方面能进行帮助指导。一方面是由于学生干部的选拔过程所导致的，高职院校中的学生干部选拔不同于之前的初中、高中阶段，初中、高中阶段的学生干部选拔与老师的主观印象有较大的关系，而在高职院校中，学生要想成为学生干部需要经过多次筛选，对学习能力、精神素养、事务处理能力和人际交流能力都有着严格的要求，最终选拔出的学生干部在综合能力方面是较为突出的；另一方面，学生干部在经过任命之后，如果不能做出相应的贡献或者保持较高的学习工作方面的水平，也可能会遭到质疑，威信力下降，因此学生干部会尽力提高自己的能力，做好应该做的工作，从而使得学生能够信任并且拥护学生干部，成为一个整体。因此学生干部在学生中会起到模范作用。

学生干部在学生管理工作中本质上还是一名普通的学生，无论是学习还是生活都是处于学生群体中，因此，如果学生干部能够在进行工作时做到以身作则，从自己做起，提高自己的学习以及工作能力，在学生有问题时能够及时帮助他们解决问题，长期积累的话，势必会通过自己的行为对其他学生产生学习和生活方面的积极影响，也有利于学校学生管理工作的顺利开展。

（2）管理者角色

高职院校中负责学生管理的主要人员是辅导员，而一个辅导员所要负责的班级数量和学生数量是相当多的，由于精力和时间是有限的，再加上还有其他的各项工作要开展，因此不可能同时兼顾，这时候就需要学生干部发挥作用。学生干部本质上还是一名学生，可以深入到学生群体中与学生融为一体，但是学生干部还有一些独特的特点，例如拥有自己的职权和责任，还可以通过多种渠道第一时间得到学校的有关通知和官方信息；此外，当普通学生遇到某些生活或组织上的问题时往往会寻求学生干部的帮助或者通过学生干部与辅导员进行联系。基于上述原因，学生干部在学生组织中占有重要地位，可以通过自己的能力对学生组织进行领导，从而协助开展学生管理工作。

4. 培养学生干部的具体举措

学校管理人员要"以学生为本"，充分认识学生干部培养的重要性，帮助学生干部做好角色定位。作为一名合格的学生干部，首先是学习，其在学校中的一切活动都要围绕学习这一中心任务。帮助学生干部塑造健康向上的人格，提高组织管理能力，提高协调交际能力，树立服务意识，培养社会责任感。因此，学习和工作的目的可谓是异曲同工，都是为了提高自身素质，不可有所偏废。目前大学生的特点是自我管理能力下降，生活自理能力下降，自我控制能力下降，对家人过分依赖，对人际交往技巧匮乏。同时他们感情脆弱，心理素质差，经受不起打击和挫折，生活上、学习上稍有不顺，就会精神萎靡，甚至崩溃。学生干部虽然相对来说比较优秀，但或多或少地带有大学生群体的共有特点，这造成了学生干部本身的不足，也使工作难度加大。因此，作为高职院校教师，既要应对学生干部严格要求，改善或避免学生干部因缺乏自我调节能力导致工作无原则，也要加以爱护、以诚相待、以理服人，对其工作中的失误，要帮助学生干部找出问题，总结经验教训，改善工作方法。要激发学生干部的工作热情，对其工作要多给予鼓励和支持。要帮助学生干部摆正学习与工作的位置，与其进行思想交流，帮助学生干部克服各种困难，做学生干部的坚实后盾。

二、高职院校学生干部团队的构建路径

学生干部是联系学生与教师的桥梁，也是确保高职院校相关政策上传或下达顺利开展的重要媒介，他们的综合素质直接关系高职院校整体的办学质量，加强学生干部培养及管理具有重要现实意义。

1. 高职院校学生干部队伍现状

当前，高职院校的学生以"00后"为主，这一代人的成长背景、成长环境塑造了他们特有的价值观念和思维方式。笔者以浙江金融职业学院学生为调查和访谈对象，82%的学生干部认为，大学期间担任学生干部是为了提高自己的能力和丰富实践经验，以便将来更好地适应社会；12%的学生干部认为大学期间竞选学生干部是为了充实自己的课余生活，结交更多的朋友；5%的学生干部认为大学期间担任学生干部可以在评优入党的时候优先被考虑；1%的学生干部认为担任学生干部是被老师和同学推选的，不好推辞。调查和访谈结果表明，绝大多数学生干部还是比较有理想、有信念的，他们希望通过在学校担任学生干部的机会更好地磨炼自己，以便将来可以更加顺利地进入社会角色。但是也有极少数学生干部思想不积极，甚至动机不纯。在工作和管理能力调查方

面，对学生的调查过程中发现，70%的学生认为学生干部工作中的沟通能力较强，但处理问题的能力一般，总体达到合格；20%的学生认为学生干部整体工作能力较强，达到良好；7%的学生认为身边的学生干部能力很强，整体工作能力达到优秀；3%的学生认为学生干部工作能力为不合格。由于文化基础和学习环境的不同，高职院校学生干部有其独特的一面，比如高职院校学生干部重实践而轻理论，重管理而轻研究。高职学院学生本身在校时间较短，学生干部的角色转换较快，导致学生干部投入到学生工作上的精力和时间都十分有限。

2.高职院校学生干部团队建设的重要性

学生干部队伍是高职院校里面的一个特殊群体，一个高度负责和高效的学生干部队伍更加有利于学校的教学管理，更加有利于实现高职院校的转型发展。

（1）高职院校学生干部团队是推动高职院校转型发展的中坚力量

随着技术的发展和互联网的普及，那种单一的、枯燥的单项教学方式正在逐渐被淘汰，"互联网＋"模式的教学正在兴起，高职院校的转型发展势在必行。学校以学生为主体，学生的全面发展是高职院校办学的核心内容。高职院校转型发展的核心依据便是不断变化的学生需求，学生干部代表着全体学生的利益，反映着学生的诉求，他们最清楚学生真正需要什么。因此，学生干部队伍的发展对学校的转型发展起着至关重要的作用。

（2）高职院校学生干部团队建设有利于完善学校工作制度，助力学校管理工作

学生干部身份具有双重性的特点，一方面，学生干部是学校开展各类教育活动的组织者；另一方面，学生干部作为学生又是学校实施自我教育、自我管理、自我服务的参与者。学生干部来自学生，学校通过学生干部能够比较全面地了解学生的基本情况，掌握学生的思想动态，学生干部还代表学生向学校反映各类问题，有利于学校各项工作的改进和提高。同时，学生干部向学生宣传、解读学校的各项政策，起到了很好的桥梁作用。

（3）高职院校学生干部团队建设有助于强化学生综合素质，符合教育发展规律

学生干部是广大学生自我教育、自我管理、自我服务的重要参与者，协助教师开展针对学生的思想政治教育和日常管理，承担教师与学生之间沟通交流"桥梁"的职责。学生干部既在学校各项工作中发挥重要作用，也在服务学生的过程中获得大家的了解和信任，在学生群体中形成一定的影响力。学生干部作为学生群体的优秀代表，其各种表现在学生群体中有较强的引导性和示范作用，在学生干部队伍建设过程中重视职业能力建设，以行之有效的措施不断提升学生干部职业能力，一方面可以进一步发挥学生干部的榜样作用，为广大学生提升职业能力建立一个可以学习和追赶的目标，另一方面可以借助学生干部的示范引领作用，带动整个学生群体重视自身职业能力建设，形成互相比拼、积极向上的良性竞争氛围，为学校针对学生的职业能力建设制定整体框架做出应有贡献，促进学生群体职业能力建设效果得到有效提升。

3. 高职院校学生干部团队建设现存问题

虽然高职院校学生干部有较高的工作积极性和较强的工作能力，但是当今社会各种思想观念和多样化价值观，他们自身也难免受到一些影响。再者，学校在学生干部的选拔和培养机制上还有待完善，有个别的高职院校甚至还没有成文的学生干部选拔与培养制度。

（1）学生干部队伍建设评价体系不健全

高职院校学生干部队伍建设中还存在很多问题，比如评价体系不健全。很多高职院校学生干部的管理工作一直处于尝试阶段，并没有推进学生干部队伍建设，导致了学生干部管理工作开展效率比较低。学生干部队伍建设会受到很多因素的影响，比如一些政策因素、学校制度等方面，学生干部队伍建设当中的问题也会受学校发展而变化。如果学生干部队伍建设问题迟迟得不到解决，没有一个正确的评价体系支持，那么就会影响到学校的发展和学生干部队伍管理工作的开展。

（2）学生干部队伍建设缺乏重点

队伍建设缺乏重点是高职院校学生干部队伍建设管理当中存在的主要问

题。很多高职院校看似对学生干部队伍建设投入了很多人力和物力，但是管理效率依然不尽如人意。学生干部队伍建设内容比较繁多，并涉及很多相关学生干部考核标准，而且学生干部之间还存在一定的个体差异，群体差异性也比较明显。如果依然运用传统的建设方式会浪费大量的建设资源，长久下去学生干部队伍建设难度就会大大增加，学生干部队伍管理的积极性也很难得到提高。

（3）学生干部的个人素质问题

学生干部在高职院校管理当中具有一定的特殊性，他们既是学生又是管理者，和普通学生有一定的差距。通过相关调查显示，多数学生干部的素质还有待提高，他们在管理工作当中没有做到一视同仁，选择了更多适合自己利益的方式，违反了校园管理制度。有的学生干部还缺乏一定的自我管理意识。比如，2021年9月，网络上流传的一起校学生会查寝事件，这个视频受到了很多教育专家和校领导的高度关注。校园干部的管理态度令人发指，在管理当中不尊重普通学生的人格，这是学生干部个人素质低下的主要表现。

（4）学生干部管理问题

高职院校学生干部建设前期并没有对学生干部的职责进行划分，也没有注重学生干部的管理能力、组织能力培养，只是在每个班级选拔了一些学习成绩比较优秀的学生。对于一些没有完成任务的学生干部，学校往往采用解雇的方式，并没有对学生的后期管理工作进行指导，也没有对学生出现的问题进行了解。有的学生干部的管理任务比较重，为了完成任务只能牺牲学业。总的来说，学生干部的作用没有受到校领导和教师的重视，并且还缺乏相关的管理制度。

（5）梯队建设规划不完善

要推动高职院校学生干部建设，首先需要发挥学生干部的作用。现如今，很多高职院校的梯队建设规划都不是很完善，并且缺乏一定的管理规范，不同学校的学生管理规划当中都存在相应的管理问题。有的学校已经建立了学生干部梯度规划，但是没有完全发挥出它的作用。其中，建设当中所存在的问题并没有得到及时的解决，并且没有培养储备干部，导致了梯队建设困难重重，这些问题都在一定程度上影响到了高职院校学生干部的管理工作。

4.高职院校学生干部团队建设机制

高职院校承担着培养生产、建设、管理、服务等第一线高技能复合人才的重任，学生干部队伍的建设和培养重任在肩，学校对其学生干部队伍的培养是一项复杂的系统工程。在全国高职院校弘扬"中国"这一大背景下，学生干部队伍的选拔和培养理应更加严格。

（1）抓好高职类学生干部的思想政治教育工作

高职类学生干部因受其理论基础的限制，不能主动积极学习思想政治理论知识，同时人生经验的欠缺、专业知识的浅薄和单一导致了他们面对大是大非不能摆正位置，看问题容易只看现象不见本质，对问题缺乏深刻的认识和了解，给学生工作造成了不好的影响。因此，"思想决定行动"，培养学生干部，首先必须从思想入手。优秀的学生干部应当具有过硬的思想政治素质、强烈的责任意识、坚强的意志品质。高职院校应当定期组织学生学习党的路线、方针、政策，用社会主义价值体系武装头脑，增强其辨别是非的能力。同时结合学生关心的社会热点，开展时事政治讲座、形势与政策课，以提高其政治敏锐性以及大局意识。同时还要帮助学生干部树立奉献校园、服务同学的事业心，激发学生干部强烈的进取心，牢记作为学校与学生之间的沟通桥梁和纽带的神圣使命，发挥好学生干部的先锋模范作用。学生干部还应当具备高尚的道德品质，工作中严于律己，宽以待人，时刻以集体和他人的利益为重，甘于吃苦，乐于奉献，成为学生心目中的楷模。

（2）建立公正合理的学生干部选拔制度

高职院校学生干部的选拔任用制度有任命制和竞选制两种形式，在学生干部的选拔任用过程中应采取任命与竞选相结合的方式。对于班干部的任用，在大一时期，由老师根据自己的经验和判断直接任命学生干部，到了大二则由全体学生共同参与评选，这种方式有利于更多学生展示自己的才华，在实践中检验其能力，选拔任用更合适的人选。学生会干部的选拔应采用竞选和任命相结合的方式，老师对竞选中表现最为出色的候选人安排一定时间的试用期，再根据他们在试用期间的实际表现，最终确定人选。同时，学生会干部的任期不宜过短，更不能一届一换，避免部分学生只是为了混学生干部履历的可能。

（3）健全学生干部培养机制，提升综合工作能力

①理论专题培训。

强化学生工作能力的培养，落脚点在于政治思想的强化，在思想上带动学生干部的积极性，在行为上端正干部作风。同时，理论专题的学习，可以培养学生干部的责任感，并在理论的支配下，指导管理工作的实践与开展，为构建管理能力强、战斗力强的学生干部队伍创造了理论基础。

②基本业务能力的专题培训。

随着信息化不断加快，工作要求也越来越高。通过对高职学生干部进行系统业务能力培训，让学生干部掌握常用应用文的撰写和办公软件的使用，增强学生自身工作能力，提升高职学生干部的工作效率。

（4）对学生干部做到既要"管"，又要"理"

学生干部承担了其他学生学习之外更多的任务，对学生干部的教育和培养要予以更多的关注，工作安排要细化，落到实处。切实摆脱对学生干部的"重使用、轻培养"思想，对学生干部不仅要"管"，而且要"理"。在日常工作中，学生干部管理者既要布置任务，又要给予方法上的指导，帮助学生干部厘清思路。同时，加强学生干部组织、协调和配合等综合素质的培养。

（5）建立科学、有效的保障制度，助力学生干部提高素质

学生干部的管理和培养是一项长期而又艰巨的任务，关乎高职院校的改革和社会的期望，应予以高度重视并从制度方面给予保障，一是加强专项培养经费管理，确保学生干部培养经费合理使用；二是建立不定期考核制度，确保学生干部高效有序地开展工作；三是完善学生干部进出机制，保证学生干部队伍合理地流动。

总之，高职院校学生干部的培养是一项长期而重要的工作。高职院校应该重视学生干部队伍的培养和教育，探讨和研究当代高职类学生干部队伍的特点，解决其出现的新问题，多鼓励、少批评，多提点、少责备，让他们在高职教育中发挥榜样作用，培养素质，提升内涵。

三、高职院校学生干部的就业优势

从社会需求看，用人单位不仅需要学生的专业知识、基本技能，而且对毕业生人际交往能力、团队协作能力等非专业技能提出了更高的要求。但这些技能在高职院校课堂里是难以获得的，因而造成了一定的就业障碍。而高职院校"学生干部"群体因为在学校里经常参与活动组织、社团交流、各种社会活动锻炼，提高了非专业技能，被认为增加了就业竞争力的筹码。

1.高职院校学生干部的特征

高职院校紧贴市场办学，培养面向生产、建设、管理、服务第一线的高技能复合人才。在学生管理上，高职院校实行学生自主管理，与企业合作进行联合培养，使学生在学校与社会之间实现无缝接轨。学校实施学生自主管理的管理模式中，学生干部队伍扮演着重要的角色。高职院校的学生干部一般是一年级担任干事，二年级担任正式干部，三年级进入企业进行实习。他们具有以下特点：

（1）思想特征

高职院校的大部分学生环境适应力强、乐观、积极、自信、触角敏锐、与社会接触紧密，特别容易融入新的环境及团队。由于学习周期短、上岗实训机会多，他们会把精力和兴趣更多地投入到学生工作中，积极寻求锻炼的机会，为将来就业积累经验。此外，由于越来越多的企业青睐技能型毕业生，高职学生在就业定位上更加清晰，在专业学习上更加注重职业能力与职业素养的培养，从而更积极地投身工作，与社会接轨。

（2）工作特征

①在学生工作中担当重要的角色。

来自学生、服务于学生的学生干部是教师与学生之间的桥梁和枢纽。首先，学生干部要坚持不懈地引导同学，使其进一步加深对主流思想的理解，树立正确的价值观和世界观；其次，学生干部要全面有效地发展同学，积极探索新形势下高职学生的管理模式，提高同学们的综合素质；再次，学生干部要始终不渝地代表同学，积极维护广大同学的正当权益；最后，学生干部要尽心尽力地服务同学，坚持为同学解难事、办实事、做好事。

②在日常工作中接受系统管理与培训。

为了保持学生干部队伍的工作协调性，每个学生组织都会制定涉及学生干部的产生、任用、监督、考核的完善制度。学生干部提前接触这些规章制度，可以大大提高其组织纪律性与团队管理能力，在完整的组织框架下，学生干部在组织的管理与同学的监督下开展工作，久而久之，学生干部会养成按原则办事、按规章办事的好习惯。

由于高职院校学生起点低，学生素质参差不齐，因此大力培养学生干部，使其成为广大学生的榜样和楷模，以点带面地进行培优工作，这种方法已经为各高职院校学生工作者所共用。对学生干部的培训，目前使用较多的是历奇训练。它为学生干部提供一个极富挑战性的情境，让学生干部通过沟通合作，同心协力解决许多崭新的问题和任务，借此激发他们的热忱和干劲，提升他们的解难、沟通和决策能力。对学生干部使用系统培训，可以全面提高学生干部的综合素质，为其就业打下良好的基础。

2. 高职院校学生干部的优秀素质

大学生就业竞争力是指毕业生在就业市场上，具有战胜竞争对手、找到适合才能发挥和实现自身价值的适当工作岗位的能力。学生干部更具就业竞争力，是因为学生干部具有用人单位所要求的优秀品质。

（1）先进的组织协调能力

学生干部作为各类团学活动的重要负责人，在各项大型或小型学生活动中，承担着组织策划的责任。每一项活动圆满举办，从前期的通知筹办、现场组织，到最后的总结，每一个环节都考验着学生干部的组织协调能力。另外，承担学团工作主要负责人的学生干部，如部长、副部长、社长等还肩负着"传帮带"的任务，他们要组织管理并且培训其部门成员，帮助其成长。通过各种锻炼，日积月累，他们的组织、管理、协调能力自然而然地也就得到了提高。

（2）丰富的社会实践经历

社会实践活动是学生走向社会、了解社会、认识社会从而更好地服务社会的重要途径，是学生不断提高自身综合素质、激发创新精神的有效措施。学生

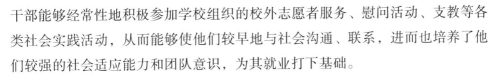

干部能够经常性地积极参加学校组织的校外志愿者服务、慰问活动、支教等各类社会实践活动，从而能够使他们较早地与社会沟通、联系，进而也培养了他们较强的社会适应能力和团队意识，为其就业打下基础。

（3）丰富的人脉资源

因为工作关系，学生干部在校期间与辅导员、学院老师、领导等接触较多，这样一来，平时工作、学习和生活当中来自师长的指导与教诲也多于普通学生。与此同时，丰富多彩的校园文化活动又能让他们认识、结交更多更优秀的同学，并建立良好的关系。丰富的师生资源对学生干部而言，在就业信息的获取以及被推荐的机会上都会大大高于普通学生，实现就业也就比普通学生多了一份筹码。

（4）优秀的沟通表达能力

由于学生干部身份的特殊性，从学团各部门纳新开始，他们就经历过各种竞选演讲，这个平台为他们提供了沟通、交流和表达的机会。成为一名学生干部后，更要协助辅导员、班主任等老师做好上传下达、下情上传等工作，交流的对象也不仅仅局限于同班级、同宿舍同学，而是从班级、宿舍到自己的部员、全校的学生等，并且需要在大大小小的场合经常进行通知、演讲、表达，这样自然而然使其表达能力得到充分的锻炼。

（5）主动学习领悟的能力

大部分学生干部有很强的自主学习能力，他们富有紧跟形势的敏锐性，会抓住各类培训的机会，参与各种竞赛、组织各种活动，并在这个过程中不断向书本和历届学生干部学习工作方法，学习公文写作能力和全面思考的能力，主动地锻炼自己。古语有云"近朱者赤，近墨者黑"，学生干部身边大部分都是共同努力进步的同学，这样能够促使其共同学习，共同成长。

学生干部是优秀大学生的代名词，在校园学术、文化体育等方面表现突出，是大学生中最活跃、最具潜质、最具影响力和号召力的先进分子。事实证明，学生干部的经历对于提升学生就业竞争力有极大的帮助，新形势下，提炼学生干部的就业优势并运用于日常的培优工作中，这对于全体大学生正确判断就业形势、把握就业方向、规划职业生涯、树立正确的就业择业观和创业观等方面都有积极的作用。

典型案例：学生干部在就业工作中的榜样作用

　　学生干部在学校里是先进群体，为学生起着一定的榜样作用，其在就业中的影响力也不容小觑。在当前的就业大环境中，学校可以充分发挥学生干部的引领作用，带动学生积极地投入到就业和创业的过程中，提高学生的就业率。为了更好地发挥学生干部的引导作用，首先，学生干部要以身作则，起到积极的榜样作用，放松心态，平衡好学业和工作的关系。其次，提升自身的综合能力，加强就业竞争力，起到表率作用。本文就当前学生干部在就业过程中的引导作用进行分析，其目的在于发挥学生干部的余热，提高学校的整体就业率。

1.案例背景

　　南京财经大学会计学院2015届本科毕业生共计1260人，在全校各级学生组织中曾经担任过学生干部的学生有356人，学生干部比例达到28.25%。针对目前毕业生数量大、大学生就业难的现实，为促进就业，对于2015届毕业生，在日常工作中就要注重加强学生干部的引领作用，特别是就业时的引领作用。从大三学年开始，就反复强调学生干部要在就业过程中起带头作用。对于不升学的学生，要求合理定位、积极就业、诚信就业，要求毕业之前要签好就业协议，并与学生党支部工作相结合。对于在毕业实习结束后仍未签就业协议的学生干部预备党员，可以推迟转正，对学生干部正式党员如果没有签订就业协议，在支部大会上进行通报批评。经统计，到2015年6月学生毕业离校时，学生协议就业率达到70.85%，其中学生干部协议就业率达到90.08%，极少部分尚未签约的也基本是确定意向未办手续的；2015届毕业生有107人考取研究生，其中学生干部53人，占49.53%。学生干部的协议就业率比学院平均水平高出近20%。

2.案例分析

　　（1）学生干部具有就业优势

　　①兴趣爱好较多，综合素质较高

　　学生干部一般都具有较高的综合素质，而且才艺出众，即使没有出众的才艺，平时在学业上也比较刻苦、比较努力。经过在学校中学习干部工作的实践，他们的动手能力和语言沟通能力都比较强，可以很好地配合老师开展工作。当前，很多企业在招聘过程中，都比较注重面试者的综合能力，有过学生干部经验的比较受面试官的青睐。另外，学生干部的自我展示能力也比较强，不管是书面表达能力还是口头表达能力，所以他们一般都能很轻松地通过企业的层层面试，在面试过程中也表现得比较自在，录取率往往也比较高。

②团队意识强

学生干部在学校管理工作中的锻炼，使得他们的人际交往能力和语言表达能力都有了很大的提升，和一般学生比显得更加独立自信。另外，在平时学校和班级的活动组织锻炼中，他们更加明白团队的重要性，在组织活动过程中也能充分发挥每一位团队成员的优势，善于协同工作，而这一点企业也是比较看重的。在企业的工作中，往往很多工作都不能独立完成，而是需要同事之间的配合，如何能有效地发挥每一个同事的能力，那么工作也能事半功倍，取得较高的工作效率。对此，就这一点相对于其他学生来说就有比较强的竞争优势。

（2）学生干部就业过程中存在的不足

①部分学生干部对专业课程的学习不够重视

虽然平时学校要求学生干部首先要把学习放在第一位，合理安排好学习和工作的时间，但有少部分学生干部往往把工作放在首位，他们错误地认为工作的锻炼价值更大，对文化学习有所忽视，更有甚者，为了工作而逃课，严重影响了专业课程的学习。以南京财经大学会计学院为例，2015届毕业的学生干部中约有35%的人未拿过学习奖学金，男生获得学习奖学金的就更少。学习成绩差的学生干部不仅在同学中缺乏较高的威信，而且会影响他们的就业层次。

②学生干部的素质和招聘单位的需求有偏差

当前就业的环境越来越严峻，企业的用人要求也越来越高。企业要求毕业生具备以下能力：良好的人际交往能力，优秀的专业能力，合理的知识结构以及较高的团队意识。虽然学生干部比普通学生的综合能力要高一些，但是良莠不齐，有的学生干部的综合素质甚至不能达到用人单位的需求。为什么会有这种差异，其主要原因在于个别学生干部打着为学生服务的幌子来争取自身利益，比如评优评先和推荐就业等等，其在思想上有所偏差，那么综合素质自然得不到提升。

③学生干部在就业工作方面的带动作用还不够

学生干部从个体角度出发，在就业方面有一定的优势，大部分同学都能按时处理好自己的就业相关事务，但对同学的带动作用还不够，还需要他们在就业方面成为同学的楷模，起到示范作用，或者能帮助更多的同学实现就业。极个别学生干部对自己定位不准，挑三拣四，存在就业协议违约等情况，带来了很多负面影响，反而给就业工作的顺利开展增加了难度，甚至在同学中产生了不好的影响。

3. 案例启示

（1）准确定位，充分发挥自身干部作用

摆正心态，准确定位是就业过程中的关键因素。对于毕业生来说，不管去哪里找工作，首先要问自己适不适合这一份工作，自己能不能胜任这一份工作。学生干部在学校的管理工作中积累了一定的工作经验，但是要准确定位，不能眼高手低，充分发挥自己的优势和专业能力，成为学生就业中的榜样。学生干部只有处理好自身的工作，才能在学生中有一定的说服力，才能更多地带动学生，充分发挥学生干部的引领作用。

（2）提高能力，提升自身就业竞争力

随着就业竞争力的不断加大，目前往往是一个岗位被多个毕业生竞争，如何在众人中脱颖而出，学生干部就必须在保证学业的前提条件下提升自身的综合素质。学生干部在平时的学校管理工作中要将工作当作实习来看待，认真做好老师所交代的每一项任务，积累工作经验，从被动接受到主动出击，充分提高工作积极性，发掘自身的无限潜能。学生干部在学校任职期间，会与老师参加很多的培训活动、娱乐活动和竞赛活动，参与活动的组织，其能力与眼界就不同于其他学生，所以在就业中就会有突出的表现。

（3）准确定位，充分发挥模范带头作用

"定位合理，目标明确"是每一个大学毕业生求职的第一步，也是最为关键的一步。对于大学毕业生来说，不是怎样找工作，而是"我需要"和"适合什么样"的工作岗位。虽然学生干部通过锻炼积累了一定的就业优势，但要合理定位，避免好高骛远，才能充分发挥自身优势，同时也才能避免违约等不良现象的出现，从而在就业方面成为同学的楷模。学生干部在完成好自己的就业工作后，才能更好地利用自身在同学中的影响，在就业方面做好传帮带，发挥学生干部的引领作用。

参考文献

[1]曲玉柞.浅论学生党员在促就业创业中的引领作用[J].现代国企研究，2015（10）：216.

[2]江志斌.高校学生干部群体行为特征分析及启示[J].重庆工学院学报，2005（1）：140—143.

[3]文书锋，唐颖.学生干部毕业选择的优势分析[J].中国青年研究，2005（5）：83—85.

[4]翁菁.浅谈培养高校学生干部就业优势的途径[J].哈尔滨职业技术学院学报，2012（3）：93—94.

[5]杨成才，鲁满新，刘彬.发挥毕业生党员优势，做好毕业生就业工作[J].科技信息（科学教研），2007（29）：183—184.

[6]邱杰.大学生党员就业竞争能力提升对策研究[J].传承（学术理论版），2010（1）.

[7]李峰.新时期高校学生干部就业优势与提升对策[J].广东轻工职业技术学院学报，2012（1）：73—76.

[8]韩桥生，钟美玲.高校个性化就业指导的理念、内容和方法探索[J].临沂大学学报，2011（6）：56—59.

[9]王军，范桂荣，蔡丽娅.基于学生满意度的高校个性化就业指导的内涵

与模式构建[J].教育与职业，2010（33）：93—95.

[10]胡东莉.浅谈高职高专就业思想政治教育体系构建[J].魅力中国，2010，（16）.

[11]刘向阳，胡登雄，陈访贤.近期国内大学生就业指导中思想政治教育研究述评[J].新疆医科大学学报，2011，34（2）：227—230.

[12]徐静.关于高职院校毕业生就业思想状况的调查与分析[J].济南职业学院学报，2010（1）：59—61.

[13]朱以财.主体性人本观：高职院校就业指导工作新视野[J].职教论坛，2008（20）：30—32.

[14]熊治梅.论思想政治教育在大学生就业素质培养中的作用[J].中国大学生就业，2006（24）：48—49.

[15]李玉倩.高职思政教育当下存在的问题及对策分析[J].科教文汇（上旬刊），2014（12）：7—8.

[16]欧阳效升，张建南.高职思政课面临的困境与出路[J].品牌，2015（4）：235.

[17]薛雪.浅析职业指导对促进高校就业困难群体就业工作的作用和重要性[J].经济研究导刊，2015（15）：183—184.

[18]廖丽，文雅.精准扶贫背景下高校贫困毕业生就业困境及对策分析[J].高校后勤研究，2022（3）：75—77.

[19]林广燕.高职院校女大学生就业现状调查及对策研究[J].邯郸职业技术学院学报，2019，32（3）：89—92.

[20]罗璇."互联网＋"发展对高职思政理论教育的消解及体系创新[J].教育与职业，2020（9）：78—82.

[21]王晓歌."文本"到"人本"：高校思想政治教育范式转换探讨[J].精品，2021（11）：69.

[22]许愿，李红卫."互联网＋"时代背景下高职院校就业信息化建设的实践与研究[J].企业科技与发展，2019（9）：106—107.

[23]陈彦军.高职院校就业创业指导课程信息化资源建设探索：以陕西铁路工程职业技术学院为例[J].就业与保障，2021（1）：70—71.

[24]周斌.高职院校《大学生就业指导与职业发展》数字化课程建设研究[J].质量与市场，2021（22）：55—57.

[25]赵凯，熊娟.大数据时代下高职院校毕业生就业信息化平台建设的探析[J].卷宗，2020，10（31）：309，312.

[26]李万琪，黄春蓉.地方高职院校校园信息化建设模式创新实践：以广安职业技术学院为例[J].教育信息化论坛，2020（3）：50—51.

[27]杨丽军，刘鑫尚，刘淑萍.疫情下高校家庭经济困难毕业生就业帮扶典型案例浅析：以杨凌职业技术学院为例[J].营销界，2021（28）：105—106.

[28]袁彦，刘瑞.信息化背景下就业指导课精准化施教探析[J].吉林工程技术师范学院学报，2021，37（8）：42—44.

[29]袁祯."互联网＋"时代高职就业指导服务体系建设探究[J].辽宁经济职业技术学院（辽宁经济管理干部学院学报），2020（3）：91—93.